いちばんわかる
スキンケアの教科書

健康な肌のための新常識

皮膚科医
髙瀬聡子

予防医療コンサルタント
細川モモ

SKINCARE AND NUTRITION TEXTBOOK

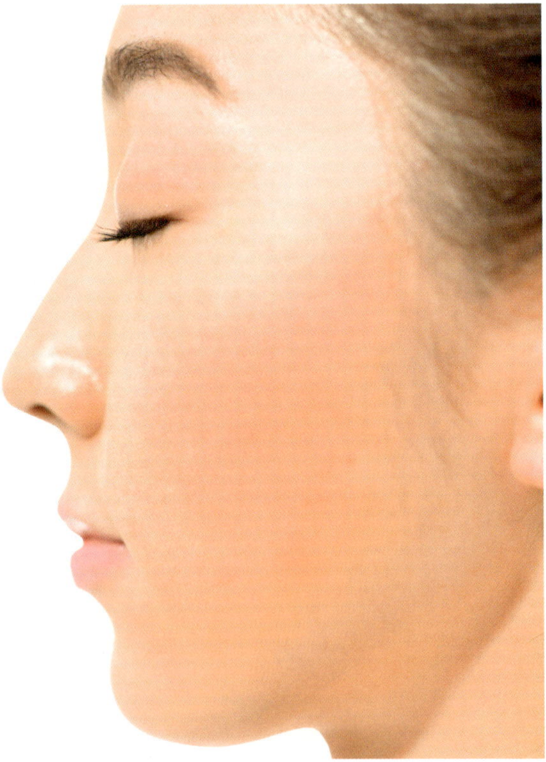

自分の肌について、
正しいスキンケアについて
本当に知っていますか?

毎日のスキンケアと食事の思い込み・カン違いをチェック!

□ **1** UVケアは夏だけすれば大丈夫。

□ **2** マッサージグッズや美顔器で毎日、顔をリフトアップしている。

□ **3** 肌が弱いのでオーガニックコスメをなるべく選ぶようにしている。

□ **4** 薄いメイクなので、クレンジングしなくても洗顔だけで落ちていると思う。

□ **5** ビタミンが豊富な野菜さえたくさん摂っていれば、肌はキレイになると思う。

□ **6** 美肌のためにスムージーなどの酵素入りドリンクを飲んでいる。

□ **7** 女性ホルモンアップのために、サプリや大豆などでイソフラボンを摂っている。

□ **8** 油抜き（ノンオイル）ダイエットをしている。

→答えは5ページ

誤った〝肌のため〟が
キレイを邪魔しています

普段、朝、晩と行っているスキンケアや食事。
美容のことが気になって、いろいろ取り入れてはいるけれど、
望んでいるほど効果を感じられないし、肌の悩みは尽きない……
その原因は、誤解やカン違いをしているからかもしれません。
肌のために、と思ってしていることが、実はかえって
肌にダメージを与えていることがあるのです。
まずは肌、体、化粧品について、きちんと学ぶことが大事。
ケアをするにしても、正しい理解に基づいてすれば、
肌は応えて健やかになるし、たとえトラブルが現れても、
深刻化する前に、リカバリーができます。
化粧品が日々進化している今、正しい知識と方法さえ
知っていれば、〝今よりもキレイ〟は実は簡単に叶うのです。

ANSWER

正しい知識でお手入れすれば ずっと健康な肌でいられます!

1 UVケアは365日が鉄則。紫外線は肌の大敵です

肌にさまざまなダメージを与え、老化を進める紫外線。4～8月にかけては紫外線の量がとくに増えますが、それ以外の時期もしっかり降り注いでいます。曇りや雨の日も紫外線は届いているので、UVケアは一年中することが重要です。UVケア→下地→ファンデと重ねるとさらに効果的です。

2 強いマッサージは厳禁。肌が動かないように軽く!

肌に触れることは、ホルモンの分泌を促して肌をキレイにしますが、ぐりぐり、ごりごりと強く押したり、こすったりするのは逆効果。肌が引っ張られると、真皮が壊れてしまい、たるみが発生します。マッサージするときは、肌の表面を動かさないように、優しく行うことを心がけましょう。

3 植物の力はかなりパワフル。肌荒れしやすい人は要注意

肌に優しそうというイメージで、オーガニックコスメを選ぶ人は多いですが、植物は薬草になるものもあるほど、実は効き目が強いもの。肌が荒れやすい人や、調子がイマイチのときに使うと、刺激になる場合もあります。最初にテスターなどで試してから買うか、パッチテストをしましょう。

4 薄くてもメイクは油性。油はクレンジングでオフ

いくら薄くても、メイクは油性のため、洗顔料では落ちません。これはBBクリームや日焼け止めも同じこと。洗顔料だけで落とそうとすると、ゴシゴシこすったりして、肌の潤いまで失われる可能性大。どんなに薄くてもメイクをした日、日焼け止めを使用した日はクレンジングを使用して。

5 野菜だけでなく、肌を作るたんぱく質も一緒に摂ること

野菜に含まれるビタミン類は体に必要な栄養素ですが、野菜だけを摂っていても肌はキレイになれません。なぜなら野菜は、筋肉や肌、髪の原料となるたんぱく質や、体のエネルギー源となる炭水化物、肌の潤いを保つ脂質といった、3大栄養素の働きを助ける副栄養素も含んでいるからです。

6 酵素と一緒にたんぱく質を摂らないと、肌はキレイにならない!?

日本で酵素と呼ばれる多くは、代謝に関わる代謝酵素や、腸内環境を整える発酵エキスのこと。酵素はたんぱく質の一種なので、体内では自らの消化酵素によって分解され、外からしか補うことができません。むしろ、体内で酵素の材料になるアミノ酸やビタミン・ミネラルの不足に注意して。

7 誰もがイソフラボンで女性ホルモンアップできるわけではない

大豆に含まれる成分、イソフラボンは女性ホルモンに似た働きをすることで知られています。でも最近、イソフラボンは腸内で発酵されて初めて女性ホルモン由来の働きをすることがわかってきました。腸内でイソフラボンを発酵できるのは、日本人の約5割。誰にでも効くわけではないのです。

8 オイルには美容成分の吸収を高める働きがある!

オイルには食材に含まれる脂溶性の抗酸化ビタミンの吸収を促す効果があります。サラダを食べるときなどは、ぜひオイルドレッシングを。カロリーが気になる人は、食物繊維や良質な必須脂肪酸をたっぷり含むアボカドを加えて。アボカドには栄養の吸収を高める効果もあるのです。

いちばんわかるスキンケアの教科書

健康な肌のための新常識

CONTENTS [目次]

PRACTICE［実践レッスン］

EXTRA[応用レッスン]

BASIC & PRACTICE[基礎&実践レッスン]

EXTRA［応用レッスン］

2人のエキスパートが教えます

肌を「外側」からサポート

皮膚科医

髙瀬聡《あき》子《こ》先生

『ウォブクリニック中目黒』総院長。東京慈恵会医科大学卒業後、同大学に勤務。2007年に『ウォブクリニック』開院。安全で効果の高い施術とホームケア、インナーケアを合わせた治療で信頼を集める。ドクターズコスメ『アンプルール』の開発者で、GF(成長因子)やハイドロキノンなどをいち早くホームケア用に配合。毛髪治療の評判も高い。

正しい知識と正しいお手入れ。自己ベストな肌への近道!

肌を労わり、慈しむ。多くの女性を診てきて思うのは、その気持ちが肌を美しくするということ。せっかくケアをするなら、肌を大切に思いながらしてほしいと思います。

ただ、肌やお手入れに対して誤解が多いのも事実。それが原因で、かえってトラブルになっている場合もあります。たとえば、私たちはちょっと体調が悪いなと感じると、温かいものを食べて早く寝るなど、ひどくならないように予防をしますよね。肌も同じ。肌の調子がイマイチだと思ったら、一回立ち止まって、ケアを見直してみる。そんなふうに肌を自己管理できるようになってほしいのです。

そのために必要なのは、正しい知識を得て、自分の肌を実際に触れること。どういう感触、状態なのかをチェックしましょう。日々向き合っていると、些細な変化に気づけるようになります。そこで正しい知識があれば、肌の調子に応じたケアができ、トラブルを未然に防げるのです。

そして、スキンケアは楽しむことも大事。楽しいと思うことで、ホルモンが味方になり、〝もっとキレイ〟が叶います。毎日朝晩、肌を見る。慈しみながらケアをする。きちんと向き合えば、1ヵ月で肌は変わってくるはずです!

肌を「内側」からサポート

予防医療コンサルタント

細川モモさん

医師・栄養士・料理研究家による予防医療プロジェクト「Luvtelli（ラブテリ）東京&NY」主宰。米国で学んだ最新栄養学をもとに2011〜2014ミス・ユニバース・ジャパン ビューティキャンプ講師を務め、ファイナリストやスポーツ選手等の食事・医療面のサポートを行う。食と健康に関する研究も手がけ、抗加齢学会等で精力的な発表を続けている。

潤いの98%は食事から。"美肌食のコツ"ですっぴん美肌に！

世界一の美女を目指す女性たち100名以上の悩みや理想に耳を傾け、大会当日に最高に美しい素肌を実現できるよう、医療面、食事面のサポートをしてきました。歳を重ねるとともに肌は変化していきますが、変わらない事実は、肌の原料は食事の中にしかないということ。コンシーラーが手放せない理由は、食生活に原因があるのかもしれません。なにが肌を作っているのかを知り、なりたい肌に近づける食生活を選択することが美肌力を高めます。

でも、肌によいものをただ食べるだけでは不十分。栄養や美肌成分をあますところなく吸収するには、コツがあります。多くの女性は間違った情報と思い込みのせいで、美肌から遠ざかっているのです。肌の潤いの98%は食事から（※）。たったひとつの栄養素の不足だけで、肌のコンディションは簡単に崩れます。多くの美女たちが実践してきた"美肌食のコツ"を知って、理想の肌を手に入れてください。

※角質層に保持される水分のうち、2〜3％は皮脂が、17〜18%を天然保湿因子（たんぱく質）が、残りの80%はセラミド（脂質）が守っていることから潤いの98%は食事としました。

[基礎レッスン] BASIC

- □ **肌の仕組み**について
- □ **肌を作る栄養**について
- □ **お手入れの意味**について

正しいスキンケアと食事の意味がわかります！

肌にとってイイこととは何か。どんなお手入れと食事が必要か。そもそも肌には個性があり、ライフスタイルも人それぞれ。だから答えは千差万別です。本当は誰もがもっとキレイになる〝伸びシロ〟があるのに、なぜだかうまくいかず、スキンケアを難しいと感じている女性が多いのが現実です。

私たちは趣味でも仕事でも、目標や対象についてじっくりとリサーチをしますよね。それと同じで、まずは肌についての基礎情報を知ることが重要です。肌の構造や機能を知っていれば、普段思い込みで行っているお手入れやなんとなく食べている食事が、肌にどのような影響を及ぼしているかが見えてきます。そして、ひとりひとり違うとはいえ、誰にも共通する基本のケア、摂るべき栄養があります。その基本をまずはここでおさえましょう。このあとに実践レッスンを行うと、肌の立て直し方、トラブルの対応がより簡単にできるようになります。

➡ see P16~67

［実践レッスン］

PRACTICE

□ **お手入れの方法**について

□ **化粧品の選び方**について

□ **栄養の摂り方**について

肌の悩みとトラブルを解決する方法がわかります！

肌や栄養についての基本的な知識を学んだところで、次はトラブルになりにくい、健やかな肌を手に入れるための実践的な方法を学びましょう。毎日のベーシックなお手入れ方法や、化粧品の選び方、栄養の摂り方などを詳しく学んでいきます。

さらに、ストレスや寝不足、紫外線など、避けきれない理由によって起こる突発的なトラブルや、根深い肌の悩みへの対策も紹介します。自分の肌を毎日チェックして、調子に合わせた正しいお手入れと食事でトラブルの火種を消していけば、健康的な強い肌を育み、守ることが可能です。その場しのぎの対応ではなく根本的な解決を目指しましょう。

また、安全性が問われる美白ケア、女性も気になる頭皮ケア、どう取り入れたらいいのかわからない美容医療やオーガニックコスメ、話題の発酵食品についてなどなど、美容にまつわる最新トピックスも、わかりやすく紹介します。

➡ see P68~187

［基礎レッスン］
BASIC

ABOUT SKIN

肌の役割とは？

- 肌は何をしている？
- 肌は何からできている？

肌の
役割
1

汚れ・紫外線・ウイルスなどから守る

バリア機能

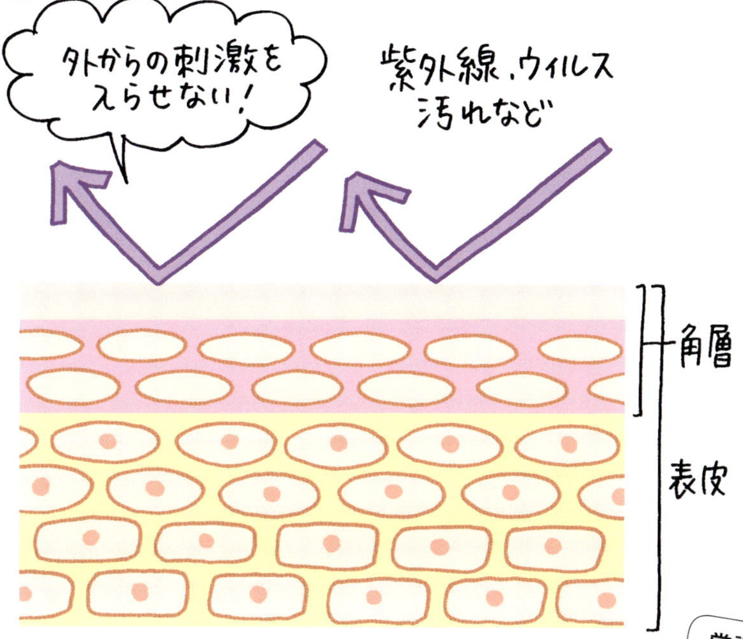

外敵や刺激をブロックし、潤いを逃がさない

肌は外気と体が接している境界線であり、その第一の役割がバリア機能です。バリア機能とは、体内に異物が入るのをブロックする働きのこと。細菌やウイルスなどの侵入を阻止して感染や病気を予防し、紫外線によって細胞のDNAがダメージを受けるのを防ぎます。

このバリア機能の最たるものがもっとも外側にある表皮。約0.2㎜と、とても薄く、ラップのように全身を覆って外気から体を守っています。表皮の中でも一番上にある角層は、角質細胞といわれる、ウロコのような細胞がみっちりと並び、物理的に外的刺激を遮断。さらに角質細胞の隙間を、セラミドやコラーゲンなどの細胞間脂質が埋め、微生物やアレルゲンが入り込む隙を与えません。

また、水分が体の外へ逃げないようにするのもバリア機能の役割。角層にあって水分をキープするNMF（天然保湿因子）や皮脂や汗で構成される皮脂膜も、バリア機能を担っています。

常識！

表皮＋真皮は顔平均が2㎜、まぶたが0.6㎜

肌は、表皮とその下にある真皮や皮下組織から成り立っていて、部位によって厚みや構成は異なります。顔の場合、表皮と真皮を合わせた厚さは、顔全体で平均約２㎜。激しく動くまぶたはもっと薄くて0.6㎜で、ティッシュ１枚分しかありません。一方、手のひらは表皮だけで約1.1㎜もあり、外的刺激から守るために角層が厚くなっています。

肌の役割2

不要なモノを排除する

新陳代謝機能

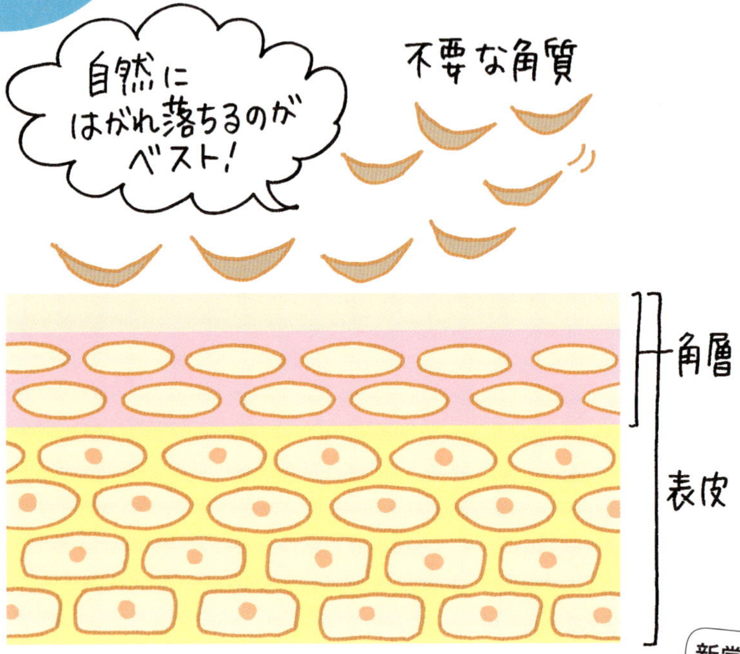

細胞が生まれ変わり、分泌＆吸収を繰り返す

もし肌が生まれ変わらなければ、肌の表面は水分保持力の低い、古い角質細胞で埋め尽くされてカサカサになり、紫外線を浴びて生成されたメラニンは排出されることなく、肌はくすみっぱなしに……。水がひとつの場所に溜まってしまうと、どんどん淀んで汚水になっていくのと同じことが起きるのです。

きちんと新陳代謝が行われている肌は、古い角質がスムーズにはがれ落ち、フレッシュでクリアな角質細胞が常に表面に並びます。その中には、NMFなどの水分保持を担う成分が満ちていて、健やかでみずみずしい状態をキープできます。

さらに、体の中で使われて不要になった水分を、汗腺から汗として排出するのも肌の役目。発汗作用により、体内の水分バランスが適切に保たれます。また肌には血管やリンパ管が張り巡らされていて、体中に必要な栄養を届け、不要になった老廃物を回収するという役目も担っています。これらすべてが正常に機能して、肌も体も健やかでいられるのです。

新常識！

日本人の肌は「乾きやすい」！

日本女性の肌に関する研究が進み、新事実が明らかになってきています。そのひとつが、日本人の角層は薄く、白人の約2／3しか厚みがないということ。さらに、肌の潤いを保つNMFなどの成分が不足しがちなことも判明しています。つまり、水分保持能力が低くて乾きやすく、刺激も受けやすい肌と言えます。最近では、外資系のメーカーもこうした日本女性の肌のための化粧品を開発しています。

肌の役割 3

発汗＆筋肉の伸縮でコントロールする

体温調節機能

外気温に左右されずに、恒常性をキープ

肌の役割２のところで、〝汗は体内の水分バランスを調整するもの〟といいましたが、汗にはもうひとつ大切な任務があります。それは、体温を一定にコントロールする機能です。気温などの影響で体が熱いと感じたときには汗を出して体の中に溜まった熱を放出し、体温を下げて平熱を保とうとします。もし汗が出なければ、体の中に熱がこもってしまい、熱中症を悪化させる原因になったり、逆に体内に溜まった余分な水分のせいで冷えを招くことも。

一方で、寒いと感じたときには、真皮層にある立毛筋がキュッと縮み、いわゆる鳥肌が立った状態に。熱の放出を最小限にして体の中にある熱をキープし、冷えから体を守ります。私たちが、急激な温度の変化にも速やかに順応できるのは、肌のおかげなのです。

肌の役割 4

情報をキャッチして体を健やかにキープ

センサー機能

温度や痛みを感じて、適切な指令に繋ぐ

五感のひとつ、触感は、肌に備わった感覚。熱い・冷たいといった温度や、痛みなどの痛覚を感じることができます。〝何かにあたった〟〝触れられた〟〝心地よい〟といった感覚も、痛覚の一種とされていて、これらをまとめて温痛覚といいます。

この温痛覚を感知するのが、マイスナーと呼ばれる真皮の中にある神経細胞。ここが温痛覚を察知して信号を出すことで、それが脊髄や脳に届き、体温を適切にコントロールする機能が働いたり、危険から身を守る反射神経が発揮されたり、リラックスが促されたり、という作用が起こります。スキンケアで心地よさを感じると肌にいいホルモンが分泌されるというのも、このセンサー機能が発端となっているのです。

「健康な肌」とはどういう肌？

〝トラブルや悩みのない肌になりたい！〟と思うなら、目指すべきは「健康な肌」。
肌が根本から健やかな状態というのは、そもそもトラブルを寄せつけない、
強い肌のこと。また、健康な肌を保ち続けるということは、肌老化のスピードを
遅らせることに繋がります。ここでは、その「健康な肌」とは
どういう状態の肌なのかを、５つのキーワードからみていきます。

Keyword

- **「水分と油分」**のバランスがいい
- **「キメ」**が整っている
- **「弾力」**がある
- **「ターンオーバー」**が正常
- **「栄養」**がいきとどいている

Keyword

水分&油分

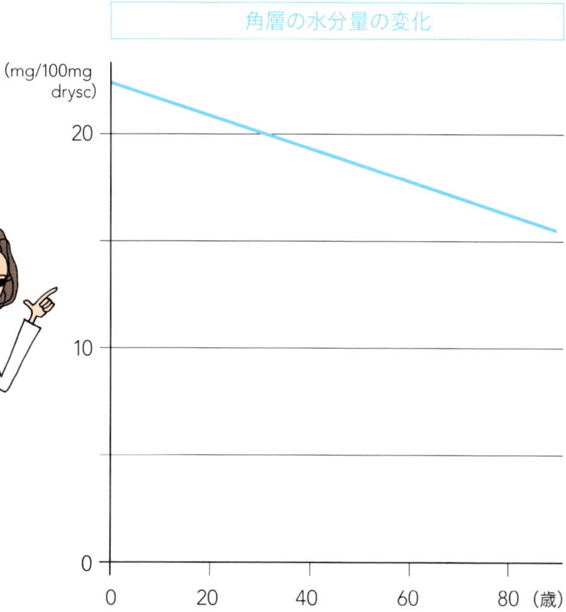

表皮に水分と油分が適切にあることが条件

潤っていることは、健康な肌の条件といえますが、この潤いのもとになるのが水分であり、キープするのが油分。ここでいう水分とは、角層に含まれる水分のことで、20%が理想の値とされています。油分とは、皮脂と、表皮の隙間を埋めるセラミドなどの細胞間脂質、角層の中で水を抱え込むNMFの３つを指し、これらをバランスよく含むことが大切。ただし、残念ながら数値では表せません。

角層の水分量が20%より少なくなると、肌は乾燥に傾きます。水分量が減る原因はいろいろありますが、そのひとつが加齢。年齢を重ねるほど、潤いを補給してキープするお手入れが必要になります。さらに水分量が10%以下になると、完全なドライスキンに。ドライスキンの人は、水分と油分がともに不足していて、〝キメの溝が浅く乱れている〟〝毛穴が小さくて目立たない〟といった特徴があります。

逆にオイリースキンは、皮脂量とともに角層の水分量が多く、毛穴が比較的大きくてキメが粗く見えがちです。

常識！

「ツヤ」と「テカリ」はどう違う？

テカって見える原因は、皮脂の過剰分泌。ただ、それだけではなく、キメの乱れも大きく作用します。キメが粗い肌はすぐにギラついて見えがち。一方、キメが浅いと一見ツルンとした肌に見えるけれど、キメが粗い人以上に皮脂により人工的にギラッと見えます。同じ皮脂量でもキメがちょうどよく整った肌だと、光を自然に反射して、なめらかなツヤ肌に見えるのです。

Keyword
キメ

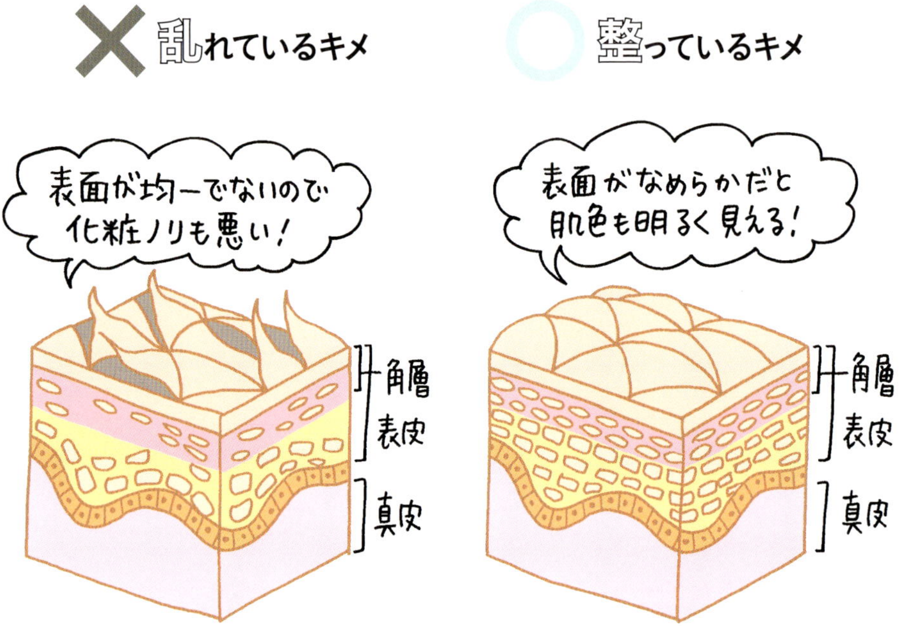

✕ 乱れているキメ
表面が均一でないので化粧ノリも悪い！
角層
表皮
真皮
○ 整っているキメ
表面がなめらかだと肌色も明るく見える！
角層
表皮
真皮

肌表面を深い溝が均一に走っている状態が◎

キメは、皮溝と呼ばれる谷と、皮丘と呼ばれる山で成り立っています。キメが整うとは、皮溝が深く皮丘がふっくらとして、皮溝と皮丘の落差がほどよくある状態のこと。さらに肌全体を見たときに、皮溝の大きさや密度が均一に分散されているのも健康的な肌の条件です。

そもそも私たちの肌は、母親の胎内にいる初期には、ラップをはったようにピンとしています。それが猛スピードで細胞分裂を繰り返して成長するときにひび割れができ、キメになると言われています。キメは柔軟性があることの証。そのため、キメが細かく均一に整った肌は、柔軟性があって潤いを保持する能力が高いと言えます。

キメが乱れていたり、キメがなくなってフラットな表面になった肌は、柔軟性が失われ、水分をキープすることができなくなります。キメが乱れる要因はさまざまですが、年齢を重ねるごとに角層が厚く硬くなり、皮溝ができにくくなることも一因です。対策としては、潤いを与えるケアが必要となります。

常識！

「キメ」と「シワ」はどう違う？

ともに肌にできる溝ですが、まったくの別物。シワは、キメの溝が深くなったものではありません。本格的なシワは、加齢によるものと、表情などによる折れグセがついて最終的にシワになるものがあります。ただし、初期老化サインのひとつ、小ジワは乱れたキメによるものなので、保湿で肌に柔軟性を与え、キメを整えることで修復が可能です。

Keyword
弾力

跳ね返す力で重力に負けない肌をキープ

弾力とは元に戻ろうとする力で、触れたときに跳ね返そうという力を感じられるのが弾力のある肌です。弾力のない肌は押し返す力がないため、寝跡などがつきやすく、重力にも逆らえません。そのため、弾力を失った肌は、下方向の力が働いてどんどんたるんでいきます。

肌の中で弾力を作っているのが、真皮と真皮の下にある皮下組織や筋肉組織。それぞれにある程度の硬さやハリがあることが重要です。とくに弾力と深く関わるのが真皮。真皮は、コラーゲンやエラスチンといった線維成分と、それらを生み出す線維芽細胞、そしてまわりを埋めるゼリーのようなグリコサミノグリカン、プロテオグリカンなどの基質で構成されています。その中でも網目状に張り巡らされたコラーゲンと、コラーゲンの束をバネのように支えているエラスチンが弾力を担う主力成分。みっちりと高密度に存在していること、線維芽細胞がコラーゲンやエラスチンを新たに生み出す力が強いことが、弾力のある肌の条件です。

常識！

「肌が柔らかい」＝「弾力がない」ということ？

生まれつき肌が硬い、柔らかいという個人差はありますが、それは弾力とは別問題。また、柔らかい肌とは、動きや刺激に対応できるしなやかさがある＝弾力のある肌を指します。むしろ硬い肌のほうが柔軟性に欠ける場合があります。表皮が薄く、真皮や皮下組織の厚い日本人の肌は、表皮の厚い白人に比べて弾力があって柔らかいと言われます。

Keyword

ターンオーバー

28日周期でどんどん肌の細胞は生まれ変わる！

ターンオーバーとは、表皮がどんどん新しい細胞に入れ替わっていくこと。表皮と真皮の間にある基底層で生まれた角化細胞（ケラチノサイト）が、肌の表面に向かって上がっていくにつれ、有棘細胞、顆粒細胞と姿や役目を変えていき、最終的には、角質細胞になって、肌の最表面となり、自然にはがれ落ちます。このはがれ落ちるまでの周期が28日前後だと理想的で、常に健やかな細胞で肌の表面が覆われている状態です。ただしこの周期は年齢、ホルモンバランス、紫外線などに左右されるもの。一般的に、20歳をピークに28日からどんどん遅くなっていきます。すると、水分を抱え込む力がない古い角質が表面に溜まり、肌が乾燥したり、シミやくすみが発生したりするのです。

Keyword

栄養

肌の成長に欠かせない栄養は、血液が運ぶ！

肌の〝素〟になるのは、なんといっても食べ物。摂取した栄養を動脈が肌のすみずみにまで運び、そして、要らなくなった老廃物を静脈が回収することで、肌の細胞はすくすくと育ちます。もし栄養が不足していたり、血液の流れに滞りがあると、細胞はエネルギー不足できちんと育たなかったり、新しく細胞を生み出せなかったりします。

まずは、正しい食事をして、その栄養がきちんと巡るように血流をよくすることが大事です。体温で言えば、36〜37度だと血液の循環がいい状態と言えます。マッサージも効果的ですが、重力に逆らって血を巡らせるには、筋肉による血流のポンプ作用が実は重要。適切な筋肉量を保持することは、健康な肌にとっても必須なのです。

「肌が老化する」ってどういうこと？

ダメージの修復が追いつかなくなり、シミ、シワ、たるみが出現すること！

人間は歳を重ねるに連れてさまざまな機能が衰え、老化現象が現れます。体と同様に、顔にももちろん同じことが起こります。その主な原因の一つは、加齢による避けられないものです。そもそも新陳代謝を促して、ダメージの修復を促すとされる成長ホルモンの分泌量は、生まれたときがピーク。そこからは下がっていく一方なのです。さらに、ターンオーバーの周期は、20歳を過ぎたころから遅くなり、ホルモンバランスも変わっていきます。その結果、細胞の生まれ変わる力が落ち、日々受けたダメージの修復が間に合わなくなって、ハリやツヤがなくなる、慢性的な乾燥、くすみ、シミ、シワ、たるみ……といった症状が現れます。

ただし、老化の進行スピードは人それぞれ。老化における遺伝的な影響はわずか20％と言われていて、残りの80％を占めるのが、紫外線を浴びることで起こる「光老化」。つまり、紫外線によるダメージをきちんと防げれば、老化は遅らせられるということ！　老化現象のほとんどは、紫外線が引き金になっているといっても過言ではありません。ですから、エイジングケアとは、紫外線防止が第一の条件なのです。日々のUVケアと保湿ケア、そして食事の内容に正しく気を配ることで、老化の進行を遅らせることは、十分にできるのです。

肌の〝厄年〟は「28・35・42歳」！ 28歳から危機意識を

いつもと同じケアをしているのに、肌の調子が悪い。いわゆる肌の曲がり角は、肌の〝厄年〟のようなもの。女性の場合は7年おきにくると言われています。まず初めが、初期老化が始まる28歳ごろ。乾燥やキメの乱れを実感し、ニキビや毛穴の開きなどに悩む人も多いはず。次は35歳ごろ。シミや目元のシワなどが現れます。42歳ごろになるとほうれい線やシワが目立ち、輪郭はたるみがちに。肌厄年を迎えるたびにお手入れを見直して、老化サインの出現を遅らせましょう！

健康な肌の敵を知ろう！ 1

内的な要因TOP5

1位 活性酸素

**肌を酸化＝サビさせる活性酸素は、大敵!!
肌本来の働きができなくなるうえ、老化も加速**

私たちが生きていくうえで欠かせない、酸素。しかし酸素は、紫外線やタバコ、ストレスなどをきっかけにして、スーパーオキシドアニオンやヒドロキシルラジカルといった活性酸素に変身することがあります。この活性酸素が、実はとても困りもの。あらゆる細胞に対して攻撃的で、さらにはくっついた細胞を酸化、サビさせてしまうのです。肌が活性酸素のダメージをうけると、もともとの正常な働きが鈍ったり役目を果たせなくなったりして、肌の老化が加速。そして、シミ、シワ、たるみなどのエイジングサインが現れます。また、ガンなどの病気の引き金にもなると言われており、健康な肌と体を保つためには、活性酸素から細胞を守ることがマストです！

2位 栄養不良

**肌を作るモトは、食べ物。
間違った食生活では、美肌になれません！**

私たちの体は、たくさんの細胞からできていますが、その細胞が健やかに育つために必要なのが、栄養であり、基本的に食事から摂取するものです。肌、筋肉、内臓などあらゆる器官の原料となる良質なたんぱく質はもちろん、そのたんぱく質を健康な細胞に変えるお手伝いをするビタミンやミネラル、抗酸化物質も不可欠ですし、細胞を作るうえで必要なエネルギーの源となる糖質などの炭水化物も適度に摂取したいところ。肌の自然な潤いヴェールを作る皮脂の材料、良質な脂質も必要です。健康な肌のためには、５大栄養素を中心にバランスよく食べましょう。何かが不足していたり、栄養バランスが偏っていては、健康な肌は決して生まれません。

健康な肌作りを邪魔する〝肌の敵〟。
敵というと、体の外側からの問題と考えがちですが、実は内側にも潜んでいるんです。
しかも知らず知らずのうちに蓄積して、
結果、大きなダメージを与えるものばかり。
何げなく過ごしている毎日の生活を見直してみましょう。

3位 ストレス

活性酸素が発生することで肌はトラブルのスパイラルへ

体に必要な酸素を、体に有害な活性酸素に変えてしまうのが、ストレスの大きな罪のひとつ。さらに、体はストレスに打ち勝とうと、副腎皮質ホルモンを多く消費します。この副腎皮質ホルモンは、もともと体内で発生した炎症を鎮めるために分泌されるものであり、ストレス対策に多く使われてしまうと、肌に炎症が現れやすくなります。また、ストレスは、女性ホルモンなどにも影響を与えるため、水分と油分のバランスが乱れて乾燥しやすくなったり、ニキビができやすくなることも。

「糖化」という敵も隠れています

炭水化物は必要な栄養素ですが、摂りすぎは厳禁。たんぱく質に糖がくっつく〝糖化〟(AGEs/終末糖化産物)が起こりやすくなります。たとえば、ステーキを焼くと、赤から褐色へ色が変わって硬くなりますが、これがまさしく糖化の一例。肌が糖化すると、弾力を司るコラーゲン線維が変性して柔軟性を失い、硬くなります。また糖化の際にできる物質は黄色いため、黄ぐすみの原因にも。甘いものやお酒が好きな人は要注意!

4位 血行不良

栄養が細胞に運ばれないと肌はスカスカに!

細胞のひとつひとつに栄養が行きわたってこそ、健全な細胞は育ちます。その栄養の運搬役である血液がスムーズにすみずみまで流れていくことが大切。滞りがあると、細胞が栄養不足に陥り、健康な肌は育まれません。また、血行が悪いと血の気がなく青白く見えたり、正常なターンオーバーが行われずに古い角質が肌の表面に溜まり、くすんで見えることも。女性に多い原因としては、冷えのほかに、運動不足で筋肉量が少なくなり、血液を循環する力が弱まることもあげられます。

5位 睡眠不足

肌の調子が悪い理由は修復機能と成長ホルモンの低下

細胞がその日に受けたダメージを修復するというのが、睡眠中の体の機能。睡眠時間が不足すると、その修復機能が十分に働くことができず、細胞にダメージが残ってしまいます。また、細胞を活性化させていきいきとした肌に導く成長ホルモンは、体内時計の影響を受けるため、不規則に睡眠をとるとうまく分泌されません。毎日6～7時間ほど、規則正しい睡眠をとることが大事。さらに寝る前の環境も大切で、スマートフォンやパソコンを眺めると、脳が刺激されて快眠の邪魔をします。

健康な肌の敵を知ろう! ②

外的な要因TOP5

日本人は白人より紫外線に強い?

答えはYES。メラニンの量が白人よりも多いのが理由です。そもそもメラニンは、紫外線からDNAを守るためにできる日傘のようなもので、悪者ではなく、むしろ肌の味方です。このメラニンを作る工場、メラノサイトの数は、どの人種も同じといわれており、違うのが生産能力。白人<黄色人種<黒人と高くなり、肌の色(黒さ)と比例しています。

1位 紫外線

DNAレベルでダメージを与え、健康な肌作りを邪魔する諸悪の根源!

外的要因のダントツ1位は、紫外線。先にも述べましたが、実に老化の8割が紫外線によるものと言われています。紫外線を浴びると、細胞のDNAに傷がつきますが、人間の体はよくできていて、DNAは傷つけられっぱなしではなく、睡眠中に修復する能力を持っています。ただし、加齢で修復能力が落ちていたり紫外線を浴びすぎたりすると、この働きが追いつかなくなり、さまざまなトラブルに繋がるのです。また、乾燥が進んでバリア機能が低下すると、紫外線からDNAを守ろうとしてメラニンの生成量が増えて、シミやくすみの原因に。さらに紫外線が真皮に到達すると、コラーゲンやエラスチンなどが破壊されたりして、シワやたるみの原因にもなります。

2位 タバコ

百害あって一利なし。受動喫煙でも影響大。活性酸素が発生し、血流も悪くなる!

タバコの害というと、吸っている本人だけの問題と考えがちですが、実はまわりの人のほうが危険!それは、タバコの煙=〝副流煙〟のせい。喫煙者が直接吸い込む煙よりも、大量の有害物質を含んでいるのです。副流煙は肌の大敵である活性酸素を発生させます。そしてそれを除去しようとして、ビタミンCなど肌にとって必要な抗酸化成分がそこで使われ、健康な肌を育むための栄養が足りなくなってしまいます。さらに、副流煙に含まれるニコチンが血管を収縮させ、血液の酸素運搬能力がダウン。その結果、肌の細胞に十分に栄養が届きにくい状態になります。新しい細胞を作ることも、ダメージを修復させることもできなくなり、老化が進むのです。

現代を生きる私たちにとって、強い紫外線やPM2.5などの大気汚染を避けては生活できません。でも、これらの敵の正体がわかれば、適切な対策も立てられます。ここでは、肌の外側からダメージを与えて、老化を進める要因をピックアップ！

3位 乾燥

バリア機能を低下させて、どんどん乾きやすい肌へと突入

肌の表面は角質細胞や細胞間脂質によってみっちり埋められていると書きましたが、乾燥すると、その埋められていたものに隙間ができて、外的刺激が侵入しやすくなります。つまり、バリア機能が低下するのです。すると、紫外線の影響を受けやすくなるだけでなく、細菌やウイルスが肌の中に入り込んで炎症が起きやすい状態に。さらには細胞間脂質の量も減ってしまうので水分キープ力が弱まり、より乾燥しやすくなって、柔軟性も低下。シワやくすみ、吹き出物などに繋がります。

4位 大気汚染

深刻さを増す汚染物質の飛来。“なんとなく不調”を引き起こす

排気ガスや花粉、黄砂、そしてPM2.5。これらは肌に触れるとアレルギー反応を起こすことがあり、炎症が起きてバリア機能が弱まります。その結果、赤みが出たりヒリヒリしたりすることも。さらに、そういった炎症を鎮めようとして免疫機能が使われ、本来の健やかな肌を保つために使われなくなります。また、大気汚染物質は体内にも入りこんで炎症を起こし、その対応に免疫力や栄養が持っていかれるため、肌はいつもなんとなく不調、という状態になりがちです。

5位 スキンケアのカン違い

お手入れ不足&間違ったケアが、肌を傷めてトラブルの原因に

肌のためにと思ってお手入れしていても、ちょっと間違えれば逆効果に。洗顔ひとつをとっても、メイクや汚れが落としきれていなければ、毛穴が詰まってニキビが発生。熱いお湯で洗うと皮脂が流れすぎて乾燥しやすくなるし、タオルでゴシゴシふけば摩擦によって色素沈着を起こすことも。そのほか、水分だけ与えていると油分が足りずに乾燥が進むし、UVケアをしないのももちろんNG。マッサージグッズの使いすぎは真皮の組織を壊して将来的にたるみに……、など侮れません。

［基礎レッスン］

BASIC

SKIN CARE

スキンケアが必要な理由

- 肌が本当に必要としているものは？
- スキンケアをする目的は？

「素肌力」をつけよう

**スキンケアの3大目的は、「清潔」「乾燥対策」「紫外線防止」。
これらによって、肌は生まれつき備わっている力を発揮できます。
このもともと備わっている肌の力、〝素肌力〟について、ここでは解説します。**

素肌力 1

「肌が生まれ変わる力」

➡ ターンオーバー

私たちの肌のもっとも外側にある表皮を構成する細胞は、どんどん生まれ変わり、古くなった細胞ははがれ落ちていきます。この細胞が生まれ変わる力をターンオーバーといい、28日周期で行われることが理想です。肌の水分保持能力やバリア機能とも密接にかかわっているため、このリズムが乱れると肌は乾きやすく、刺激にも弱くなります。加齢や紫外線、ホルモンなどの影響で遅くなりがちなターンオーバーのリズムを保つことが、健やかな肌の基本です。

素肌力 2

「肌の潤いを守る力」

➡ バリア機能

肌に潤いは不可欠ですが、もともと肌には潤いを守る力が備わっています。それを担っているのが、バリア機能。肌の内部で、細胞の間を埋めるように存在する細胞間脂質やNMF(天然保湿因子)が、水を抱え込んで逃がさないようにし、それを皮脂膜が肌の表面を覆ってキープしています。肌の乾きを感じるのは、この潤いキープ力が低下しているから。スキンケアの目的のひとつ、乾燥対策から一歩進んで、肌の潤いを守る力をアップさせるケアを始めましょう。

素肌力 3

「根本から肌を作る力」

➡ 健康な細胞

素肌力①の「肌が生まれ変わる力」、②の「肌の潤いを守る力」が発揮されるためには、そもそも細胞のひとつひとつが元気であることが絶対条件です。すべての細胞の源となる幹細胞をはじめ、細胞すべてにきちんと栄養分を行きわたらせるためには、バランスのよい食事を摂り、血流をよくすることが不可欠。さらに紫外線などのダメージから細胞を守るケアも必須です。

素肌力
1

肌が生まれ変わる力とは→ターンオーバーのことです

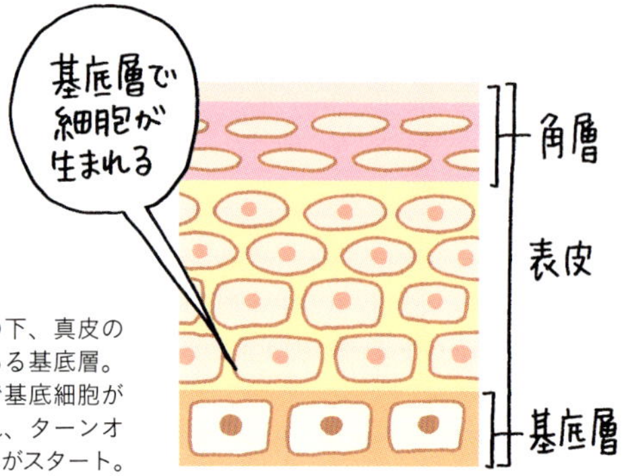

基底層で細胞が生まれる
角層
表皮
基底層

表皮の下、真皮の上にある基底層。ここで基底細胞が生まれ、ターンオーバーがスタート。

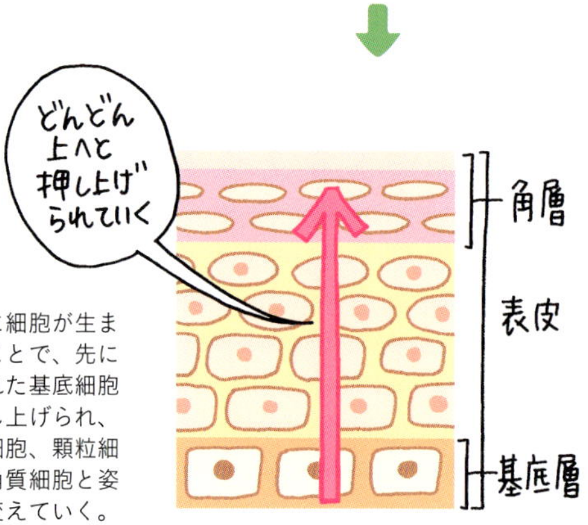

どんどん上へと押し上げられていく
角層
表皮
基底層

次々に細胞が生まれることで、先に生まれた基底細胞が押し上げられ、有棘細胞、顆粒細胞、角質細胞と姿形を変えていく。

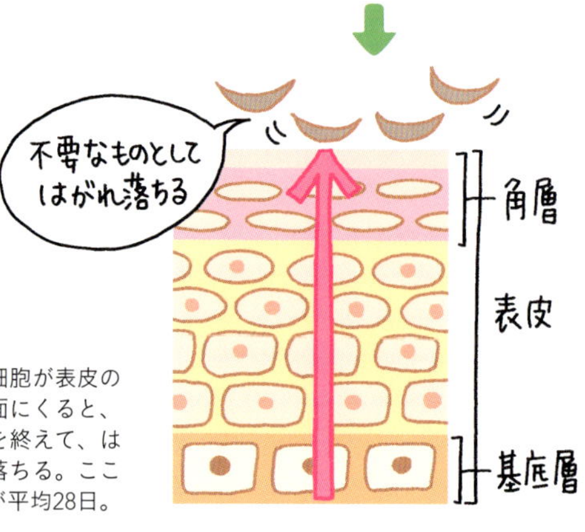

不要なものとしてはがれ落ちる
角層
表皮
基底層

角質細胞が表皮の最表面にくると、役目を終えて、はがれ落ちる。ここまでが平均28日。

潤いをきちんと蓄えられる肌を作る基本の力

表皮と真皮の間にある基底層で生まれた細胞は、表面に上がっていくにつれ、有棘細胞、顆粒細胞と形を変えていきます。この過程で、潤いをキープするヒアルロン酸や、フィラグリンといったNMF(天然保湿因子)の素、セラミドやコレステロールなど表皮の隙間を埋める細胞間脂質を生成。おかげで肌は潤うことができ、バリア機能も機能するのです。

しかし、この表皮が生まれ変わる仕組み＝ターンオーバーの力が弱まって周期が長くなるとこれらの生産力が低下。細胞が押し上がっていく力も弱まり、表面は常に古い角質が敷き詰められた状態に。カサカサして角質同士の間に隙間ができたり、セラミドなどの量が減って表皮がスカスカになり、水分保持力＆バリア機能が大幅にダウン。トラブルが起こりやすく、見た目の肌印象も悪くなります。ターンオーバーの周期が遅れるもっとも大きな理由は加齢。そのため、完全には抗えませんが、適切なお手入れで理想的な周期に近づけることは可能です。

Q 年齢によってターンオーバーの周期はどう変わる？

A 20代を境にどんどん日数が増えていきます！

年齢を重ねると、いろいろな肌機能が落ちていきますが、ターンオーバーも低下して、サイクルがどんどん長くなっていきます。20代のころは28日だったのに、30代ではなんと40日、40代では45日、50代では、20代の約２倍もかかるように……。となると、潤いを溜め込む力のない、メラニンを含んだ古い角質が肌にいつまでものさばっていることになり、表面がゴワついて潤いをキープすることができず、乾燥してくすんだ肌に。また、バリア機能も弱まるために、紫外線や汚染物質などの刺激が肌の中に入り込みやすい状態になり、老化のスピードも加速してしまいます。

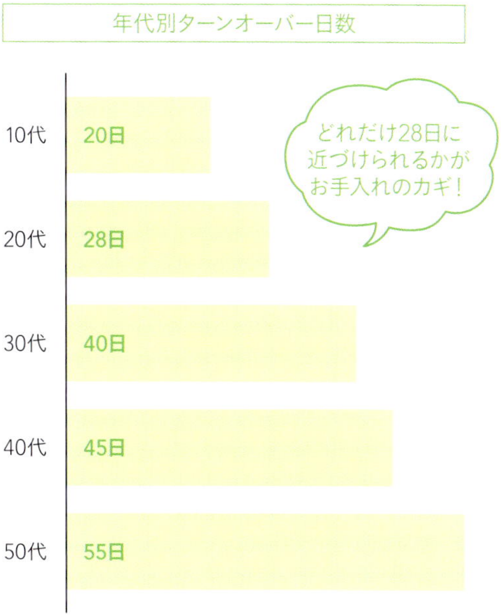

Q 自力でターンオーバーを高めることは可能？

A 食事やマッサージ、化粧品の力で代謝アップ

ターンオーバーを遅らせるもっとも大きな原因は、加齢。血液の循環がうまくいかなくなり、細胞の生成力が衰えることに起因します。加齢には抗えないとはいえ、代謝が上がる食べ物を食べたり、お風呂に浸かったり、マッサージをすることなどで循環をよくすることは効果的です。そのほかには、スクラブや専用の美容液といった化粧品を用いて、物理的もしくは化学的に細胞がはがれる力を引き出すケアもしたほうがよいでしょう。継続的なお手入れと、代謝を意識したバランスのよい、たんぱく質が豊富な食事で、理想的な周期に近づけることは可能です。

Q ターンオーバーは早ければ早いほどいい？

A 未熟な細胞が表面を覆い、刺激を受けやすい状態に

スムーズなターンオーバーによって、表皮が常に新しい細胞で満たされ、潤いを守る力も高いのならば、そのリズムはより早いほうがよさそうに思えますが、それは間違い。まだ表面に出るべきではない未熟な細胞が出てきてしまうと、外的刺激から守るバリア機能が十分に発揮できません。紫外線などの影響を受けやすくなり、乾燥や肌トラブルが起こってしまうのです。基本的にターンオーバーは自然には早まりませんが、アトピー性皮膚炎などの疾患がある場合や、強いピーリングを行ったり、頻繁に角質ケアをしすぎるなどの誤ったケアをした場合に起こります。

素肌力 1 ターンオーバーを正しくするには?

角質ケアを取り入れましょう

角質ケアを取り入れないお手入れを続けていると、30代くらいになったときに、溜まった古い角質が原因で、カサカサしてくすんだ肌になりがちです。そして肌の内部では、潤いを保つ能力が低下し、バリア機能も衰えていきます。ここで自然なターンオーバーの周期に任せたままにせず、ちょっと踏み込んでケアすると、肌の調子が断然よくなります。

28日の周期を刻めなくなった肌には、理想的な周期に近づける手助けをする〝角質ケア〟を取り入れましょう。肌の表面に留まるべき新しい角質細胞は残しつつ、不要な古い角質だけを除去するのが望ましいやり方です。

角質ケアで問題になるのは、角質の〝取りすぎ〟。角質を強制的に除去するピーリングを毎日行うなど方法を誤ると、乾燥したりヒリつきや赤みが出たりなどのトラブルになる可能性があります。また、物理的に角質を除去するゴマージュやスクラブも、肌をこすりすぎてかえって肌にダメージを与えてしまうことも。角質ケアコスメは慎重に選び、週に1回程度など、自分の肌の状態と相談して適切な頻度を守って行いましょう。

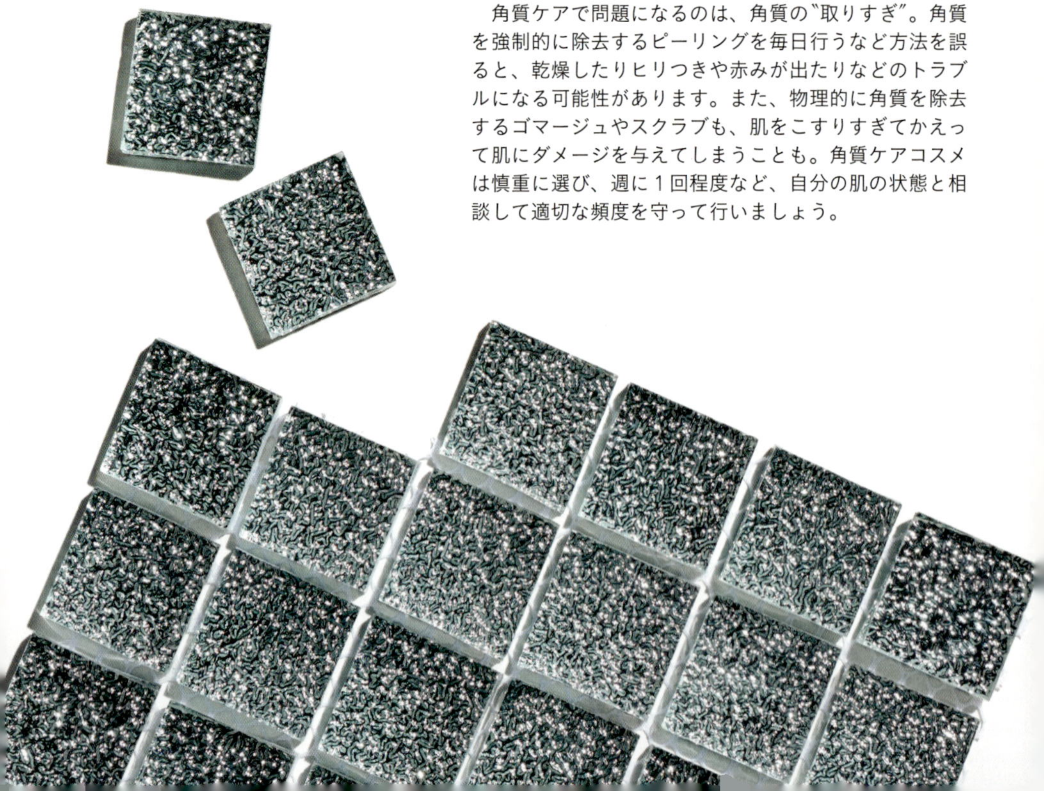

いらなくなった角質を除去しよう

ゴマージュやスクラブ

粒子がとても細かくて指すべりのよいものが◎

植物の種子や火山岩などを粉末にしたもので､洗顔料に含まれることが多い。これらの細かい粒子が肌の上を転がって毛穴の中の汚れをかき出すなど、物理的な摩擦で古い角質もオフ。多少、肌への刺激が懸念されるため、粒子が細かくてザラザラしすぎないもの、肌にのばしたときに痛くないものを選びましょう。オイルや保湿成分をベースにしているものもオススメです。とはいえ、やりすぎは厳禁。説明書に記載された使い方を守りましょう。

角質ケア美容液

自然なターンオーバーを促す毎日使えるタイプを

美容医療の施術でも使われるフルーツ酸やグリコール酸などのピーリング成分には、肌表面の古い角質を剥離させる作用があります。この成分を、セルフでケアしても安全なように濃度を調整して美容液としたのがこちらのタイプ。肌への刺激が強くない〝毎日使ってもOK〟というタイプがおすすめ。さらに、保湿成分も入っているものがベター。洗顔後や化粧水の後に肌になじませたり、拭き取るだけで、角質の生まれ変わりを促してくれます。

マッサージ他

優しくクルクル、を心がけて。〝こする〟〝はがす〟は要注意

肌の代謝を高めながら、クルクルとやさしくこする摩擦で余計な角質をオフできるマッサージも効果的です。ただし､ゴシゴシこすっては逆効果なので、必ずマッサージクリームなどをなじませてから、力を入れずに行うこと。専用のものもありますが、普段の乳液やクリームを多めに使うのでもOK。その他、液を塗ってから肌をこするものや、乾かしてはがすピールパックなどもありますが、刺激が強い場合もあるので、使用上の注意をよく読んで。

やったほうがいいのはどんな人？

20歳を過ぎた頃からターンオーバーのリズムが遅れていくと考えると、初期のエイジングサインが現れはじめる25歳過ぎにはスタートしたいもの。大人の女性は、皮膚のトラブルを抱えていないかぎり、定期的な角質ケアが必須と思いましょう。とくにゴワつきやくすみを感じていたり、化粧水のなじみが悪いときに行うと、効果を実感しやすいはずです。

素肌力 2 肌の潤いを守る力とは →バリア機能のことです

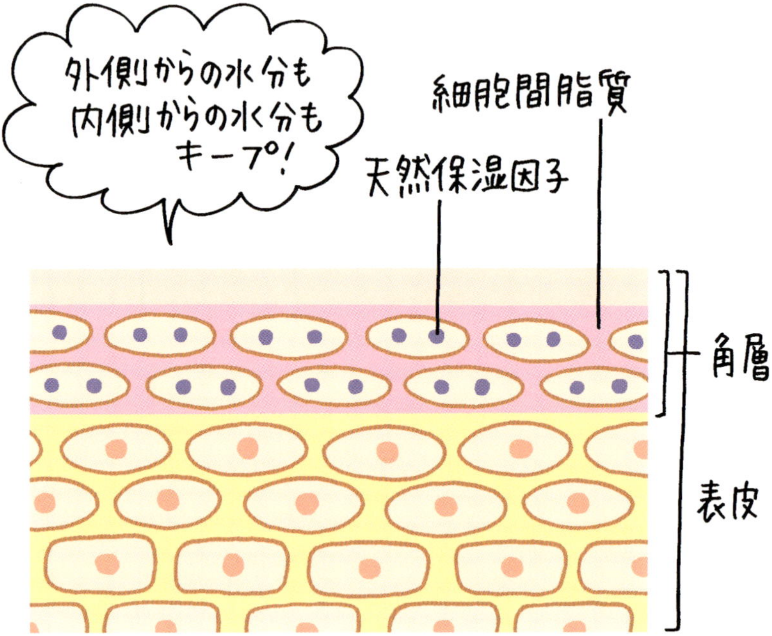
外側からの水分も
内側からの水分も
キープ！
細胞間脂質
天然保湿因子
角層
表皮

潤いをたっぷり抱えてキープする肌は、健やかで強い

バリア機能には、外的刺激や紫外線をブロックして体を守る役割と同時に、内側からの肌の潤いを逃がさないようにする役割もあります。ターンオーバーの低下が、見た目の悪化と表面的な肌トラブルを招くのに対し、バリア機能の低下は、ヒリつきや赤み、炎症といった、より深刻なトラブルへと繋がります。また、水分を与えても、その潤いを守るバリアがなくなるので、乾燥しやすくなりますし、肌の大敵である紫外線のダメージがダイレクトに肌内部に到達してしまいます。水分と油分のバランス、弾力、キメなどにも深く影響し、シミやシワ、たるみなどを発生させて、老化を進めます。

バリア機能の中でも、潤い保持を主に担っているのが、皮脂膜とNMF(天然保湿因子)、そして細胞間脂質。皮脂膜は、皮脂と汗が混ざったもので、肌の表面に天然の保湿膜を形成し、中から潤いが逃げるのをセーブします。また、角層内にあるNMFは、潤いを抱え込んでキープ。そしてさらに重要なのが、セラミドやコレステロールなどから構成される細胞間脂質。多層に重なる細胞の隙間を埋めて、水分の逃げ道を物理的にふさいで、蒸散を防ぎます。さらにセラミドには、水分を抱え込む作用もあります。

Q バリア機能を低下させる原因は？

A 乾燥とバリア機能の低下は相互関係あり！

大きな原因は、乾燥です。つまり潤いを守る＝乾燥を防ぐためのバリア機能は、肌が乾燥することで低下し、どんどん潤いを守れなくなり、さらに乾燥が悪化する……という負のスパイラルに突入します。肌の乾燥は、空気が乾くことで起こるほか、加齢によっても進みます。赤ちゃんの頃は必要なかったスキンケアが大人になると必要になるのはそのため。さらに洗いすぎも乾燥をひどくさせます。メイクのスタート年齢の若年化に伴い、クレンジングのデビュー年齢も早くなっている今、中学生でも高校生でも、メイクをするなら保湿を中心としたお手入れを始めるべき。

Q NMF（天然保湿因子）は外から補給できるもの？

A 似たような性質を持つ成分が働きをフォロー

角層の細胞の間に分散して存在するNMFは、肌の潤いを守る主力成分でありながら、顔を洗ったときなどに流出しやすい性質があります。そのため、バリア機能がしっかりしていれば流出を防げますが、乾燥などによりバリア機能が低下すると、弱った部分からどんどん流れ出て、さらに乾燥を進めます。そこでオススメなのが、似たような性質を持つアミノ酸やグリセリンなどをスキンケアで補給すること。肌の中に入って、NMFの働きを補ってくれます。さらに細胞の間を埋めているセラミドも補うと、より効果的に乾燥を防ぎ、バリア機能を強化できます。

Q 化粧品が「効く」ってどういうこと？

A 効いてはいけなかったはずが〝効く〟ように

そもそも薬事法で定められている化粧品とは「健康状態の維持」が目的で、「人体に対する作用が緩和なもの」というのが基本。具体的にいうと、水分保持や紫外線カットなど、もともと肌に備わっている機能を補完するもので、肌に〝効く〟ものではないとされていたのです。ところが近年、皮膚科学研究が進むと同時に化粧品開発もすさまじく発展して、今までの化粧品に〝＋α〟の機能が加わるようになったのです。角層だけでなく、表皮やそのまた奥にまで働きかけられるようになり、美白効果を与えたりシワを薄くすることが可能に。〝効く〟化粧品が増えているのです。

素肌力 2 バリア機能を高めるには?

保湿ケアを取り入れましょう

　バリア機能をアップするために欠かせないのが、保湿です。保湿とは、具体的には「水分を補う」「細胞間脂質を補う」「油分でフタをする」の３つを指し、平たく言えば、水と油を肌に塗る、ということ。化粧水で水分をたっぷりと肌に与えたからというのは保湿としては不十分なのです。セラミドやコレステロールといった角質細胞の隙間を埋める細胞間脂質や、その生成を促す成分が入った化粧品を選び、水分を抱えて逃がさない力を強化しましょう。さらに油分でのフタも大切。私たちの肌は、皮脂と汗などで形成される皮脂膜を潤いの蒸散を防ぐ保護ヴェールとしていますが、皮脂の分泌は年々減って、十分に蒸散を防げないことも。また、きちんと表面が油分で覆われていないと、潤いを守ろうとして過剰に皮脂が分泌され、オイリー肌や混合肌に肌質が傾いたりします。きちんと保湿ケアをすることで水分、油分のバランスの整った健やかな肌になれるのです。

潤いを逃がさず、キープしよう

基本のお手入れ

化粧水 ➡ 美容液 ➡ 乳液
クリーム ➡ UVケア
（日中のみ）

ポイント1. 水分 ➡ 油分へ

ポイント2. シャバシャバ ➡ クリーミィへ

化粧品を効かせるためには、正しい順番でつけること！

水分と油分をつけさえすればいいかというと、答えはNO。つける順番が大事です。基本は、水分である化粧水から。先に油分をつけると肌の表面が油膜で覆われ、水分が浸透しません。洗顔直後の肌に化粧水をつけると、水分が行きわたり、次に使うアイテムが浸透しやすい状態に整えられます。次に、化粧水より油分が多く、乳液やクリームよりは油分が少ない美容液。最後に、与えた潤いを密封するための油分を塗りましょう。何種類かの化粧品を重ねる場合は、シャバシャバとした水っぽいものが先で、クリーミィな油っぽいものを後に。以上が基本ですが、乳液→化粧水を推奨していたり、洗顔直後に使うブースターがあったり、と化粧品はさまざま。迷ったら説明書を読んだり、お店の人に尋ねましょう。

紫外線もバリア機能を低下させます！

紫外線を浴びると、肌はみずからを守るために、角質を厚くしてブロックしようとします。すると、潤いが浸透しにくくなるうえに保湿能力も落ち、さらには刺激を受けやすくなって、乾燥は激化。ターンオーバーも乱れ、内部からは炎症も発生しやすくなります。保湿とともにUVケアもバリア機能を守るために必須です。

素肌力 3 根本から肌を作る力とは
→健康な細胞のことです

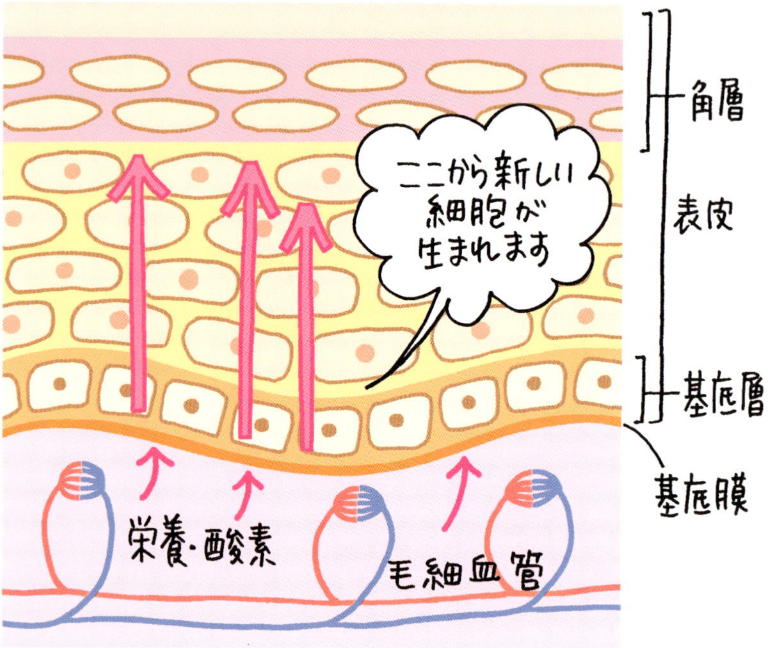

細胞にプログラミングされた機能を発揮させるために

肌は無数の細胞でできています。そして、ひとつひとつの細胞が元気でいてこそ、肌本来の力を発揮することができ、ダメージに負けないしなやかで強い肌が育ちます。しかし、細胞に元気がなければ、ターンオーバーは乱れ、バリア機能も低下して、肌全体が不調になります。

肌表面を覆う角質は、角化細胞（ケラチノサイト）が分化した角質細胞のことで、そのおおもととなるのは、表皮幹細胞です。表皮幹細胞は基底細胞に変化すると同時に、自分自身のコピーを作り出します。そのため、この表皮幹細胞は永遠になくなりません。さらに基底細胞は、角質細胞へと変わっていく初めのステップで、基底細胞に活力がなければ、次のステップに進めず、途中で細胞間脂質やヒアルロン酸などの潤い因子を作り出すことができません。

また、真皮には真皮幹細胞があり、ここからは線維芽細胞が生まれます。線維芽細胞は、ハリや弾力の元となるコラーゲンやエラスチンを作りだし、またヒアルロン酸などの生成にも関わっています。すなわち、細胞が元気で健康であることが、健やかな肌の基礎となるのです。

Q 私たちの肌はどう入れ替わっている？

A 表皮はターンオーバー、真皮は産生＆分解

表皮のベースは、真皮との境目にある表皮幹細胞。ここから基底細胞が生まれ、姿形を変えながら、新たにできた基底細胞によって押し上げられていきます。その途中で有棘細胞や顆粒細胞などになり、最終的には角質細胞となって肌の最表面に上がり、自然なターンオーバーではがれ落ち、次の新しい角質細胞に世代交代をします。真皮では、真皮幹細胞が、コラーゲンやエラスチンの産生と分解を繰り返すことで、肌が生まれ変わっています。これらの細胞の産生能力が落ち、生まれ変わりがスムーズでなくなるのが老化です。

素肌力❶から❸は
それぞれ深く
関係しています！

Q 今、はやりの細胞コスメ、遺伝子コスメって何？

A 肌のおおもと、細胞に働きかける最新技術

〝肌の遺伝子に着目した〞〝細胞の修復作用を助ける〞といったことをうたった化粧品が、続々と登場しています。これらは何をしてくれるかというと、幹細胞が分化する際に自分自身もコピーすることに着目して、このコピーのスピードを早めたり、コピーが上手にできるように手助けしたりします。その結果、新しい健康な細胞が作り出せるのです。また、コラーゲンやエラスチンなどを分解する酵素の働きを邪魔したり、老化を抑制する長寿遺伝子に着目したものもありますが、まだまだ研究が進む分野と言えます。

Q 食事で積極的に摂りたいのは？

A 細胞を作るのは「たんぱく質」！

〝肌のためにビタミンを摂る〞という人は多いと思いますが、肌の細胞を作るのにいちばん必要なのは、実はたんぱく質。私たちの肌の細胞は、約20種類のアミノ酸が原料であり、アミノ酸はNMFの素にもなります。このアミノ酸の集合体がたんぱく質です。カロリーを気にして、肉を摂らないというのは大きな間違い。最近の女性は誤ったダイエット法や食生活が原因で、たんぱく質不足の人が多いと言われています。たんぱく質は肌の、細胞の源。卵や魚、肉、大豆などに含まれる良質なたんぱく質を摂るように心がけましょう。

素肌力

3 健康な細胞を育てるには?

抗酸化ケアを取り入れましょう

健康な細胞を育てるためには、何よりも食事が大事。細胞の材料になるたんぱく質や、それを肌に変換するためのエネルギーとなる炭水化物、健やかな肌への変換を助けるビタミンやミネラル、潤いの素となる脂質をバランスよく摂ることが必要になってきます。

それと同時に、細胞にダメージを与える大敵である、外的要因トップの〝紫外線〟と、内的要因トップの〝活性酸素〟から肌を守る必要があります。紫外線は細胞の核に傷をつけるほか、活性酸素を発生させます。そして活性酸素は細胞をサビさせて機能を狂わせたり、細胞の生まれ変わりを手助けする酵素の働きを邪魔して老化を加速させたりします。

そこで取り組んでほしいのが、抗酸化ケア。ビタミンA、C、Eや、リコピンやアスタキサンチン、ポリフェノールなどの抗酸化成分をスキンケアの際に肌に塗ったり、食事などで摂取することで、細胞がサビるのを防ぎ、活性酸素のダメージから肌を守ります。また、活性酸素を発生させる紫外線をカットすることも大切。細胞の原料を摂取しつつ、ダメージを防ぐのが正解です。

活性酸素のダメージを肌に与えない

専用の美容液

抗酸化成分を肌に塗って健やかな細胞を守り、育む

ビタミンA、C、Eやポリフェノール、コエンザイムQ10、プラセンタなど、抗酸化作用の高い成分が配合された化粧品を使いましょう。直接肌に塗ることで、肌に発生する活性酸素を抑え、肌のスムーズな生まれ変わりや修復をサポートし、エイジングを防ぎます。肌にもともと備わっている抗酸化力が年齢を重ねるごとに低下するということもあり、シワもたるみも、と全方位から老化に働きかけるエイジングケア美容液の多くに含まれています。

UVケア

汚染物質もブロックできるものや抗酸化成分入りを

活性酸素が発生する最大の原因、紫外線。バリア機能を破壊し、メラニンの生成を促すなど、さまざまな悪影響を肌に及ぼす紫外線は、日焼け止めを塗ったり日傘をさしたりするなどしてしっかりブロックしましょう。日焼け止めを選ぶ際には、抗酸化成分が入っているものに注目を。また、紫外線とともに活性酸素を発生させる原因となる、汚染物資をブロックできるものも最近では開発されています。日焼け止めは最新のものを賢く選びましょう。

正しい食事

抗酸化成分を含む食事を摂り、酸化したものは食べない!

トマトのリコピンや、鮭のアスタキサンチン、緑茶のカテキンなどは、優秀な抗酸化成分。抗酸化ビタミンであるビタミンA、C、Eなどを含む野菜やフルーツなどとともに意識的に摂るのが効果的です。また、酸化した食べ物を口にしないことも重要で、とくに気をつけたいのが空気に触れるとどんどん酸化する油。揚げものやポテトチップスなどのお菓子はNG。亜麻仁油やエゴマ油など、体にいいとされる油も開封したら早めに使い切りましょう。

「抗糖化」も忘れずに!

抗酸化と一緒に、取り組みたいのが、抗糖化。細胞にダメージを与える影響力は9:1で、圧倒的に酸化のほうが大きいけれど、糖化も見過ごせない要素です。白飯やパスタなどの食事や、甘口のワインやビールなどの飲酒で糖質を摂り過ぎると、その糖分がたんぱく質にくっついて変性し、ゴワつきや黄ぐすみが発生。日頃、糖質を摂り過ぎている人は要注意です。

［基礎レッスン］
BASIC

NUTRITION

健康な肌に栄養が必要な理由

- きちんと食べないと肌の老化が進む？
- 私たちに足りない栄養は？

きちんと栄養を
摂らないと
キレイになれない！

日本女性の「栄養問題」を知ろう

**おいしいもの、好きなものをいつでもどこでも食べられる日本。
栄養過多&カロリーオーバーになりそうだけれど、現実はその逆だった!?
美容意識の高い日本女性ならではの「栄養問題」とは。**

Problem 1 実は「栄養失調」!

カロリー重視の食生活が栄養失調を招く?

24時間営業のコンビニやファストフード店で、食べたいときに食べ物が手に入る日本。だから、「栄養失調」といわれても、ピンとこない人も多いはず。でも、お腹いっぱい食べているからといって、栄養素がバランスよく摂れているとは限りません。その大きな要因がダイエット。体重を気にするあまり、間違ったダイエット法や、カロリー制限で栄養状態が悪くなり、貧血や便秘を訴える女性が増えています。また、現代の食生活では、スナック菓子やアルコールなど、エンプティカロリー(カロリーはあっても栄養が空っぽ)な食品もたくさん。いまや戦後以下にカロリー摂取量が減っている日本女性。きちんと栄養素を摂らなければ、健康な体も肌も遠のいてしまいます。

女性のエネルギー摂取量の平均値

※厚生労働省HPより作成

Problem 2 みんな「食べているつもり」

食べることと栄養を摂ることは違います

「毎食、お腹いっぱい食べてます」という人に食事の内容を聞いてみると、「手軽だからランチはいつもパスタ」「時間がないから、とりあえずお菓子でお腹を満たす」「ヘルシーだから食事は野菜中心」。これでは、偏った栄養しか摂れません。私たちが行った食事調査では、20～30代女性の6割が肉や魚、大豆などのたんぱく質不足。自分の体を栄養で満たせない食事を続けていると、くまやくすみ、乾燥肌を招くことに。

野菜ばかり

お菓子ばかり

炭水化物ばかり

1品だけ(パスタなど)

自分の食生活を振り返って!

「食べているつもり」の老化が進む食事

コンビニのおにぎりと中華春雨スープ

問題点

- 炭水化物、塩分過多になりやすい
- カロリーは低めでも栄養バランスが悪い

時間のない人に多い、コンビニ食パターン。手軽に食べられるおにぎりは、ご飯たっぷりなので炭水化物過多になりがち。ヘルシーな春雨も多少のミネラルは入っていますが、ほとんどが炭水化物。インスタントの春雨スープの場合、塩分の摂りすぎにも注意。栄養バランスの偏りは、疲労感や体力低下、くすみの原因に。

ケーキやスナック菓子を食事がわりに

問題点

- 体に必要な栄養素がまったく摂れない!
- 糖質だけ摂ってもエネルギーにならない

お菓子を食事がわりにする置き換えパターンは、スイーツを思う存分食べたい、一人暮らしで食事を作るのが面倒、という人に多い。お菓子などはカロリーはあっても十分な栄養素は摂れないエンプティカロリー食品。これでは、ビタミンやミネラル不足で糖質がエネルギーにならず、貧血やくま、血行不良を起こします。

キャベツとアンチョビのパスタにサラダとパン

問題点

- たんぱく質不足で肌のハリ感が低下
- パスタやパンは糖質過多になりがち

ランチで選びがちなアンバランスパターン。パンもパスタも小麦粉が原材料。小麦粉や白米といった精製されたものは、体を作るために必要なたんぱく質の価値が低く、ビタミンもほとんど摂れません。肌の弾力のもと、コラーゲンやエラスチンなどは、たんぱく質が原料です。このままでは、20代でもハリのない肌に。

時間がないから、ダイエット中だから、大好きなスイーツを食べたいからと、偏った栄養しか摂らない食生活をしていると、体の中から老化が進むことに！そこで、選びがちなメニューから、体と栄養の問題点を検証してみましょう。

たっぷり野菜サラダとスープ

問題点

- 野菜だけ摂っても体は健康にならない
- シワやたるみの目立つ老け顔に！

ダイエット中の人、ヘルシー志向の人に多いのが、野菜×野菜パターン。野菜のみの食事は一見、体によさそうですが、体重は落ちても筋肉がつかず、シワやたるみ、むくみなどを引き起こします。筋肉を作るたんぱく質、エネルギー源となる炭水化物、肌の潤いやツヤを保つ脂質と一緒にバランスよく摂りましょう。

出前のたぬきうどん

問題点

- 血糖値の急上昇＆急降下が起こる
- 糖化が進み、肌が老化してしまう

ほぼ炭水化物と脂質のバッドメニュー。うどんも天かすも血糖値を上げやすい小麦粉が原材料で、食べた直後から血糖値が上昇。血糖値は急激に上がったぶん、反動で急降下するため、再び脳が糖分を欲するという、太りやすい悪循環に。さらに、肌の乾燥やたるみ、ゴワつきを招く、糖化（P27参照）が進んでしまいます。

手軽なメニューは、どうしても炭水化物をはじめとする糖質や脂質過多になりがちです。逆に、血液や筋肉、肌を作るたんぱく質は不足気味に。また、糖質をエネルギーに転換するためには豚肉や発芽米などに多く含まれるビタミンB_1が、脂質の代謝には魚や卵に含まれるビタミンB_2が必要です。これらが不足してしまうと、中性脂肪として蓄積され、太りやすくなったり、肌老化を早める糖化も起こしやすくなってしまうのです。１品料理ではなく、さまざまな食材が摂れるメニューを選ぶように心がけましょう。

Problem
3 「カロリーダイエット」は老化する

体重とともに筋肉量も落ちて老け顔へ一直線！

　カロリー制限のダイエットとは、炭水化物や高カロリーな肉や魚などを控えて、食事量を抑えることだと思っていませんか？　でもこれでは、体重とともに筋肉も落ちてしまい、バストやヒップはもちろん、笑顔を支える表情筋も衰え、肌はたるんでしまいます。さらに、食事量が足りないため、便秘になることも。便がきちんと排出されないと、毒素が体内に吸収され、全身をめぐって内側から肌を老化させてしまいます。

　また、BMIが18.5以下の低体重の女性は、血液中の脂肪の量も低下しがち。つややかな肌や髪のもととなる女性ホルモンの量が減少して、くすみや乾燥だけでなく、骨までもろくなってしまいます。このように、きちんと食べないカロリーダイエットは、キレイになるどころか、女性を老けさせてしまうのです。

■ BMIの出し方

BMI＝体重［kg］
÷（身長［m］×身長［m］）

判定	BMI
普通体重	18.5～25未満
肥満度1	25～30未満
肥満度2	30～35未満
肥満度3	35～40未満
肥満度4	40以上

BMI指数とは肥満度を求める計算式で、肥満度は１～４の４段階で評価。BMIが18.5以下は低体重、低栄養と見なされ、寝たきりの高齢者と同じ。食事で摂った栄養は、内臓や生命維持に使われた残りが肌に供給されるので、栄養状態が悪ければ、当然肌の状態も悪くなる。きちんと食べなければ、肌に栄養は行きわたらないのです。

肌への影響は？

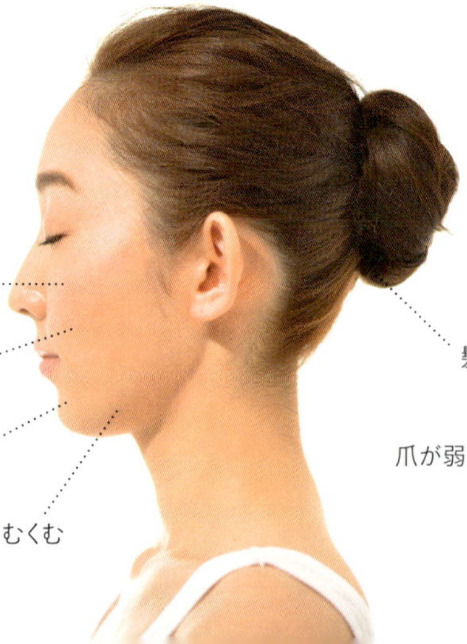

「体重」は見せかけの数字です

体重 ＝ 水分 ＋ 骨 ＋ 筋肉 ＋ 脂肪

筋肉 1kg ＞ 脂肪 1kg

女性は体重の増減に敏感です。でも、体重がスタイルのよさを決めるわけではありません。たとえば、同じ質量なら、筋肉は脂肪より1.2倍も重く、筋肉量の多いアスリートなどは､見た目より体重があるもの。BMIと体脂肪率を目安にしたほうが健康的な美しさを手に入れることができます。

日本一の美女たちの体脂肪率を追求した結果、メリハリボディの基準は、体脂肪率21％(±２)。17％以下になると、月経が止まることもあるので注意が必要です。また、外見はスリムでも体脂肪率は多い、隠れ肥満という人も要注意。人間の体の約60％は水分です。女性は月経前に水分を溜め込む時期があるので、月に２kg前後は体重が増減します。だから、体重の増減に一喜一憂するのはもうやめましょう。

見た目カロリーは高いけど……

- **炭水化物**
- **脂質**
- **たんぱく質**

糖質は１ｇにつき水分を３ｇ抱え込むため、炭水化物を抜くと水分が排出され、すとんと体重が落ちます。ですが、炭水化物は食物繊維も含むため、腸内環境に影響が出ます。それより野菜などを先に食べ、血糖値を急上昇させない食べ方をしたほうが得策。そして、ダイエット中に欠かせないのがたんぱく質。肉、魚、卵、大豆などをバランスよく食べ、筋肉を落とさないようにしましょう。肌の潤いを保つ良質な油(脂質)を摂ることも必要です。

健康な肌に必要な栄養素　6

健康な体が健康な肌を作る！　そのためには、私たちに必要な
栄養素の働きを知ることが先決。炭水化物、脂質、たんぱく質、ビタミン、
ミネラル、食物繊維、それぞれの働きを、さっそく学んでいきましょう。

［注目すべき栄養素］

発芽米

- 炭水化物
- ビタミン
- ミネラル
- 食物繊維

油あげとわかめのみそ汁

- たんぱく質
- 脂質
- ミネラル
- 食物繊維

焼き魚

- たんぱく質
- 脂質（必須脂肪酸）
- ミネラル

3大栄養素

**人が活動するうえで欠かせないのが、
3大栄養素と呼ばれる、炭水化物、脂質、たんぱく質。
体や肌のもととなる、大事なエネルギーになるので、
過不足なく、バランスよく摂ることが大切です。**

1 炭水化物

炭水化物は、私たちの脳や体にとって主要なエネルギー源。この炭水化物には、体内で消化されてエネルギーになる「糖質」と、体内で消化されずに排出される「食物繊維」の2つが含まれています。糖質は体内でブドウ糖に変換され、体に吸収されるとすぐにエネルギーとして使われます。また、糖質は腸内細菌にとってごちそうで、食物繊維は腸内環境を整える大切な役割を担っています。

→ 足りないとどうなる？

**エネルギー不足になり、
痩せやすい乳酸菌が減ってしまう!?**

活動量に対して炭水化物が不足すると、エネルギー不足になります。すると、疲れやすくなるだけでなく、太りやすい体質になる可能性が。最近の報告では、腸内細菌の好む糖質と食物繊維が不足すると、美肌とダイエット効果のある乳酸菌が減ってしまうことがわかっています。

2 脂質

油＝脂質というと、太るというイメージが強いかもしれません。でも、脂質には脳の機能を正常にし、細胞膜の形成を担ったり、体温を保持する働きが。美肌成分といわれる「セラミド」は、脂質の中の必須脂肪酸が原材料。女らしい体や柔らかな肌のカギとなる女性ホルモンも、脂質の中のコレステロールが材料に。ただし、脂質は多種多様。良質な脂質を選び、適度に摂ることが重要です。

→ 足りないとどうなる？

**肌はカサカサ、
アレルギーなども悪化!?**

脂質を摂らないと、肌の水分を保つセラミドが作られず、肌は一気に潤いを失います。また、極端な脂質オフを行うと体脂肪が落ちてホルモン分泌が乱れ、月経不順なども引き起こします。脂質は体内の炎症と抑制に関わっているので、アトピーやアレルギーが悪化することも。

3 たんぱく質

血液や筋肉、ホルモン、肌、髪と、私たちの体の主原料となるのがたんぱく質。全身に酸素を運ぶ、免疫力を高める、コラーゲンやエラスチンなどの原料にもなるため、健康維持、美容のために欠かせない存在。このたんぱく質はアミノ酸の集合体で、人間の体は約20種のアミノ酸の組み合わせで構成されています。そのうち9種は人体で作ることができないので、毎日の食事で摂るしかないのです。

→ 足りないとどうなる？

**肌の弾力と潤いが低下。
体全体の老化も進む!?**

〝美のパーツ〟である肌、髪、爪はすべてケラチンというたんぱく質からできています。コラーゲンやエラスチン、天然保湿因子(NMF)も同様。たんぱく質が足りなくなると、シワやたるみ、乾燥が進み、年齢以上に老けた肌に。むくみや抜け毛、貧血なども起こします。

玉子焼き

- たんぱく質
- 脂質
  （必須脂肪酸）
- ビタミン
- ミネラル

納豆

- たんぱく質
- ビタミン
- ミネラル
- 食物繊維

青菜のおひたし

- ビタミン
- ミネラル
- 食物繊維

常識！

和食はやっぱり美肌を作る！

ごはんにみそ汁、焼き魚、納豆や漬け物と、栄養バランスのいい和食は美肌の宝庫。つややかな肌の材料となる良質なたんぱく質が摂れ、みそや納豆、漬け物などの発酵食品は食べ物の消化、吸収を促進する腸内細菌を増やす効果も。日本人が長年食べてきた和食は、究極の美肌食！

一日1食は、
栄養バランスのいい
和食をチョイス！

副栄養素

３大栄養素の代謝を助けるのが、ビタミン、ミネラル、
食物繊維などの副栄養素。これらがなければ、
いくらいい栄養素を摂っても、健康な体と肌は作られません。
私たちの体は、副栄養素の働きに支えられているのです。

4 ビタミン

ビタミンは炭水化物、脂質、たんぱく質の代謝に関わり、細胞を活性化させて免疫力を上げたり体内の血液循環をよくしたりと、ごく微量ながら人間の生命維持に必要な栄養素、補酵素です。強い抗酸化作用を持つものは、シワやシミ、ニキビなどを予防し、肌の老化を食い止める効果があります。また、ビタミンには水に溶けやすい水溶性と、脂に溶けやすい脂溶性があるので調理法には注意を。

足りないとどうなる?

肌荒れやニキビが勃発！ 肌老化も加速してしまう

ビタミン不足になると３大栄養素が体内でエネルギーに転換されにくくなり、倦怠感やイライラなどを引き起こします。肌にも栄養が行きわたらず、コラーゲンの原料不足を招いて、シワやたるみ、シミといった老化が進んでしまいます。肌荒れやニキビが治りにくいことも。

5 ミネラル

ビタミンと同じく、３大栄養素の働きをサポートするのがミネラル。骨や歯の原料となったり、細胞の新陳代謝、全身に酸素を送るヘモグロビンや、ホルモン、コラーゲンなどの合成に関わる、体と肌の機能を正常に保つために欠かせない栄養素です。カルシウム、鉄分、亜鉛などに代表されるミネラルは、海藻や魚介類、豆類に豊富に含まれています。外食が多い人などは意識して摂らないと、すぐに不足してしまうので気をつけましょう。

足りないとどうなる?

肌はくすみ、骨や歯、髪、爪ももろくなる

ミネラルが足りない人は骨や歯、髪、爪がもろくなってしまいます。また、貧血を起こしやすいため、体内の酸素が欠乏して肌がくすみがちで目の下にクマもできやすい。コラーゲンやケラチンの合成、ビタミンのフォローにも必要不可欠なため、魚介類を意識した食事が必須。

6 食物繊維

食物繊維とは、体内で消化されず、体外に排出されるものの総称。腸の働きを活発にして排便を促すことは知られていますが、食物繊維には脂質と糖質の吸収を穏やかにし、血糖値の上昇を抑える効果があるので、糖質を摂るときに一緒に摂取すると、肌老化やゴワつきの原因となる糖化を抑制することができます。腸内細菌のバランスを整えたり、栄養吸収のためにも欠かせない栄養素です。

足りないとどうなる?

便秘や肌荒れ……。 体の中から老化が加速

食物繊維が不足すると、まず腸の働きが鈍くなり、便秘を引き起こします。便が排出されないと毒素が全身をめぐり、老化を早めることに。また、腸内環境が悪化してしまうため、せっかく摂った栄養の吸収がスムーズに行われず、肌荒れや乾燥、くすみを助長してしまいます。

3大栄養素－①

炭水化物

消化がよく、手軽にエネルギー補給ができる炭水化物。最近は、肌や体の老化を早めてしまう糖化の原因や、ダイエットの敵といわれ、敬遠されることが多くなっています。でも、健康な体を維持し、潤いに満ちた肌を手に入れるためには、炭水化物は必要な栄養素なのです。

生命維持に欠かせない炭水化物。その反面、摂りすぎは悪影響!?

炭水化物というと、ごはんやパン、めん類などが頭に浮かびますが、果物や砂糖などの糖質も炭水化物の一種。炭水化物には体内で分解されてエネルギーとなる「糖質」と、分解されずに排出される「食物繊維」があります。糖質はブドウ糖に変換され、脳や筋肉、全身に酸素などを運ぶエネルギー源となる、生命維持に役立つ栄養素です。さらに、炭水化物には腸内環境を整え、美肌をサポートする効果もあるのです。

美しい肌と髪を作る栄養素を体内に取り込んでいるのは、腸。腸内には1000兆個以上もの腸内細菌が棲み着いていて、これらが人間が作り出せないビタミンやエネルギーを供給しています。この腸内細菌の栄養となるのが、炭水化物などに含まれる糖質なのです。とはいえ、炭水化物の摂りすぎには注意が必要。エネルギーとして使われなかった糖質は、中性脂肪として体内に貯えられます。また、食後の急激な血糖値の上昇により、糖とたんぱく質が結びつく「糖化」の要因にも。糖化は肌の弾力に欠かせないコラーゲンを焦げつかせ、シワやくすみ、ゴワつきなど、肌老化を進めてしまいます。肌のため、体のためには、血糖値の上昇を抑え、未精白の炭水化物や果物の果糖などを適度に摂ることが大切なのです。

炭水化物を含む食品例

玄米、米、餅、

パン、そば、うどん、

パスタ、いも類、砂糖、

クッキー、ケーキ　など

ごはんは朝、昼、晩、お茶碗1杯

炭水化物を摂るときは、血糖値の急上昇を防ぐことが重要。朝食を抜くと一日中血糖値が上がりやすくなってしまうため、朝、昼、晩、バランスよく摂りましょう。目安はお茶碗1杯、240キロカロリーくらい。血糖値を上げにくい発芽米や雑穀米を選ぶといいでしょう。ダイエットのことを考えるなら、朝、昼はしっかり、夜は少なめに。

新常識!

「糖質オフダイエット」の真実

糖質オフ=炭水化物抜きダイエットと思っていませんか？　実は、炭水化物には太りやすいものと太りにくいものがあります。小麦粉や精白米、白砂糖など「白いもの」は血糖値を上げやすく、太りやすい。玄米など「茶色いもの」は血糖値が上がりにくいため、太りにくいのです。血糖値の急上昇は肌老化を招く糖化も引き起こします。美容を考えるなら、「抜く」のではなく、太りにくい炭水化物を選ぶこと。

炭水化物は
悪者ではありません!
適量を摂取して

3大栄養素－②

脂質

私たちは毎日の食事で、無意識のうちに
さまざまな油＝脂質を摂っています。
その中には、体によいものと悪影響を
与えるものがあることを知っていますか？
健康な肌を維持したいなら、良質な脂質を
摂ることは大前提！　みずみずしい肌は
脂質選びがカギを握っているのです。

なめらかで潤う肌を目指すなら、脂質を賢く取り入れて

脂質は3大栄養素の中で、もっとも高いエネルギーを生み出します。だから、摂りすぎれば当然太りますが、それは脂質のほんの一面。体内に存在する脂質は、主に「中性脂肪」「リン脂質」「コレステロール」に分けられ、中性脂肪には貯蔵エネルギーとして体温を保持する役割があります。コレステロールは「ホルモンの母」と呼ばれるDHEAを作り出し、つややかな肌と髪を生む女性ホルモンの材料に。また、リン脂質とコレステロールには抗酸化力の高い脂溶性ビタミンの吸収を促す効果があり、老化を予防してくれます。

このように大切な働きをする脂質ですが、その摂り方が重要。そこでまず、油(脂)の基礎知識から。植物油などの常温で液体のものは「不飽和脂肪酸」と呼ばれ、この不飽和脂肪酸には、人の体の中で作ることができる「非必須脂肪酸」と、作り出すことができない「必須脂肪酸」があります。この必須脂肪酸が不足すると、肌や髪のツヤが損なわれ、ホルモン分泌にも影響が出てきます。ただし、必須脂肪酸の中には過剰摂取で炎症を促進させてしまう、リノール酸(オメガ6)も含まれているので注意が必要(右下のコラム参照)。脂質を上手に摂取することは、健康な肌への第一歩なのです。

脂質を含む食品例

オリーブ油、ごま油、コーン油、エゴマ油、バター、ラード、ごま、アーモンド　など

やめたい油 トランス脂肪酸！

肌の潤いやバリア機能を保つために脂質は必要です。しかし、コーヒー用のミルクやマーガリンなどに含まれるトランス脂肪酸は、心筋梗塞や脳梗塞といった動脈硬化のリスクを上げるだけでなく、排卵障害を引き起こすといわれています。排卵障害は不妊症のいちばんの原因！　女性にとって、トランス脂肪酸はやめたい油なのです。

新常識！

もっと摂りたい油は……

オメガ3系の油

エゴマ油や亜麻仁油などのα-リノレン酸(オメガ3)には、炎症を抑え、血液をサラサラにする作用が。この油は熱に弱いので、サラダなどに直接かけて摂るのがベスト。緑黄色野菜に含まれるリコピンなど、脂溶性の抗酸化成分・ビタミンの吸収もアップ。また、悪玉コレステロール値を下げ、動脈硬化を予防するオリーブオイルなどのオレイン酸(オメガ9)もおすすめ。

新常識！

もっと減らしたい油は……

オメガ6系の油

家庭や外食、加工食品などで、もっとも多く使われているのが、コーン油、ひまわり油、紅花油などのリノール酸(オメガ6)。この油は酸化すると炎症促進物質になりやすいため、肌荒れやアトピー、アレルギーなどを悪化させてしまうことも。現代人は、オメガ6とオメガ3の摂取比率が20:1ともいわれ、過剰摂取ぎみです。理想値である4:1に近づける努力を。

3大栄養素－③

たんぱく質

人間の体は、たんぱく質で成り立って
いるといっても過言ではありません。
内臓や血液、筋肉も、肌も髪も、
すべてたんぱく質が材料。
だから、毎日きちんとたんぱく質を摂って、
健康な体作りを。美しい肌は、
健康な体から生まれるのですから。

体の土台を作る たんぱく質をしっかり摂り、健康で強い肌に

私たちの体は約６割が水分、その残りの約７割がたんぱく質で構成されています。心臓などの臓器、骨や筋肉、肌もたんぱく質によって作られ、酵素やホルモン、DNAの形成などにも関与しています。人間が生きていくうえで欠かせないたんぱく質ですが、実は、体内で作り出せないものがあります。それが「必須アミノ酸」。人間のたんぱく質は、約20種のアミノ酸の複雑な組み合わせによって構成されています。

このうち人体で合成できない９種のアミノ酸を、必須アミノ酸といい、これらは食事からしか摂ることができません。必須アミノ酸が不足すると、筋肉量が低下したり、たるみやシワの原因に。また、アミノ酸は肌の水分保持に欠かせないNMF（天然保湿因子）、肌のハリと弾力を支えているコラーゲン、エラスチンの原材料。たんぱく質を十分に摂ってアミノ酸の供給量を増やせば、美肌の条件である「保湿力」「弾力」「柔軟性」が高まり、ターンオーバーも促進され、健康で強い肌が作られるのです。

たんぱく質を多く含む食品には肉や魚、大豆や卵などいろいろありますが、食品によって含まれているアミノ酸はさまざま。アミノ酸バランスを数値化した「アミノ酸スコア」（P123～参照）を参考に、効率よく摂りましょう。

たんぱく質を含む食品例

卵、牛肉、豚肉、鶏肉、
魚類、貝類、魚卵、
豆腐、納豆、チーズ、
ヨーグルト　など

たんぱく質はアミノ酸の集合体

アミノ酸はたんぱく質を構成するレンガのピースのようなもの。アミノ酸が100個単位でつながったものがたんぱく質。100個以下のものが最近よく聞くペプチドです。これらはアミノ酸に分解されてから体に吸収されるため、アミノ酸の個数が少ないペプチドやアミノ酸単体のほうが腎臓や肝臓に負担をかけずに吸収することができます。

健康な肌と荒れた肌のアミノ酸量の比較
（健康な肌を100とした場合）

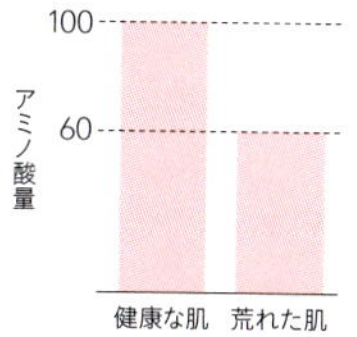

※味の素株式会社

新常識！

アミノ酸は健康で美しい肌、髪、爪を作る！

肌も髪も爪も、ケラチンというたんぱく質からできているため、たんぱく質を構成するアミノ酸を十分に摂ることは、健康な肌や髪を作ることになるのです。アミノ酸は肌の水分を保つNMF（天然保湿因子）の材料。アミノ酸の摂取量を増やすと、肌の水分量が増したという研究報告もあります。また、メラニンの生成をコントロールし、シミを防ぐシステインもアミノ酸の一種で、内側から日焼けを防ぐ効果も。

副栄養素－①

ビタミン

いつまでも若々しく、美しい肌でいたいなら、
アンチエイジング効果の高いビタミンは
しっかり摂りたい。肉や魚介類、
野菜や果物など、食材の中には
さまざまなビタミンが含まれているので、
まずはそれらの働きを理解して、
肌悩みの解消に役立てましょう。

美肌のためには、毎日バランスよくビタミン補給を！

　ビタミンは炭水化物、脂質、たんぱく質の代謝をサポートする補酵素で、健康維持、美容、発育のためになくてはならない存在。ビタミンには、水に溶ける「水溶性ビタミン」が９種、油とともに摂ると吸収率がアップする「脂溶性ビタミン」の４種（ビタミンＡ、Ｄ、Ｅ、Ｋ）があり、その効果はさまざま。そこでまず、各種ビタミンの働きを見ていきましょう。

　体の内側からパーンとした弾力のある肌を作るのがビタミンＡ。シワ対策化粧品にも使われるレチノールは、ビタミンＡの一種です。細胞にエネルギーを供給するのがビタミンＢ群。〝皮膚科のビタミン〟と呼ばれ、肌と髪にハリをもたらし、肌荒れやニキビを改善。〝美容のビタミン〟として知られるビタミンＣは、高い抗酸化作用でシミを予防したり、コラーゲン合成や免疫力もアップ。〝若返りのビタミン〟といわれるビタミンＥは、老化を促進する活性酸素から赤血球を守り、血行を促進。ホルモン分泌も整えます。そして、最近注目されているのが、肌をリカバリーする作用があり、アトピーの治療にも使われているビタミンＤ。日光に当たることで体内で生成されるので、適度な日光浴が必要です。このように、ビタミンは肌のために欠かせないものなのです。

ビタミンを含む食品例

ビタミンA
うなぎ、レバー、にんじん

ビタミンB群
発芽米、豚肉、納豆、レバー

ビタミンC
レモン、オレンジ、パプリカ

ビタミンD
鮭、さんま、卵、きのこ類

ビタミンE
たらこ、かぼちゃ、アボカド

など

肌トラブルを防ぐビオチンに注目！

ビオチンは腸内細菌が作り出すビタミンの一種で、皮膚炎予防の効果があります。多量のビオチンを投与する「ビオチン療法」は、アトピーなどの肌トラブルやアレルギーの治療に用いられています。コラーゲン合成にも関わるため、米国では〝美肌のビタミン〟としても有名。偏った食生活や抗生物質を長期にわたって服用すると、不足しやすくなるといわれています。

新常識！

スムージーの酵素は美容に効かない？

酵素たっぷりのスムージーは美容にいいはず？　米国では、酵素というと、消化を助ける〝消化酵素〟を指しますが、日本では野菜や果物を発酵させた〝発酵エキス〟や代謝酵素を言います。発酵エキスにはビタミンやミネラル微生物が含まれ、腸のために摂るのはオススメですが、酵素とは別物！　酵素を気にするなら、人間の酵素＝代謝酵素の材料となるたんぱく質やミネラル不足を心配しましょう。

副栄養素－②

ミネラル

私たちの体と肌を健康に保つうえで
欠かせないのがミネラル。
でも、偏った食生活やストレスなどで、
日本人の多くがミネラル不足。
強い骨や歯、バラ色の頬、つややかな髪を
作るのはミネラルの力！
その偉大な働きを探っていきましょう。

日本人女性はミネラル不足！元気な体、つややかな肌はミネラルで作られる

「疲れやすい」「肌がくすむ」これらは、ミネラル不足が原因かも？　ミネラルには骨や血液の材料となり、人間の体の成長や維持に欠かせない「必須ミネラル」が16種あり、それぞれ大切な役割があります。その代表選手がカルシウム。99％は骨や歯の形成に使われますが、残りは筋肉の伸縮や神経の安定、ホルモン分泌、アレルギーの抑制など、心身の健康維持に使われます。マグネシウムはたんぱく質の合成に関わり、体と肌に活力を与えてくれます。そして、全身に酸素を送るヘモグロビンの形成を担うのが鉄分。毎月、月経のある女性は鉄分が流出しやすいので、貧血防止、血色のいい肌のために積極的に摂りたい栄養素です。細胞の新陳代謝に関わる亜鉛は、ターンオーバーを促進し、つややかな肌や髪を叶える美のミネラル。鉄分同様に不足しがちなので、特に亜鉛を多く含む牡蠣を旬の時期にしっかり食べておきましょう。塩分過多の食事や外食が多い人、むくみやすい人は、体内の水分バランスを整えるカリウムを摂って。最近は偏った食生活や、食べ物自体に含まれるミネラル分が減ってきているため、不足しやすいのですが、ミネラルは欠乏しても過剰に摂っても健康に影響するので、バランスよく摂ることが大切。

ミネラルを含む食品例

カルシウム
ヨーグルト、チーズ、ひじき

マグネシウム
アーモンド、大豆、発芽米

鉄分
赤身の肉・魚、小松菜、
大豆、ひじき、貝類

亜鉛
牡蠣、レバー、
うなぎ、牛肉

カリウム
海藻類、アボカド、かつお

など

海藻類は週3回摂るべし！

食生活の欧米化で、みそ汁を飲む機会が激減しています。そのため海藻類の摂取量が減り、ヨウ素やカリウム不足に陥っている女性が急増！　これらのミネラルは代謝を上げ、むくみを解消してくれるので、すっきりしたボディやフェイスラインを手にするには欠かせません。週3回程度は、わかめや昆布などの海藻類を摂るように心がけて。

常識！

ミネラルには体に有害なものがある？

ミネラルには、カルシウムや鉄分などの「有益ミネラル」と、水銀や鉛のような「有害ミネラル」があります。有益ミネラルが不足すると有害ミネラルが蓄積されやすくなり、アトピーやアレルギー、慢性疲労を引き起こします。でも、カルシウムや鉄分、亜鉛などの有益ミネラルで体を満たせば、有害ミネラルは体に蓄積されずに排出されるので、有益ミネラル不足にならないようにしましょう。

副栄養素－③

食物繊維

食物繊維は体内のお掃除役。腸内に溜まった有害物質を排出し、便秘や腸の病気を予防する強い味方。でも、和食離れが叫ばれている今、意識して摂らないと、あっという間に食物繊維不足に。
便秘解消、美肌とアンチエイジング効果も期待できる食物繊維は、摂らないと損！

食物繊維のパワーで腸から美しく！美肌&アンチエイジング

毎日のお通じに欠かせない食物繊維には、水に溶ける「水溶性食物繊維」と、水に溶けない「不溶性食物繊維」があります。水溶性食物繊維は腸内で善玉菌のエサになり、酸の発生を促すことで悪玉菌の増殖を抑制し、腸内環境を整えてくれます。一方、不溶性食物繊維は水分を吸収して膨らみ、腸内で腸管を刺激して排便を促します。

食物繊維には、脂質と糖質の吸収を穏やかにし、血糖値の上昇を抑え、コレステロール値を下げる効果も。糖質を摂るときに一緒に食べると、肌の黄ばみやゴワつき、老化の原因となる糖化を防ぐことができます。免疫機能もアップするので、肌荒れや乾燥が気になる人は、積極的に摂りましょう。

また、食物繊維とは別に、最近注目されているのが「ファイトケミカル」と呼ばれる、植物性食品に含まれる色素や香りなどの有効成分。ファイトケミカルは、体内で活性酸素による酸化からガードしてくれる、女性にとって大切な存在。代表的なものが、大豆製品に豊富に含まれるイソフラボン。女性ホルモンと類似する働きと美肌効果が期待できるとされます。赤ワインのポリフェノールや緑茶に含まれるカテキン、緑黄色野菜の赤やオレンジなどの色素成分であるカロテンやリコピンも抗酸化力が高く、老化を防ぎます。

食物繊維を含む食品例

水溶性

海藻類、納豆、果物、野菜

不溶性

切り干し大根、大豆、穀類、ごぼう、芋類、きのこ類

など

シリアルがアレルギーの原因!?

食物繊維の補給にシリアルを摂っている人は、フードアレルギーに注意。シリアルの原材料の小麦には、小麦グルテンという非常に分子量の大きいたんぱく質が含まれています。この小麦グルテンは腸に負担がかかりやすいうえ、小麦はもともとアレルゲンになりやすい。食べ続けていると肌荒れやアトピー、頭痛といった症状が現れることも。

新常識！

サラダにノンオイルドレッシングはNG

実は、野菜の美容成分の多くを占めるのが、カロテン、リコピン、ルテインなど、野菜の色素に含まれるアンチエイジング成分＝ファイトケミカル。体の内側のサビを除去してくれるファイトケミカルは脂溶性で、油と摂ることで吸収率が高まります。サラダを食べるときは、ぜひオイルドレッシングを。亜麻仁油などのオメガ３の油や、オリーブオイルでドレッシングを作れば、さらに抗酸化力が高まります。

DOI:10.1002/mnfr.201100687

「レインボーカラー」の食事

赤

トマト、にんじん、
パプリカ（赤）、
りんご、いちご、
すいか、さくらんぼ、
かつお、
かに、えび

黄

かぼちゃ、
パプリカ（黄）、
バナナ、
グレープフルーツ、
オレンジ、レモン、
マンゴー、卵

緑

ブロッコリー、
アスパラガス、
ピーマン、
ほうれん草、水菜、
キャベツ、にら、
おくら、キウイ

白

玉ねぎ、大根、
カリフラワー、
かぶ、長いも、
生姜、白身魚、
鶏肉、豆腐、
ヨーグルト

高い抗酸化作用で老化を抑制

トマトのリコピン、にんじんのβ-カロテンなど、植物の赤い色素には高い抗酸化作用が。えびやかになどに含まれるアスタキサンチンも抗酸化力が高く、老化スピードを緩やかに。

活性酸素を除去し、シミを予防

レモンやオレンジなどの柑橘類には、活性酸素を除去するビタミンCがたっぷり。β-カロテンも豊富で、肌のターンオーバーを整え、メラニンの生成を抑える効果も。

貧血防止、免疫力もアップ

緑の野菜は葉酸の宝庫で、血液サラサラ、美肌効果も。ほうれん草には鉄分が、ブロッコリーには抗酸化力の高いビタミンA・C・Eがたっぷり。熱に弱いので手早く加熱して。

バリア機能の高い健康な体と肌に

大根やカリフラワーなどのアブラナ科の野菜には、抗酸化＆抗菌作用が。玉ねぎや生姜の刺激臭や辛み成分には免疫力を上げ、代謝を促す効果があり、たんぱく質の消化も助ける。

を目指そう

バランスのいい食事とは、6つの栄養素をきちんと摂ることで叶いますが、色で選ぶのもいい手段。毎食、最低5色をそろえるようにして、健康な体と肌を目指しましょう。

紫

なす、
紫キャベツ、
さつまいも、巨峰、
ブルーベリー、
いちじく、
ざくろ、あずき

**眼精疲労、
アンチエイジングに**

紫の野菜や果物にはアントシアニンというファイトケミカルがたっぷり。抗酸化、血圧を下げる効果があり、アンチエイジングに最適。特に、ブルーベリーは眼精疲労にも効果大。

黒

黒ごま、黒豆、
こんにゃく、
プルーン、
レーズン、昆布、
のり、わかめ、
もずく、めかぶ

**黒の食材には
美肌成分たっぷり**

黒い食材にはポリフェノールが豊富で、酸化から体を守り、細胞を修復する働きが。黒ごまにはビタミンEやカルシウム、亜鉛が、レーズンは鉄分が豊富。美肌作りには必須です。

茶

ごぼう、
しいたけ、
しめじ、まいたけ、
みそ、納豆、
玄米、アーモンド、
豚肉、牛肉

**腸内環境を整えて
美肌に前進！**

きのこ類は、ビタミンDを豊富に含み、インフルエンザの発症リスクを下げ、乳ガン、大腸ガン予防にも。みそや納豆といった発酵食品は毎日摂って、腸内環境を整えよう。

※Urashima M,et al.Randomized trial of vitamin D supplementation to prevent seasonal influenza A in schoolchildren. Am J Clin Nutr. 2010 May; 91:1255-60

食事は
色を意識して
バランスよく。
毎食、5色が
目標

［実践レッスン］
PRACTICE

SKIN CARE

自分の本当の肌質を見きわめる

- 肌質は変えられる?
- 乾燥肌が増えている?

スキンケア次第で
誰でも健康な
肌になれますよ

肌質は変えられる?
⇨「YES」

肌質は、日々のスキンケア=後天的要素で変えられる!

よく、トラブルのない美肌の持ち主は、「親からもらった肌に感謝しなくちゃ」などと言いますが、肌質は遺伝的要素だけで決まるわけではありません。年齢、食事、スキンケアなど、後天的要素も大きく関わっています。肌質は、皮脂量と水分保持能力のバランスで決まりますが、間違ったスキンケアを続けていると、健康なノーマルスキンでもドライスキンやオイリースキンになってしまう場合も。

肌は気温や湿度といった外的要素にも反応しやすいため、夏と冬で肌質は変わります。この反応に柔軟に対応できれば、トラブルのない肌でいられるのです。もし今、肌悩みやトラブルがあるのなら、それは今までのスキンケアが間違っていたのかもしれません。でもご心配なく。自分の肌質に合ったスキンケアを始めれば、誰でも健康な肌になれるのです。

肌質を決めるのは

- 性別
- ホルモン
- 年齢
- 体温
- 食事
- 気温
- 生体リズム
- 睡眠
- 運動
- スキンケア

など

自分の肌質を知るための2大要素は?

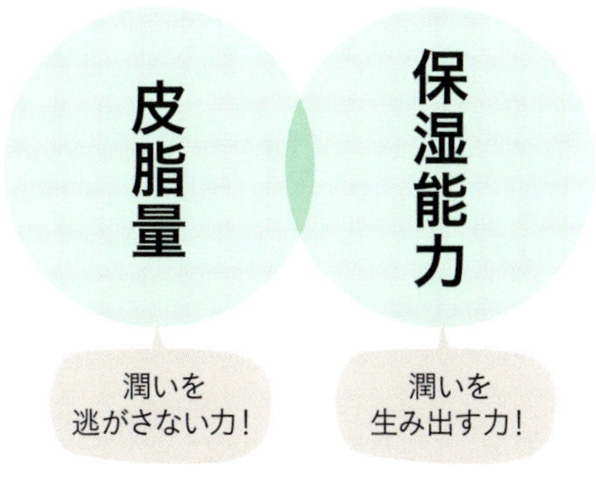

肌状態を見きわめる2大要素が、皮脂量と保湿能力。皮脂は、全体の95%が皮脂腺由来の脂質と、表皮から生産される5%の脂質で構成されています。その量によってベタつきやカサつきなどを起こしますが、水分を逃がさず守るという役割も。保湿能力とは、肌が潤いを生み出し、保持する力のこと。この皮脂量と保湿能力のバランスを見れば、あなたの肌質がわかります。

自分の肌質を知ろう

皮脂量と保湿能力のバランスで、肌質は4つのタイプに分けることができます。この後のチェックリストとともに、まずは、自分の現在の肌タイプをしっかり確認しておこう。

ノーマルスキン（普通肌）

しっとり潤った
トラブルに強い肌質

水分保持能力が高いので、肌はみずみずしく、しっとりしている。トラブルにならない程度の適度な皮脂量があり、肌を支える弾力もしっかりある。皮脂量と保湿能力のバランスがいいので、気温や湿度などの季節変化に強く、外的要素の振り幅に柔軟に対応できる。ノーマルスキンは、トラブルに強い肌質と言える。

皮脂量

少ない（脂っぽくない）

ドライスキン（乾性肌）

皮脂量も保湿能力も低く、
外的刺激を受けやすい

皮脂量も保湿能力も低く、季節変化に弱い。夏は皮脂量と水分量がアップして肌の調子がよくなることがある一方、冬はともに低下して、粉をふくほど肌が乾燥してしまうことも。また、バリア機能も弱いので、外的刺激を受けると炎症を起こしやすい。皮脂量が少ないため毛穴は目立たないが、小ジワになりやすい。

高い（しっとり）

低い（カサカサ）

保湿能力

オイリースキン（脂性肌）

皮脂量、保湿能力が高いので外的刺激には強い

皮脂量、保湿能力、ともに高いのがオイリースキン。肌はしっとりしているが、テカリやすく、脂っぽいのが特徴。オイリースキンの場合、大量の皮脂が皮脂腺を押し広げ、毛穴が開きやすい。その反面シワにはなりにくい。気温、湿度ともに高い夏は、過剰に皮脂が増えてしまうため、ニキビができやすくなることも。

日々、変化する
肌質を、上手に
見きわめましょう

多い（脂っぽい）

インナードライスキン（乾燥性脂性肌）

脂っぽいのに潤い不足。乾燥ニキビができやすい

皮脂量はあるのに保湿能力が低いのがこのタイプ。一見、脂っぽいのでオイリースキンと思いがちだが、肌内部の潤いが足りないため、ハリのなさや細かいシワが目立つ。年齢とともに水分保持能力は落ちてくるので要注意。オイリースキンの人が若い頃のままのスキンケアを続けていると、この肌タイプになりやすい。

意外に多い!?「コンビネーションスキン」（混合肌）が急増中

左の４つのスキンタイプのほかに、意外に多いのが「コンビネーションスキン」。脂っぽい部分と乾燥した部分が混在している混合肌です。このスキンタイプは、間違ったスキンケアを続けているとオイリースキンやドライスキンに転びやすく、30歳をすぎるとホルモンの関係で、混合肌の人は増えると言われています。

「ドライスキン」チェックリスト
（乾性肌）

- □ 洗顔後、何もつけないでいるとつっぱる
- □ 朝、起きたときにカサついている
- □ 肌を少しひっかいただけで赤くなる
- □ 小ジワが目立つ
- □ キメが細かい
- □ ニキビになりにくい

お手入れのポイントは？

洗顔で皮脂を落としすぎず、水分と油分を与えるケアを

皮脂量も水分量も少ないドライスキンの人は、化粧水に加え、セラミドやヒアルロン酸などの保湿成分を配合した美容液で、肌の保水力を高めること。そして、乳液やクリームの油分で擬似的な皮脂膜を作り、バリア機能を強化しましょう。また、極度のドライスキンは皮脂を取りすぎない洗顔料で、皮脂と水分の流出を防ぎましょう。

常識！

ドライスキンは敏感肌になりやすい？

肌が敏感に傾くと、洗顔後に化粧品をつけたとき、ひりひりしたりするものの、目に見える症状はないということがあります。これは、皮脂量と水分保持能力が著しく低下し、バリア機能が低下することで起こります。外から入ってくるものをブロックできず、チクチクとした刺激を感じるうえ、肌内部の水分も流出してしまいます。そのため、もともと皮脂量と保湿能力が低いドライスキンの人は、敏感肌になりやすいのです。

「オイリースキン」チェックリスト
（脂性肌）

□ 洗顔後、すぐ肌表面に皮脂が浮いてくる

□ 見た目がテカっている

□ 毛穴が開きやすい

□ 肌が少し硬かったり、ゴワついている

□ 朝起きたとき、肌がベタついている

□ 昼休みに化粧直しせずにはいられない

お手入れのポイントは？

油分は少なめに。
日中も皮脂対策を

皮脂量も水分量もたっぷりあるオイリースキンの人は、これ以上皮脂を分泌させないよう、油分を与えすぎないケアを心がけることが大切です。洗顔できちんと皮脂を落とし、あっさりめの乳液やクリームを選んで、皮脂と水分、両方のバランスを整えましょう。日中、あぶらとり紙で浮き出た皮脂をしっかりとるのも皮脂対策に効果的。

常識！

ニキビがある＝オイリーとは限らない

ニキビができるからといって、皮脂量が多いわけではありません。乾燥肌の人でもニキビはできます。では、どのようにニキビはできるのでしょう。まず、毛穴の出口の角質が厚くなり、毛穴がふさがれます。この毛穴の中に皮脂が溜まり、アクネ菌が繁殖してニキビになるのです。ニキビを作らないためには、角質を溜めないピーリングを定期的に行い、アクネ菌を繁殖させないよう、洗顔で肌を清潔にすることが大切です。

「インナードライスキン」チェックリスト
（乾燥性脂性肌）

□ 洗顔直後はカサつく

□ 洗顔後、少し時間が経つとベタつく

□ 毛穴が開きやすい

□ 肌にハリ感がなく、細かいシワが多い

□ ニキビができやすい

□ ベタつくケアは嫌い

お手入れのポイントは？

水分の流出防止＆潤い補給で肌質改善

皮脂量は多いけれど、水分不足のインナードライスキンは、オイリースキンと同じようなケアをし続けてきた人が陥りやすい。まずは、すっきり洗い上がるような洗顔をやめ、水分の流出を防ぎましょう。化粧水をたっぷり与え、セラミドなど肌に水分を貯える保湿成分入りの美容液もプラス。正しいお手入れで一気に肌が変わるはず。

常識！

肌質は季節によって変化する？

肌質は季節によって変化します。たとえば、夏は気温と湿度が上がるので、どんな肌タイプの人でも水分量が上がります。さらに、汗とともに皮脂分泌量もアップ。脂性肌の人はより脂っぽさが増し、普通肌の人も混合肌寄りになります。逆に、気温も湿度も下がる冬は、皮脂量も水分量も低下。普通肌の人は乾燥性脂性肌寄りになり、ニキビができやすくなることも。だから、季節によってスキンケアを替える必要があるのです。

「ノーマルスキン」チェックリスト

（普通肌）

- □ 肌トラブルを起こしにくい
- □ ベタつかない程度の適度な皮脂量がある
- □ 肌はみずみずしくしっとりしている

お手入れのポイントは？

今の肌をキープしつつ、保湿ケアをプラス

皮脂量、水分量のバランスがいいので、スキンケアはベーシックな洗顔→化粧水→乳液、クリームでOK。ただし、年齢とともに水分保持能力は下がっていくので、「少し肌が乾いている」と感じたら、保湿成分入りの美容液をプラスしましょう。

「コンビネーションスキン」チェックリスト

（混合肌）

- □ Tゾーンはベタつくのに口、目、頬のまわりは乾く
- □ 30歳すぎから、あごやフェイスラインが脂っぽい
- □ 胸元、背中の中央など皮脂の多い部分にニキビができる

お手入れのポイントは？

混在する肌タイプに合わせたスキンケアを

顔の中にノーマル、オイリー、ドライなどが部分的に混在しているため、スキンケアも部分的に替える必要があります。洗顔で適度に皮脂を取り去った後、顔全体を保湿成分入りの化粧水で整え、乳液やクリームを乾くところにだけ塗ること。

［実践レッスン］

PRACTICE

SKIN CARE

正しいお手入れ方法を知る

《基本ケア》

- 化粧品を効かせるには？
- スキンケアで肌を改善させるには？

毎日のことだから
正しいスキンケアの
知識が必要です

基本のお手入れとは

落とすケア		整えるケア	悩み対策ケア	補うケア
クレンジング	洗顔	化粧水	美容液	乳液・クリーム

夜

クレンジング → 洗顔 → 化粧水 → 美容液 → 乳液・クリーム

まっさらな肌に戻して、たっぷり栄養補給！

夜のお手入れは、メイクをきちんと落とすことから。一日中、肌の上にのせていたファンデーションは、酸化して肌に悪影響を及ぼします。クレンジングでメイクを落とした後、落としきれなかったほこりや皮脂汚れなどを洗顔料で洗い流し、清潔な素肌を取り戻しましょう。そして、クレンジング、洗顔で流出してしまった水分を補うために化粧水で肌を整えたら、乳液・クリームで栄養と油分を与え、バリア機能を高めて。特に肌悩みのない人は美容液を使う必要はありません(詳しくはP92〜へ)。また、肌ダメージを修復する成長ホルモンは、夜に活発に出るといわれています。規則正しい生活で睡眠をたっぷりとることも大切です。

落とすケア	整えるケア	悩み対策ケア	補うケア	守るケア
洗顔	化粧水	美容液	乳液・クリーム	UVケア

朝

洗顔 → 化粧水 → 美容液 → 乳液・クリーム → UVケア

朝のお手入れは、UVケアまでと心得て

健康な肌を維持するために必要なスキンケアの基本とは、清潔、保湿、紫外線対策。これらがきちんとできていれば、健康な肌を維持することができます。最近は、「朝の洗顔は必要ない」と言われることもありますが、寝ている間にたくさんの汗をかいていたり、枕やシーツのほこりなどで意外に肌は汚れています。だから、朝も洗顔料で汚れを落とし、清潔にすることが必要です。保湿は化粧水と乳液・クリームで。エアコンによる乾燥、季節の温度や湿度の変化など、さまざまなダメージから肌を守るためには何より保湿が大切です。さらに、肌を老化させないよう、紫外線対策としてUVケアを。朝のお手入れは、UVケアまでと覚えておきましょう。

■悩み・トラブルがなければ美容液はいらない？ ➡ see P92~

正しいクレンジングの方法

"ダブル洗顔"が基本です

ファンデーションなどの油性のメイク汚れを落とすため、メイクをした日はクレンジングが必要です。このクレンジング料の多くは油性成分と界面活性剤で作られています。油性成分は油性のメイク料を浮き上がらせるために必要なものですが、それだけではベタついて洗い流すことができません。そこで、油と水、決して混じりあわないもの同士をくっつけて水で流しやすくし、肌からメイク汚れを離しやすくする界面活性剤が配合されているのです。この油性成分と界面活性剤の配合バランスによって、クレンジング料のタイプは分けられます。また、メイクを落とすことに特化したクレンジング料は、ほこりや剥離した皮膚(角質)などは落としきれないので、必ず洗顔料でダブル洗顔を。

クレンジングで汚れが落ちるしくみ

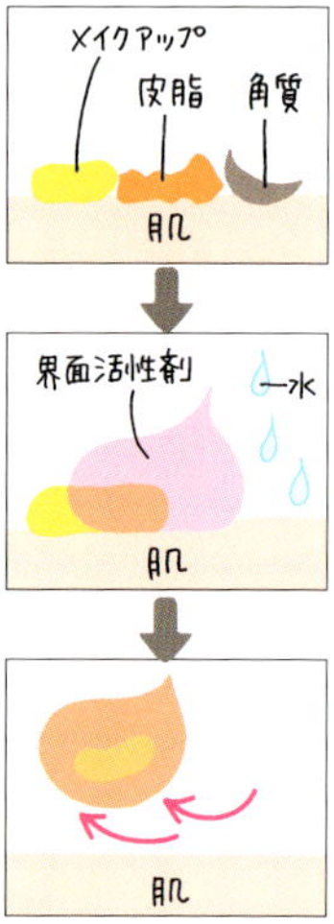

メイクをした日の肌の上には、メイクアップ料や皮脂、剥離した角質が混在している。

クレンジング料に含まれる油性成分が、油性のメイクを浮き上がらせ、汚れを落としやすくく。

界面活性剤の働きで、水と油がしっかりなじんで、メイク汚れがキレイに洗い流されていく。

常識!

メイクしたまま寝るとどうなる?

メイクを落とさずに寝てしまうと、メイク汚れが酸化して毛穴に詰まってしまいます。すると、雑菌が繁殖してニキビの原因になるだけでなく、毛穴を広げることに。人間の皮膚は毛穴を通して体温調節や発汗など、水分調整をしています。これが妨げられると、本来蒸発するべき汗などを溜め込んでしまい、新しい細胞が生まれるという、根本的な肌の機能を低下させてしまいます。疲れて帰って来た日でも、必ずメイクは落として。

クレンジング料の選び方

□ 肌質との相性で決める

□ 調子が悪いときは刺激の弱いものに替えてみる

クレンジング料は油性成分と界面活性剤の配合バランスで、さまざまなタイプに分けられます。これらは肌質やメイクの濃さで選ぶといいでしょう。一般的に界面活性剤を多く含むものは洗浄力が高く、刺激になりやすいといわれているので、敏感肌やトラブルのある人は刺激の弱いものを。また、混合肌の人はベースの肌質に合わせてクレンジング料を選ぶと失敗しません。

肌への刺激		おすすめの肌質
弱い **クリーム**タイプ	**肌への優しさを求める人に** 油分が多く、界面活性剤は少なめ。洗浄力が適度にあり、肌に優しく乾きにくいのが特徴。ただし、油分が肌に残りやすいので、ティッシュオフしてから洗い流すのがオススメ。	・ドライ ・インナードライ ・ノーマル
乳液タイプ	**刺激は弱め、洗い流しやすい** クリームタイプより油分が少ないため、水に溶けやすく、洗い流しやすい。保湿力はほどほどあり、肌への刺激も弱め。普通のメイクなら乳液タイプで十分落とすことができる。	・ドライ ・インナードライ ・ノーマル
ゲルタイプ	**みずみずしく、さっぱりとした使用感** 水の成分に界面活性剤を多めに入れてメイクを落とすのがゲルタイプ。みずみずしい感触で洗い上がりはさっぱり。メイクを落とす力は普通だが、皮脂膜を奪い去りやすい。	・オイリー ・ノーマル
オイルタイプ	**濃いメイクもするっと落とせる** オイル自体にメイクを落とす働きがあるうえ、界面活性剤も多め。しっかりメイクもするっと落とせるが、皮脂も一緒に落としてしまう。乾燥が気になる人はメイクの濃い日だけに。	・ノーマル
ローションタイプ **（シート）** 強い	**洗浄力が高い、拭き取りタイプ** 油分をほとんど含まず、ほぼ界面活性剤の力でメイクを落とすのがこのタイプ。洗浄力、刺激ともに強く、拭き取りタイプのため、メイクを落とすときの摩擦も気になるところ。	・オイリー ・ノーマル

正しいクレンジングの方法

基本〔乳液タイプ〕の方法

メイクを落とすのがクレンジングの役割。でも、しっかり落とそうとして力を入れてこすったりしていませんか？　クレンジングの基本は、肌に刺激を与えないこと。今一度、自分のクレンジング方法を見直してみましょう。

1

髪をしっかり上げる

まず、顔全体のメイクを落とすため、ヘアバンドなどで生え際までしっかり髪を上げる。

2

クレンジングをケチると刺激に

乾いた手に適量をとる

手を洗って清潔なタオルで拭き、乾いた手のひらにクレンジング料を適量（500円玉くらい）とる。

3

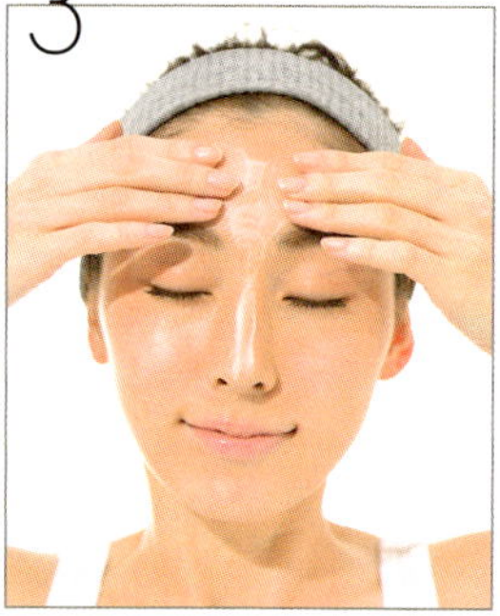

力を入れずになじませる

Tゾーンからクレンジング料をのせ、顔の中心から外側へ、肌を動かさないようになじませて。

4

細かい部分は指の腹で

小鼻など毛穴が詰まりやすい部分は、指の腹を使ってくるくると細かく。3と同様に優しく。

5

少しぬるっとした洗い上がりでOK

ぬるま湯で洗い流す

やや冷たく感じるぬるま湯（35～36℃）で洗い流す。この後洗顔するので完璧でなくてもOK。

〔オイルタイプ〕のポイント

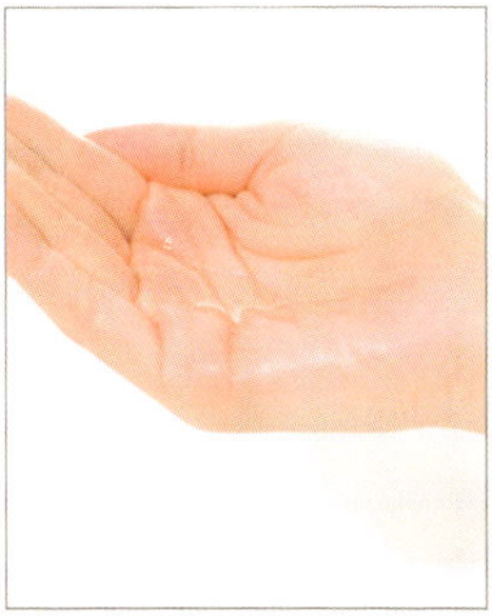

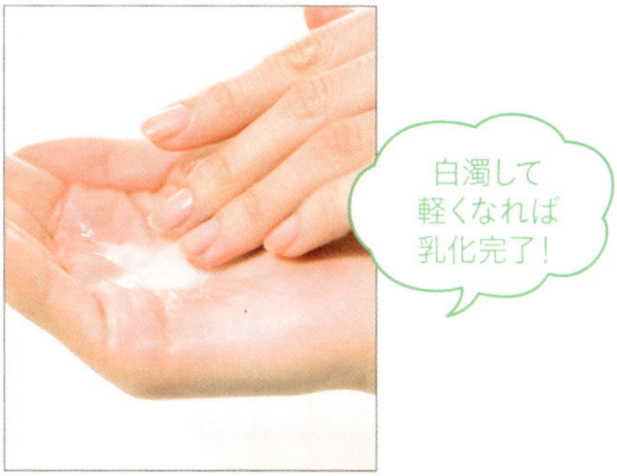
白濁して
軽くなれば
乳化完了!

最低限、適量は使って

乾いた手のひらに適量(500円玉よりやや大きめ)をとり、顔全体にのせ、メイクとなじませる。

顔の上で乳化させる

ぬるま湯を少しとり、顔の上でオイルとなじませ乳化させる。全体が白濁したら洗い流して。

〔ローションタイプ〕のポイント

コットンを
すべらせるように
拭き取ること

肌をこすらないように注意

コットンにローションをたっぷり含ませ、肌をこすらないようにしながらメイクを拭き取る。

NG!

クレンジングでマッサージしてはいけません!

クレンジング料には多かれ少なかれ界面活性剤が含まれています。界面活性剤は洗い流すものなので、クレンジングをするうえでは強い刺激にはなりませんが、マッサージクリーム代わりに肌の上に長く置いておくと、乾燥を助長したり、刺激になってしまいます。

ポイントメイクは別に落とす！

- □ ウォータープルーフのメイクアイテムを使っている
- □ インサイドラインに目頭に……しっかりアイメイクをしている

アイメイクをきちんと落とさないと、皮脂汚れやメイクが酸化して微小炎症を起こします。微小炎症はメラニンを生成することにつながり、色素沈着が起こるといわれています。落ちにくいマスカラやアイライナーなどは専用のリムーバーを使い、しっかり落とすこと。

〔マスカラ・アイシャドウ〕

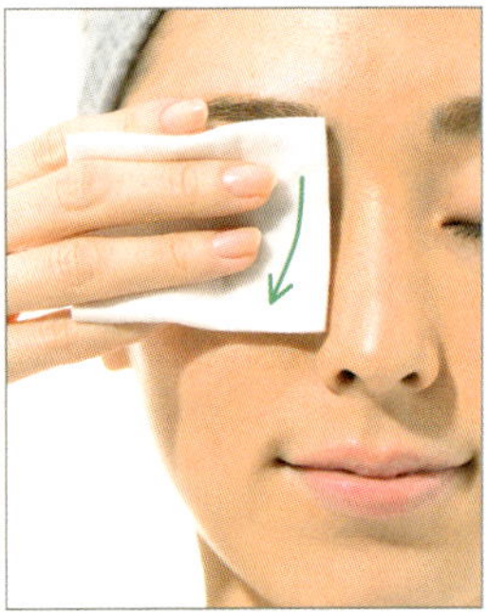

上から下へ優しく拭き取る

コットンに専用のリムーバーを含ませ、まぶたの上にのせて少し置き、上から下へ拭き取る。

残ったメイクを拭き取る

今度は下から上へコットンを動かしてメイクオフ。左右に動かすとシワの原因になるので注意。

コットンの角で汚れをとる

下まぶたの汚れや残ったマスカラなどは、コットンを半分に折った角で優しく拭き取って。

〔アイライン〕

アイラインは綿棒を使って

専用のリムーバーを含ませた綿棒で、まぶたを優しくなでるようにアイラインを落とす。

綿棒を使うときは、優しくなでるように

下から綿棒を当てて落とす

まぶたのキワに入れたインサイドラインは、まぶたを持ち上げ、下から綿棒を当ててオフ。

健康な肌は「クレンジング上手」から始まります

「肌に刺激を与えず
しっかり落とす」ことが大事！

　スキンケアの間違いのトップに挙げられるのが、落とすケア＝クレンジングです。メイク汚れをきちんと落とそうと、ゴシゴシこすったり、コットンで肌を摩擦してしまったりと、クレンジングで肌を傷めてしまうケースが増えています。また最近は、化粧品技術の向上で、油分をほぼ含まなくても、界面活性剤の力で簡単にメイクが落とせる拭き取りローションタイプのクレンジングが登場したり、オイルも洗い流しが楽なものが主流になってきました。簡単にメイクを落とせるということは、それだけ洗浄力が高く、刺激が強いということ。自分の肌質に合ったものを使わないと、トラブルの原因になってしまうのです。

　季節によって肌質は変化するので、そのときどきに合わせたクレンジングを常備しておくといいでしょう。そして、肌をこすらずにメイクをしっかり落とすこと。この丁寧なクレンジングを続けていれば、肌はみるみるキレイになりますよ。

お金をかけるべき順は
美容液 ➡ クリーム ➡ 化粧水 ➡ クレンジング

スキンケアアイテムのお金のかけ方、気になるところですよね。まず、いちばんお金をかけるべきなのが美容液。美容液には各化粧品メーカーの最新技術や有効成分が詰まっているので、値段が高いぶん、肌悩みを解消する効果も高いのです。クリームも同様に保湿成分や有効成分がふんだんに入っているので、どうしても高価になりがち。化粧水、クレンジングは量をケチると肌トラブルのもととなるため、購入しやすい価格のものをたっぷり使うこと。

正しい洗顔の方法

毎日、朝晩使うものだから正しく選んで使いたい

洗顔の役割とは、剥離した角質、皮脂や汗、ほこりや大気中の汚染物質などを洗い流すこと。寝ている間に汗をかいたりほこりなどが付着したりするので、朝も洗顔料で顔を洗い、清潔な状態に整える必要があるのです。この洗顔料にもいろいろなタイプがあります。いちばんシンプルに作られているのが石けんタイプ。洗い上がりがすっきりするものが多く、表面積が大きいので泡立てやすいのが特徴。いちばんメジャーなフォームタイプは、後肌がキュキュッとしたりしっとりしたり、洗い上がりはさまざま。使いやすい形状のものを選び、メーカーのすすめている肌タイプを目安に、実際に使ってみて洗顔後、つっぱるようなものは避けたほうがいいでしょう。乾燥しやすい肌質の人は、少し油膜が残るような、しっとりタイプがオススメ。

洗顔で汚れが落ちるしくみ

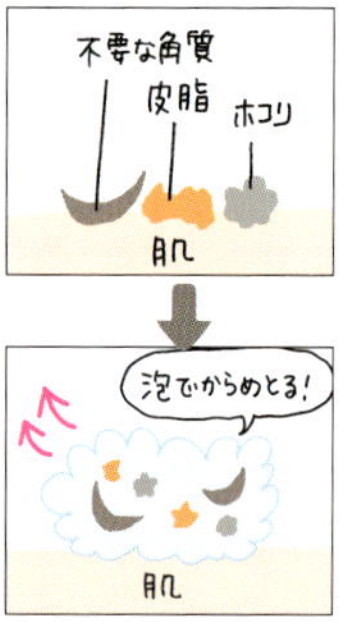

朝起きたときの肌は、キレイに見えても不要な角質や皮脂、枕の繊維やほこりがぎっしり。

泡で汚れを包み込み、洗い流すと清潔な素肌に。しっとりタイプの洗顔料の場合、薄い油膜が残る。

常識!

季節で替えるのがベスト

肌質は季節によって変わります。たとえば、夏の高温多湿の環境下では、乾燥肌の人でも皮脂量が増えてノーマル寄りになるなど、外的環境によって皮脂の分泌量は左右されやすく、ベタついたり、乾燥したりを繰り返しているのです。だから、変化する肌質に合わせて洗顔料を替えるのがベスト。夏用、冬用など、シーズンごとに洗顔料を買い替えると、ゆらぎのない健康な肌をキープできます。

洗顔料の選び方

- □ 肌質との相性で決める
- □ 使い勝手のよさで選ぶ
- □ 洗い上がりの状態を見て、洗浄力で選ぶ

毎日、朝晩のスキンケアで使用する洗顔料は、使い勝手のいい形状を選ぶのが大前提。そのうえで、肌がつっぱらないかなど、洗顔後の肌をチェックして、自分の肌に合った洗浄力かどうか見きわめましょう。部分的にベタついたりする混合肌の人は、朝起きたときの肌状態を見て、全体的に皮脂量が多いようだったらさっぱり洗い上がるタイプを、カサつきが目立つようならしっとり系を、と使い分けるといいですよ。

肌への刺激		肌質との相性
弱め 石けんタイプ	**余分な皮脂をすっきり落とす** シンプルな製法の石けんは、適度な洗浄力ですっきり洗い上がるため、どんな肌質の人にも向いている。表面積が大きいので泡立てやすく、きめ細かく弾力のある泡が作れる。	オールタイプOK
フォームタイプ	**洗い上がりの好みで選べる** しっとりからさっぱりまで、さまざまなタイプがそろう。乾燥肌向けのしっとり系のものは油分を含んでいるので、薄い油膜が肌に残り、洗顔後、肌が乾かないようになっている。	オールタイプOK
強め リキッドタイプ	**扱いやすく、後肌すっきり** 石けんに近い製法のため、油分を残さずすっきり洗い上がる。中には合成界面活性剤のみで作られているものもあり、それらは肌への刺激が強いので、肌の弱い人は注意。	ほぼ オールタイプOK
ムースタイプ	**泡立てが苦手な健康肌の人に** 最初から泡で出てくるので、泡立てが苦手な人にオススメ。ポンプで空気を含ませ泡状にしているものは、もともと水分が多く、界面活性剤を多く含んでいるので刺激が強め。	肌の弱い人はさけたい
粉末（酵素）タイプ	**酵素のパワーで余分な角質もオフ** 粉末タイプは、酵素の力で汚れを落とすものが主流。植物性の酵素は肌に優しいが、アミノ酸分解酵素などはピーリング効果があるので、使い続けると乾燥を助長することも。	乾燥肌は注意

正しい洗顔の方法

基本〔フォームタイプ〕の方法

余分な角質や皮脂、ほこりなどの汚れをすっきり取り去るために、毎日の洗顔は欠かせません。肌への刺激を最低限に抑えるには、泡立てとすすぎがポイントに。そのコツをさっそく紹介しましょう。

1

ぬるま湯で顔をすすいでおく

顔をぬるま湯でざっとすすいだ後、洗顔フォームを適量（2〜3㎝）手のひらにとる。

2

空気を含ませるように泡立て

少量のぬるま湯を加え、指先を茶せんのようにして、空気を含ませながら泡立てていく。

3

手のひら
いっぱいの泡が
全顔量

弾力感がいい泡の決め手

きめ細かく、ふっくらとした泡ができれば完成。手で押してつぶれない程度の弾力感がベスト。

5

まず、顔の内から外へすすぐ

少し冷たいと感じるぬるま湯で洗い流す。頬などの広い部分は顔の内から外へと手を動かして。

6

すすぐ部位に
合わせ、手の
方向を変えて

さらに、手を横にしてすすぐ

額や生え際、あごの下など、すすぎにくい部分は、手を横に動かして泡を洗い流していく。

7

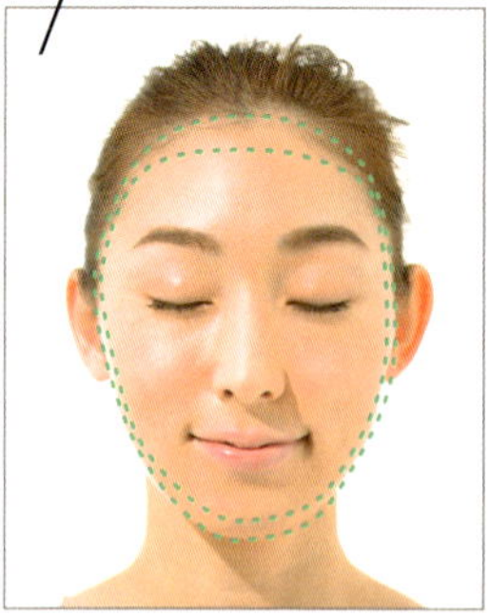

洗い残しをチェック

生え際、あご下、フェイスラインは洗い残しやすく、ニキビになりやすいので、最後に確認を。

4

顔全体に泡をのせ広げる

たっぷりの泡を顔全体にのせる。肌の上で泡を転がすような感覚で、汚れを泡に吸着させていく。

NG!

タオルで肌をゴシゴシ拭いてはいけません!

洗顔で汚れや過剰な皮脂を取り去った素肌は、守るものがなく、摩擦に弱くなっています。そんな、まっさらな肌をタオルでゴシゴシこするなんてもっての外!洗顔後、肌に残った水分は、タオルで顔を押さえるような感覚で、優しく拭き取るのが鉄則です。

8

タオルで優しく拭き取る

洗い残しがなかったら、清潔なタオルで顔を押さえるように、優しく水気を拭き取って。

泡を作るのが苦手なら「泡立てネット」を

泡立てネットを軽く水でぬらし、洗顔料を含ませ、ネットを丸めるように空気を含ませる。

泡が立ってきたら、さらに少量の水を加えて空気を含ませるようにゆっくりと泡立てていく。

ふわふわの泡ができあがったら、ネットをしごいて手のひらにのせ、洗顔しよう。

正しい化粧水のつけ方

水分保持能力が低い日本人の肌には必要！

化粧水には角層を柔軟にし、水分を補給する役割があります。角層の柔軟性が上がると、次に使う化粧品の浸透が高まり、キメも整ってきます。さらに、表皮の薄い日本人は水分保持能力が低いため、化粧水で水分を補給することは必須。化粧水だけで水分保持能力が上がるわけではありませんが、乾燥対策と健やかな肌を保つために有効です。また、清潔好きの日本人はさっぱり洗い上げることが大好きですが、肌の保湿因子は洗顔によって流出しやすく、それを補うためにも化粧水は必要なのです。

スキンケアには肌を健やかにすることに加え、嗜好品の一面もあります。化粧水をつけたときに「心地いい」と感じることは、肌がいい状態になっている証拠。化粧水の心地よさを味わいながらお手入れをしてみてください。

化粧水をつける意味

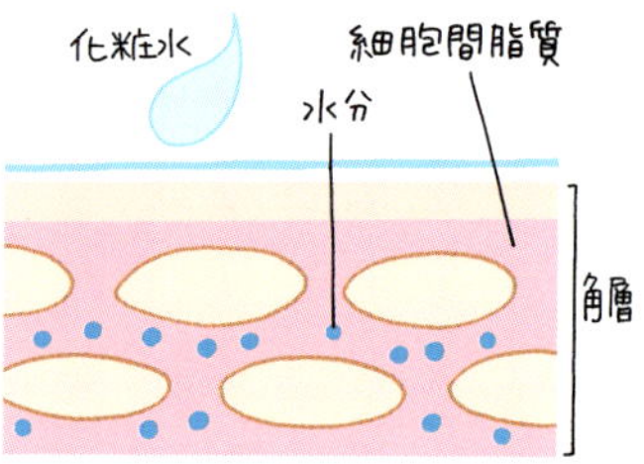

化粧品の中で、いちばん分子量が小さい化粧水は肌に浸透しやすく、角層を水分で満たしてくれる。角層が潤うと即、キメが整い、キレイな肌に見える効果も。

常識！

コットンは刺激になりやすい!?

化粧水をコットンでつけると、顔全体に均一につけられる反面、肌をこすってしまい、刺激になることもあります。コットンにたっぷり化粧水を含ませ、肌をなでるように優しくつけられればよいのですが、この力加減が難しいもの。摩擦というリスクを考えると、手でつけたほうが無難です。また、手でつける場合も、肌を動かさないように気をつけて。最後に、ハンドプレスをして、化粧水をしっかり入れ込むようにしましょう。

化粧水の選び方

- □ 保湿成分に注目して選ぶ
- □ トロミ系かシャバシャバ系か、テクスチャーで選ぶ
- □ 肌質タイプで選ぶ

水分保持能力が低い日本人の肌には水分を補給することが大切なので、化粧水は保湿成分を重視して選びましょう。セラミドやヒアルロン酸など、さまざまな成分がありますが、その特徴は下の表を参考に。テクスチャーは好みで選んでOK。トロミ系は手でつけやすく、肌をしっとりさせる効果が高い。シャバシャバ系はさっぱりした感触が好きな人は気持ちよく使えるはず。また、ニキビや毛穴が気になる人は、ビタミンC配合の化粧水がオススメ。

チェックしたい保湿成分は？

セラミド	**潤いを挟み込んで逃がさない！** セラミドには角層の細胞同士を結びつける働きがあり、水分や油分をしっかり挟み込んでキープする特性があります。湿度の低い冬でも水分をしっかり保持してくれる、頼れる保湿成分。
ヒアルロン酸	**水分を抱え込む、高い保湿能力が** 真皮に存在するゼリー状の物質がヒアルロン酸。粘りけがあり、水分を抱え込んで留める働きがあります。ヒアルロン酸1gに対して6ℓ以上もの水分を保持できる、高い保水能力が特徴。
コラーゲン	**親水性が高く、抱えた水分を肌に留める** 細胞同士をつなぎ止め、肌にハリや弾力をもたらすのがコラーゲン。化粧品に配合される場合、分子量が大きいため真皮まで浸透せず、保湿成分として活躍。上の2つより保湿力は低い。
ビタミンC	**抗酸化＆抗炎症効果で肌悩みに対抗** 高い抗酸化作用を持つビタミンCはニキビや毛穴、シミなど多くの肌悩みに対応。コラーゲン生成を促す効果もあり、老化対策にも。APPSというビタミンC誘導体配合のものがオススメ。
その他	**肌をふっくら整える、天然保湿因子** アミノ酸や尿素などの天然保湿因子（NMF）は、水分と結合する性質があり、角層の柔軟性や弾力を担う働きがあります。ただし、湿度の低い環境や洗顔で流出しやすく、水分保持力は低め。

正しい化粧水のつけ方

基本の方法

化粧水は肌全体にまんべんなくのばすのが基本。さらに、角層の奥まで浸透させるようにすれば、ふっくらキメも整います。化粧水の基本的なつけ方をマスターすれば、みずみずしい肌に。

1

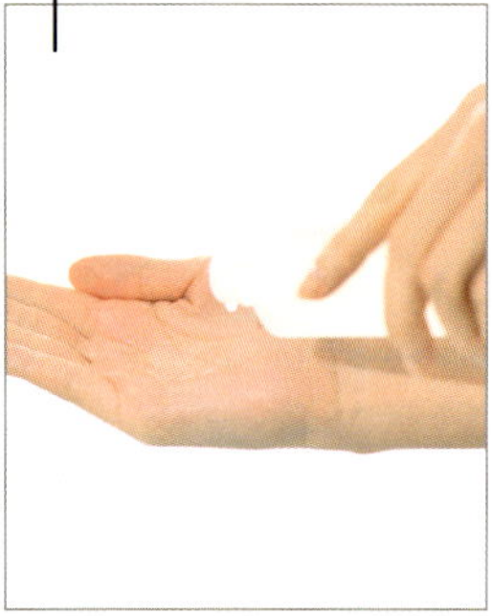

適量を手のひらにとる

適量(500円玉大)を手のひらにとる。シャバシャバ系の場合、1/2量を2回に分けてなじませて。

2

手のひらで押さえるように

顔の中央から外側へ、まんべんなく化粧水をなじませる。乾きやすい部分は特に念入りに。

3

肌の奥まで化粧水を入れ込む

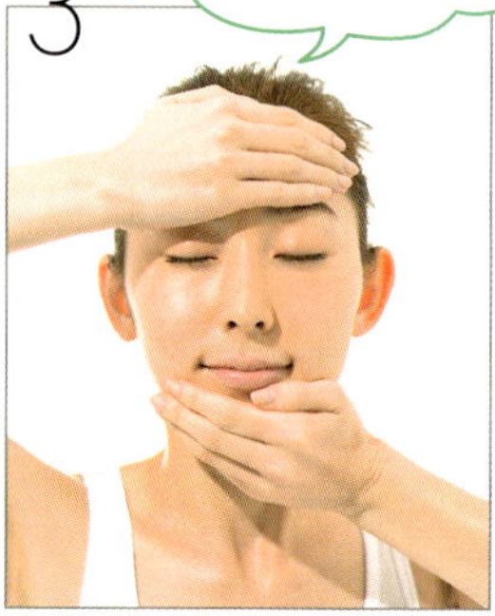

最後にハンドプレス

首までしっかりなじませたら、手のひらで化粧水を押し込むようにプレスし、より浸透を促す。

コットンでつけたいなら……

○

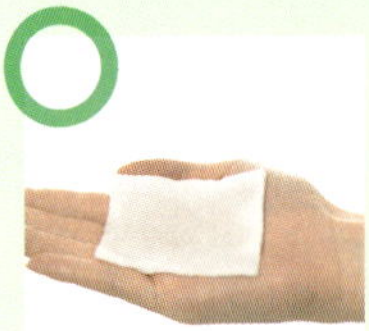

×

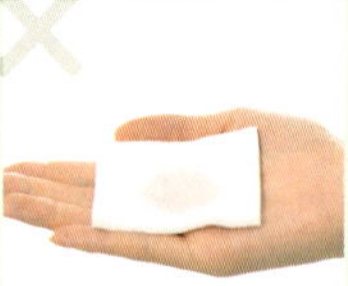

化粧水の量が足りないと、コットンで肌をこすることになってしまうので、量はたっぷり。コットン全体がヒタヒタになるくらいが目安。

常識！

コットンマスクってホントに効果あるの？

コットンマスクは肌を密閉するので、化粧水の浸透率がアップします。でも、肌にのせている時間が長いとコットンが乾いて、せっかく浸透させた水分がコットンに戻ってしまいます。コットンマスクは3〜4分くらいにとどめて。

多すぎても少なすぎてもダメ！

実寸で見る使用量の目安

化粧品は正しい量を使わないと、
多すぎても少なすぎても、その効果を
十分に発揮することができません。
必ず使用説明書を読んで確認することが
大事ですが、ここでは、一般的な化粧品に
多い使用量を掲載しました。
あくまでも目安として参考にしてください。

クレンジング料（乳液タイプの場合）

メイクアップとしっかりなじませるために、たっぷり使用しましょう。

洗顔料（フォームタイプの場合）

ぬるま湯をなじませてたっぷり泡立てて。ネットを使う場合は少なめでもOK。

化粧水

コットンを使う場合はこれよりも多めに、ヒタヒタになるくらいまで含ませて。

美容液

ゆるいトロミタイプの場合。硬めのものは顔全体に行きわたる多めの量に増やして。

乳液

直径2〜2.5㎝くらいが目安。コットンでつける場合はこれよりも多めに使うこと。

クリーム

テクスチャーにもよるけれど、さくらんぼ粒大くらいを目安に。

日焼け止め

顔全体でこれくらい。首やデコルテ分はさらに追加して塗ること。

正しい美容液のつけ方

悩みのない20代の肌は必要ない。30代からは必須

保湿や美白、エイジングケアなど、美容効果のある有効成分が豊富に含まれている美容液。使い続けることにより、ゆっくりと継続的な生理活性効果が期待でき、潤いが足りない、シミを排出する力がなくなってきたなど、加齢とともに不足してくる肌の機能を補うのに最適のアイテムです。このように、美容液は肌悩みにダイレクトに働きかけるものなので、大きな悩みのない20代は、基本のケアをしていれば美容液は必要ありません。また、美容液を選ぶときは改善したい悩みを絞ること。どうしても絞れない場合は、美白ケアは美容液で、保湿は化粧水とクリームで、とスキンケア全体で考えるといいでしょう。レチノールやハイドロキノンなど、紫外線が刺激になってしまう配合成分もあるので、使用法をきちんと確認することも大切です。

美容液を使う意味

- **保湿**
- **美白**
- **アンチエイジング**

など

美容液には各化粧品メーカーの最新技術や有効成分が搭載されています。年齢とともに増える肌悩みを集中ケアしてくれるため、カンフル剤的な役割が。

常識！

美容液でお手入れを終わらせない！

肌悩みを改善することに特化したアイテムが美容液。有効成分はたっぷり入っていますが、乳液・クリームのように肌を保護する効果は弱いものがほとんど。保湿ケア美容液など保湿力の高いものでも、肌を保護する力は期待できないのです。だから、お手入れの最後は乳液・クリームで。しっかり肌を守りましょう。

美容液の選び方

□ 悩みに合わせて選ぶ（悩みが多いときは2つに絞る）

□ まずは1ヵ月使って効果をみる

美容液は悩みに合わせて選ぶのが基本。でも、美白も保湿もエイジングケアもと、悩みが多岐にわたる場合は、多くても２つに絞って。それ以上になると、せっかくの有効成分の働きが分散してしまい、効果を発揮することができません。そして、選んだ美容液はできれば１ヵ月使ってみること。肌は約１ヵ月で生まれ変わります。１ヵ月使ってみた頃に効果がわかるので、悩みが改善しないからといって、すぐに使うのをやめてしまうのはもったいないのです。

美容液で改善したい「悩み」

シワ ➡ P136~

くま ➡ P142~

毛穴 ➡ P148~

ニキビ・吹き出物 ➡ P154~

たるみ（ハリ不足） ➡ P162~

くすみ ➡ P168~

2種類使うときは テクスチャーの 軽いもの➡重いもの

美容液にはさまざまなテクスチャーがあります。２種類を使うときは、テクスチャーの軽いものから使うと、次に使う美容液の浸透を妨げません。

正しい美容液のつけ方

基本の方法

肌悩みに合った美容液を選んだら、より浸透力をアップさせるテクニックで、肌質を改善していきましょう。
量はたっぷり、優しく丁寧になじませるのが、美肌を作るコツ。

しっかり浸透したか手のひらで確認!

1

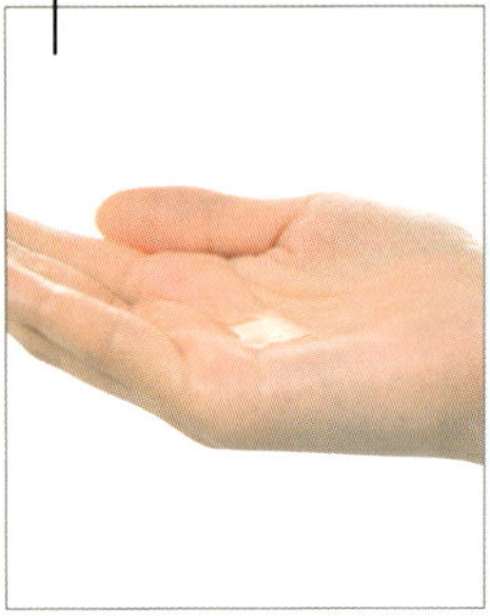

美容液は多めの量を

美容液は適量より多めに(約10円玉大)。少なすぎると効果が発揮できないので、たっぷりと。

2

香りを楽しみながら塗って

手のひら全体に広げて顔の中央から外へ、深呼吸しながら、顔全体にまんべんなくなじませる。

3

最後にぐぐっと押し込む

美容液も首まできちんとなじませること。最後に、ハンドプレスで、より浸透を高めましょう。

NG!

「肌が動く」ような力でつけてはいけません

化粧品をつけるとき、肌が動くほど力を入れると、摩擦によって色素沈着を起こしたり、真皮のコラーゲン組織が影響を受け、たるみの原因になることも……。スキンケアはすべての工程で、優しくなじませるのが基本です。

NG!

化粧品はきちんと浸透してから次のステップへ

時間がないときなど、スキンケアをなるべく早く終わらそうと、浸透させずに次のステップへ移っていませんか。これでは、有効成分の効果は半減。化粧くずれもしやすくなってしまうので、しっかり浸透させることが大切。

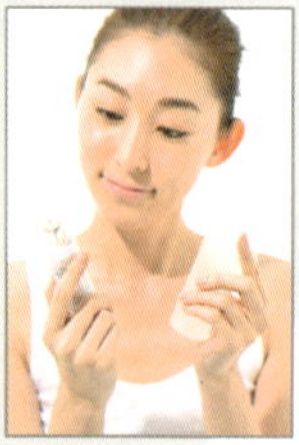

「シートマスク」は美容液として使う

デイリーケアに
マスクを組み込んで
肌悩みを解消！

密閉することで成分の浸透をアップ

肌が疲れたとき、紫外線をたくさん浴びてしまったとき、スペシャルケアとしてシートマスクを使っている人も多いでしょう。でも月に１度、高価なシートマスクでケアするより、安価なものをこまめに使って美容成分を肌に送り込むほうが、肌の保水力は上がります。また、シートマスクには「美容液○本分の成分を配合」などと書いているものがありますが、これはシートという形状に美容液のような水分が主体の成分をたっぷり含ませることができるから。

水分不足の人は、肌を密閉して美容成分の浸透をアップさせるシートマスクを美容液代わりに使うのがオススメ。ただし、長時間つけっぱなしにしていると、肌に入った水分がシートマスクに戻ってしまうので、規定の使用時間は守ること。

シートマスクを効かせるには

- **つけっぱなしにしない（そのまま眠らない）**
- **こまめに使う**
- **乳液・クリームを補う**

Mask
MASK

クリームタイプのマスクは乾燥が気になる人に

油分を多く含むことができるのが、クリームタイプのマスクの特徴。このマスクはクリームの持っている閉塞効果で油分を肌に浸透させ、皮脂分泌量の少ない乾燥肌の保湿力を上げてくれます。洗い流さないタイプであれば、塗ったまま眠ってOKなのも嬉しい利点。

正しい乳液・クリームのつけ方

肌のバリア機能アップのために使いましょう

　乳液・クリームは、肌を健康で正常な状態に保つために欠かせないアイテム。肌に油分を与える保湿効果のほか、化粧水などの水分蒸散を抑制する〝フタ〟の役割、肌を柔軟に保つ働きがあり、この３つの効果で肌のバリア機能を強化します。最近は極端な気温の変化や大気汚染など、外的環境が悪化したことで、バリア機能が低下している人が目立ちます。さらに、クレンジングなどの洗浄力が上がったため、自力で潤う力が衰えている人も。そういった意味でもバリア機能を上げるスキンケアは、必要不可欠！
　こうした大切な働きを担っている乳液とクリームですが、その違いは水分と油分の構成バランスにあります。みずみずしい感触を好む人は乳液を、年齢を重ねて皮脂分泌量が下がったら、こっくりとしたクリームを選んで。

乳液・クリームをつける意味

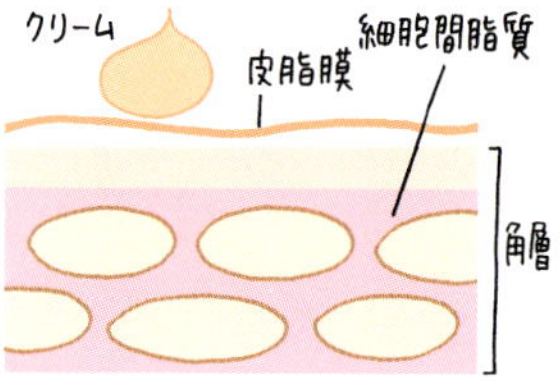

年々、低下していく肌の水分＆油分を補い、外的環境から肌を守るのが乳液・クリーム。バリア機能が低下しがちな現代人には必須！

３つの目的

保湿効果

柔軟効果

閉塞効果

乳液・クリームの選び方

□ 肌質と肌のコンディションで選ぶ

□ 高機能クリーム（アンチエイジング系）は年齢と相談する

バリア機能を強化するには、まず保湿力の高い成分が配合されたものを選ぶこと。そのうえで、悩みに合わせて美白やアンチエイジングといった成分がプラスされたものを選びましょう。乳液かクリームかは、肌の乾燥具合やコンディションで選ぶと失敗しません。また、保湿もエイジングケアも美白もしてくれる高機能クリームは、こっくりしたテクスチャーが多く、とても高価。自分の肌に本当に必要かどうか見きわめ、使うときは量をケチらないこと！

チェックしたい成分は？

保湿系

頼れる保湿成分でバリア機能をアップ

水分を抱えて逃がさない、セラミドやヒアルロン酸、尿素やグリセリンを配合したものがオススメ。普通肌やオイリー肌で、さっぱり仕上げたいなら乳液を、乾燥肌や年齢を重ねた人はクリームを。Tゾーンなどのベタつきが気になる場合は、その部分には薄く塗ること。ニキビなど吹き出物の部分は避けましょう。

美白系

保湿力の高い美白アイテムを

シミやくすみが気になる人は、メラニンの生成を抑えて排出を促す、美白系の乳液・クリームを。美白成分にはコウジ酸やアルブチン、トラネキサム酸、ハイドロキノンなど、さまざまなものがありますが、「医薬部外品」と明記されたものを選ぶといいでしょう。いずれも、保湿力がきちんとあるものを選ぶのが大切。

アンチエイジング系

肌に潤いとハリをもたらす

年齢を重ね、シワやたるみなどが気になり出したら、アンチエイジング系をセレクト。シワ改善効果の高いレチノールや、肌にハリと弾力を与えるコラーゲン、たるんだ毛穴をキュッと引き締める抗酸化作用の高いビタミンC誘導体入りのものがオススメ。レチノールなど紫外線が刺激になる成分もあるので使い方には注意。

洗顔後1つでOKのオールインワンアイテムはNG？

健康で十分な皮脂分泌があれば使っても問題ありません。でも、気温や湿度、体調などで、日々変化する肌質に対応できず、トラブルを助長する場合もあるので、あまりオススメできません。

正しい乳液・クリームのつけ方

基本の方法

肌のバリア機能を高める乳液・クリームは、ケチらずたっぷり使うのが効果的。より浸透力をアップさせたいなら、手のひら全体を使って、肌に押し込むように塗るのがポイント。

1

適量は10円玉大

手のひらに適量(10円玉大)をとる。効果を実感するためには多めの量がオススメ。

2

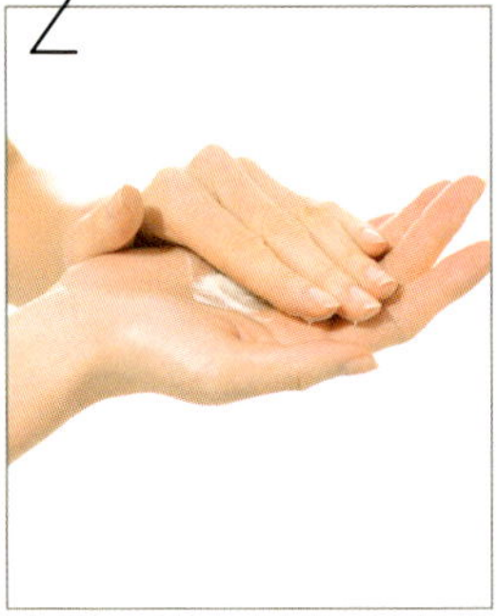

体温でクリームをゆるめる

硬めのクリームの場合、手で温め、ゆるめてから塗ると、肌になじみやすく、浸透力も高まる。

3

肌にしっかりなじませる

手のひら全体に乳液・クリームを広げたら、顔の中央から外へ肌を押さえるようになじませる。

4

カサつく部分は重ねづけ

目元や口元など、乾燥が気になるところは、少量の乳液・クリームを指先にとって重ねづけを。

5

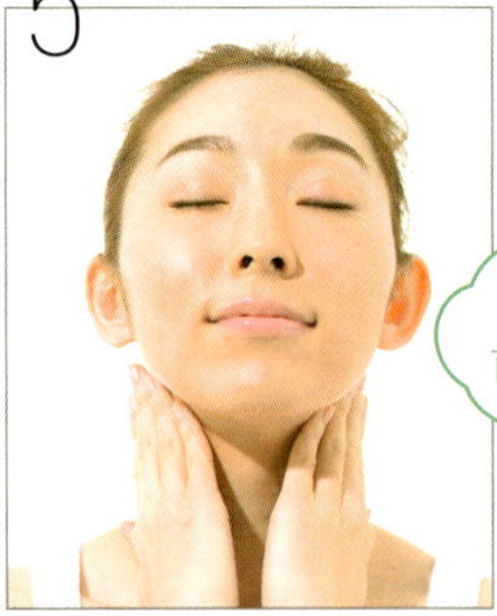

老化が目立つ
首元も忘れずに

首元まで塗ること

最後に、手のひらに残った乳液・クリームを首元に塗る。上から下へなでるように優しく。

このアイテムはどう使う？どんな効果が？

オイル

オイルはクリームより保湿に特化したアイテム

基本的なオイルの役割とは、皮脂膜を補い、強化すること。クリームにも同様の働きがありますが、クリームは油性成分を水分と乳化させ、より肌に浸透しやすくしたもの。オイルはほとんどが油性成分で作られているので、肌の上に留まり、皮脂膜を強化する、より保湿に特化したものなのです。極度の乾燥肌や年齢とともに皮脂分泌量が下がってしまった人は、夜のお手入れの最後にオイルを使ってみてください。肌の潤いが変わってくるはずです。

バーム

薬的要素を持つ、乾燥肌や敏感肌の救世主

バームはオイルの形状のひとつで、常温で固まったものを指します。サラサラとしたオイルより肌にピタッと密着して、密閉効果が高いのが特徴。肌表面がケバ立ってしまうくらい乾燥してしまったとき、皮膚科に行くと「バームで覆っておいて」といわれるくらい、薬的要素を持っています。テクスチャーはよくありませんが、自力ではバリア機能を作れないほど乾燥してしまった人や、敏感に傾いてしまった人の救世主的存在なのです。

角質ケア化粧品

不要な角質を除去して肌に透明感を蘇らせる！

不要な角質を取り除くのが、角質ケア化粧品の役割。乳酸やグリコール酸、AHA（フルーツ酸）など、酸の効果で角質を溶かして剥離していくのですが、濃度によってその強さは変わってきます。朝晩、洗顔後の肌に塗って穏やかに角質を除去していく美容液タイプや、週に１～２回使用する洗い流しタイプ、手軽に使える洗顔石けんなど、形状もさまざま。角質が溜まりやすくなる30代以降は、使いやすいものを１品、お手入れに組み込むといいでしょう。

美顔器について

美顔器は肌悩みにダイレクトに働きかける!?

肌悩みを改善していく美顔器は、目的をしっかり持って選ぶべき。肌の上をコロコロ転がすものは血行を促すマッサージ効果が。たるみや小ジワには、高周波のRF。LEDはニキビや肌質改善に。深い部分から筋肉を動かすEMSはたるみを解消したい人向け。美容成分をより浸透させたいなら、イオン導入やエレクトロポレーションの美顔器を。自分の肌悩みに合わせて選ぶのが、失敗しないコツ。

正しいUVケアの方法

肌の大敵、紫外線を防ぐ
お手入れは、必須です！

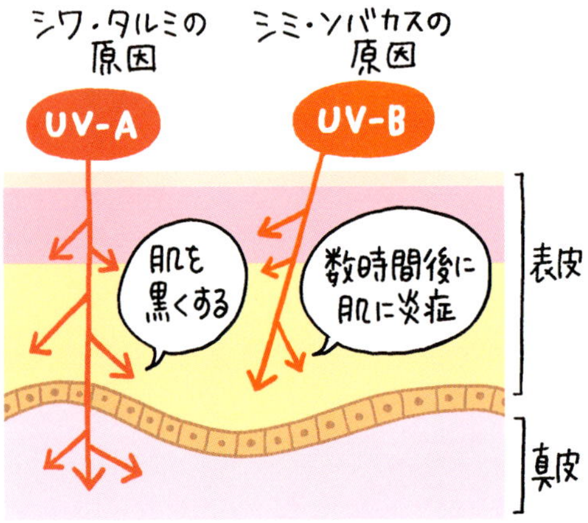

老化の原因の８割は紫外線と言われています。そのため、私たちが健やかな肌を育み保つためには、日々、紫外線から肌を守るケアが欠かせません。紫外線は太陽光線のひとつでウルトラバイオレットライトといい、UVと略されます。波長の短いものから順にUVC、UVB、UVAと分けられ、地上まで届くのがUVAとUVBです。

私たちは、大量の紫外線を浴びると、肌が真っ赤になったり、ヒリヒリしたりしますが、これはUVBによって起こる「サンバーン」という即炎症。UVBは、細胞のDNAを傷つけてメラノサイトを活発化させ、メラニンを生成します。対して、UVAが引き起こすのは、日焼け直後に肌が黒くなる「サンタン」。これは、すでに肌の中にあるメラニンが形を変えて濃くすることで起こりますが、一時的なものです。UVAは、メラニンの生成にも関わるほか、光老化を加速させ、シワやたるみを誘発します。

UVAの肌への影響

- 肌を黒くする
- シワ、たるみの原因に（光老化を促す）

UVBの肌への影響

- 肌に炎症を起こす（メラニンを増やす）
- シミ、そばかすの原因に

日焼け止めの選び方

1. 「SPF」や「PA」の表示で選ぶ
2. 季節と生活シーンに応じて選ぶ
3. テクスチャー（クリーム・ミルク・スプレーなど）で選ぶ
4. 肌への刺激、優しさで選ぶ

❶「SPF」や「PA」の表示で選ぶ

日焼け止めに表示されている、「SPF」はUVBに対する防御力、「PA」はUVAに対する防御力を表しています。UVBは、地上に届く紫外線の中で、割合は５％のみ。表皮までしか届きませんが、その破壊力は、UVAよりも絶大！　細胞のDNAにダメージを与え、皮膚ガンの原因にもなります。そのため、長時間外にいる場合は、「SPF」値の高いものを選ぶ方が賢明です。UVAは、UVBよりも肌に与えるダメージが少ないとはいえ、地上に届く紫外線の95％を占め、雨や曇りの日でも降り注ぎます。さらに窓ガラスを通過し、真皮の奥まで届いて光老化を加速。そのため、室内にいる日でも「PA」表示のある日焼け止めが◎。「SPF」と「PA」、ともに表示があることが絶対条件です。

日焼け止め製品の表示について

SPF

メラニンを増やすUVBをカット！

Sun Protection Factorの略。UVBによって肌が赤くなる「サンバーン」の発生を、どれくらい遅らせられるかを測定し、数値化したもの。数値が高くなるほど、カット効果が強くなり、現時点での最高値はSPF50+。

PA

シワ、たるみの原因UVA対策

Protection Grade of UVAの略。UVAによって肌が黒くなる「サンタン」を、どれほど遅らせられるかを数値化したもので、＋の数が多いほどカット力も強い。2013年に４段階表示に改訂され、最高値はPA++++。

❷ 季節と生活シーンに応じて選ぶ

「SPF」と「PA」の値は、環境に合わせて使い分けるのがオススメです。なぜなら、紫外線の量は一定ではないから。日本は四季がある国で、気温や湿度の変化がありますが、紫外線量も変化しています。もっとも多く紫外線が降り注ぐのは、UVA、UVBともに、夏。そのため、夏は高い防御力を持つ日焼け止めを選ぶのが正解です。また、シーンによっても紫外線を浴びる量はまったく異なってきます。雪山で意外と焼けてしまうのは、雪面が紫外線を80％も反射するため。真夏と同じレベルのカット力が求められます。また、オフィスの席が窓際の場合は、「PA」値の高いものが◎。

春・秋・冬の日常生活（散歩、買い物、通勤通学等）

➡ **SPF25／PA++**

夏ほど日差しは強くないから、と油断は禁物。春や秋冬もUVA、UVBともに降り注いでいて、慢性的な日焼けを起こすため、日常的に浴びる紫外線をカットできるものを。

※紫外線に特別過敏な人は医師に相談しましょう。

夏・アウトドアシーン（海や雪山等の炎天下でのレジャー）

➡ **SPF40以上／PA++以上**

とくにUVBによる強いダメージをダイレクトに受けるシーンでは、SPF値は日常用よりも高いものを選ぶと◎。もちろんUVAも浴びるので、PA値も高いと一段と安心。

❸ テクスチャー（クリーム・ミルク・スプレーなど）で選ぶ
❹ 肌への刺激、優しさで選ぶ

ひと昔前までは、ベタつきや白浮きはあって当然でしたが、技術が進んでつけ心地は格段によくなり、無色透明の仕上がりが標準になってきました。保湿力の高いクリームや、みずみずしい感触のミルク、シュッとひとふきでまとえるスプレー式までタイプもさまざま。質感の好みで選ぶのはもちろん、乾燥が気になるときはクリーム、時間がないときはスプレーと、目的に合わせて選びましょう。日焼け止めにかぶれやすいという人は、UVカット成分をチェック。一般的に、紫外線散乱剤のほうが肌に優しいとされていますが、紫外線吸収剤使用でも敏感肌対応があります。

日焼け止めに使われる成分を知る

【紫外線散乱剤】

白色のミネラル粉末で肌表面を均一に覆い、紫外線を反射、散乱させることで物理的に遮断。白浮きや持ちの悪さが問題視されていたが、粒子を微細化するなどして改善されたものも。

【紫外線吸収剤】

化学的な仕組みで、紫外線を吸収して肌を守る成分。UVカット効果が高い反面、刺激になることも。コーティング技術の進化で、直接肌に触れず肌への負担が軽減されたものもあり。

“ノンケミカル処方”って？

ノンケミカルとは、化学成分不使用の意味ですが、UVケアにおいては、紫外線吸収剤を用いず、酸化チタンや酸化亜鉛といった自然由来の紫外線散乱剤のみを用いたものを指す。

UVケア／日焼け止めを
きちんと効かせるコツ

- □ 十分な量をムラなくのばすこと
- □ 2〜3時間おきを目安に塗り直すこと
- □ ウォータープルーフでも油断しない
- □ 顔の側面や首までしっかりと！

〝日焼け止めを塗っていたのに、日焼けした〞という経験はありませんか？　その原因は、ずばり塗り方に問題がある場合が多いのです。まず、塗る量が少ない人が圧倒的に多い！　SPFやPAの値は、1㎠あたりに2㎎を塗った状態で測定されています。実際にその量を塗ると厚塗りになって現実的ではありませんが、メーカーが推奨する量を使うのが基本。また、フェイスラインやあごの下、耳など、正面から見えない部分は、塗り忘れが発生しがち。きちんと細部まで塗って、素肌をさらさないことも大切です。

時間が経つにつれて、皮脂や汗で流れたり、無意識に顔を触ったときにとれてしまうこともあるため、メイク直しのタイミングなど、2〜3時間を目安に塗り直すのが賢明です。また、たとえウォータープルーフタイプでも、何度も海やプールに入るうちに薄くなりますし、砂がついたりタオルで拭くことによってこすれて落ちてしまうもの。こまめな塗り直しは必須です！

紫外線を防止するための その他の工夫

- つばの広い帽子をかぶる
- 日傘をさす
- サングラスをかける
- 長袖を着る
- なるべく日陰を歩く

確実な方法としては、肌の露出を避けて、紫外線を物理的に遮断すること。長袖を着て、帽子や日傘、サングラスなどのアイテムを活用すると効果的に防げます。また、日差しを避けて日陰を歩いたり、地下道を利用するのも有効です。

正しいUVケアの方法

基本〔ミルク・クリームタイプ〕の方法

紫外線から肌を守るため、きちんと日焼け止めを塗っているのに、夏になるとうっすら肌が焼けているような……。それは、日焼け止めの量が足りない証拠！そこで、紫外線に負けないUVケアの方法をマスターして、美肌を守り抜こう。

1

最低でも適量は使うこと

適量(10円玉大)を手にとる。量が少ないと日焼けしやすくなってしまうので、適量以上が基本。

2

顔全体に広げて

頬などの広いところから、内から外へ塗っていく。顔全体に塗り残しがないようにのばすこと。

3

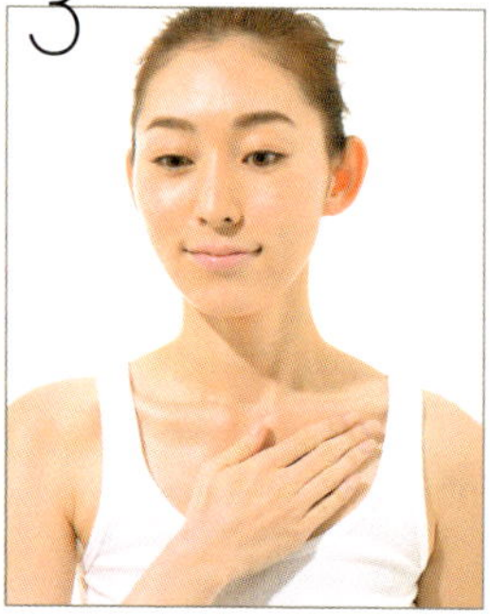

首、デコルテも忘れずに

首元、デコルテまでしっかりのばして。露出が多くなる夏は、すみずみまで念入りに塗ろう。

4

焼けやすい部分に重ねづけ

頬やTゾーンなど、顔の中の高い部分は焼けやすいので、日焼け止めを追加して重ね塗りを。

焼けやすい部分はシミができやすい！

頬やTゾーンなど、顔の中で高い部分は紫外線が当たりやすくて焼けやすい。また、こめかみの下など紫外線の影響によるシミができやすい部分も要注意！

5

6

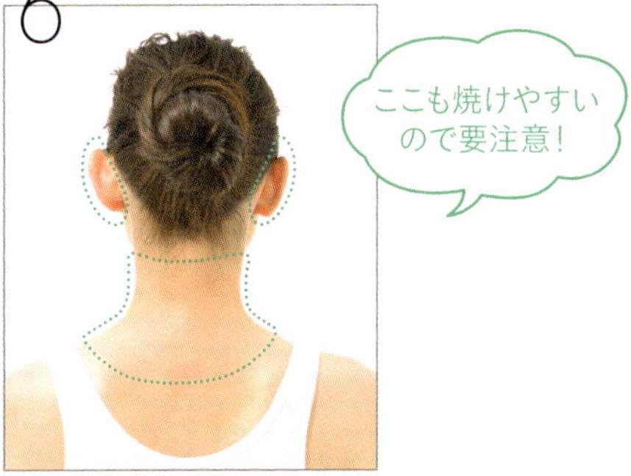

手の甲にもUVケアを

年齢を感じさせる手にもきちんと塗って紫外線をブロック。シミのない手を目指しましょう。

耳、首の後ろも塗り残しなく

ショートカットの人や髪を結んでいる人は、耳や首の後ろにもしっかり日焼け止めを塗ること。

UVケアは一年を通して行いましょう！

東京の紫外線の年間平均データ

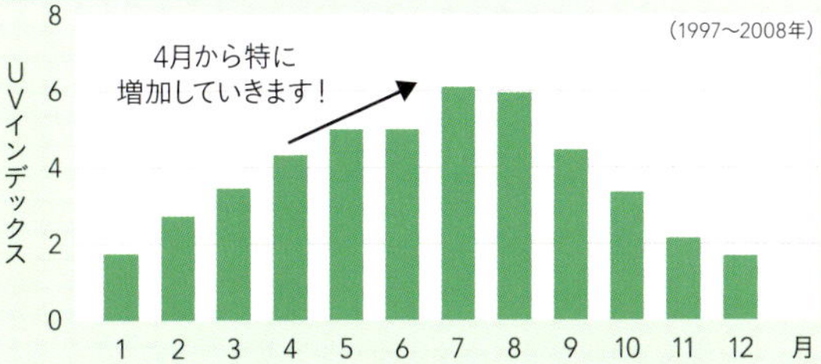

紫外線が弱まると、UVケアを忘れてしまうという人も多いのでは？でも、紫外線は一年中あなたの肌を狙っています。特に気をつけたいのが4月。気温は低めでも紫外線量は5月とあまり変わりません。肌老化を加速させないよう一年を通してUVケアを。

※気象庁HPより作成

適切なUVケアって？

UVケア／日焼け止めについてQ&A

Q 日焼け止め効果のある化粧下地を使えばOK？

A 日常生活なら十分。UVケアを重ねれば強力に

通勤や通学、洗濯ものを干す、近所に買い物に行くなど、いわゆる日常生活の範囲内であれば、日焼け止め効果のある化粧下地でも十分です。ただし、営業などで外回りが多い、子供と公園で遊ぶなど、比較的、長い間紫外線を浴びる場合や、日差しの強いところに行く、レジャーやスポーツをするといった場合は、UVケアがマスト。先にUVケアを仕込んでから、日焼け止め効果のある下地を重ねれば、紫外線カット効果の持久力が上がるのでオススメです。

Q 一日中家にいる日は不要？

A UVAは室内にも進入！下地でもいいので塗って

紫外線の中でもUVAは、ガラスをすり抜けてしまうため、実は室内にいても紫外線を浴びているのです！UVAは、真皮にダメージを与えて、ハリを低下させてたるみを発生させるなど、光老化を促進するため、アンチエイジングを考えると、きちんとPA表示のあるUVケアを塗るのが正解です。もちろん日焼け止め効果のある化粧下地でもOK。ここまでのステップをスキンケアと考えて、外出しない日もきちんと化粧下地かUVケアを塗るようにしましょう。

Q クレンジングで落とさないとダメ？

A メイクと同じと考え、クレンジングでオフ！

UVケアもスキンケアの一部ではありますが、成分としては、紫外線吸収剤や散乱剤、界面活性剤など、肌に負担をかけるものが含まれています。そのため、落とすときは、メイクの一部と考えて、ファンデを使っていなくてもクレンジングを使用してください。とくにウォータープルーフタイプならマスト。毛穴に残ると、吹き出物などトラブルの原因になります。「いつもの洗顔料や洗浄料で落とせます」といった表記があるものだけがクレンジング不要です。

Q SPF50なら一日効果は持続する？

A 朝に塗っただけ、はNG。こまめに塗り直して

SPF50以上なら、カット効果は最強レベル。となると、朝塗れば一日OKと考えがちですが、それは間違い。SPFやPAの値は、あくまでも肌が赤くなったり、黒くするのを遅くする値であり、その差は紫外線の強さに対する強度を示すもの。値が高いからといって、何時間も持つという保証ではありません。また、皮脂や汗で流れ落ちたり、肌に触れることで落ちることもあるため、少なくともランチ後に１回、できれば２～３時間おきにこまめに塗り直すほうが◎。

BBクリームを上手に使おう

本来は「メイク効果＋スキンケア効果」のあるもの

BBクリームのBBとは、Blemish Balm（ブレミッシュ バーム）の略称で、ブレミッシュ＝欠点・傷を補うためのバームという意味。本来、レーザー治療やピーリング後の傷や色ムラをカバーし、紫外線などから肌を守るスキンケア効果のあるクリームのことを指していましたが、最近はスキンケアよりメイクアップ効果に比重を置いたものが主流に。カラーバリエーションも豊富で、自分の肌色に合ったものが見つかります。SPF値もさまざまですが、日常使いなら、SPF25・PA++くらいあれば十分。アウトドアで使用するなら、SPF40以上のものを。SPF値の高いものは肌への負担が高いので、シーンに合わせて選びましょう。

BBクリームを使うポイント

- 首との境目もなじませる
- ヨレないようしっかりのばす
- 敏感肌の人は気をつける
- 肌をくすませない色を見つける

自分の肌になじむ色を選びましょう

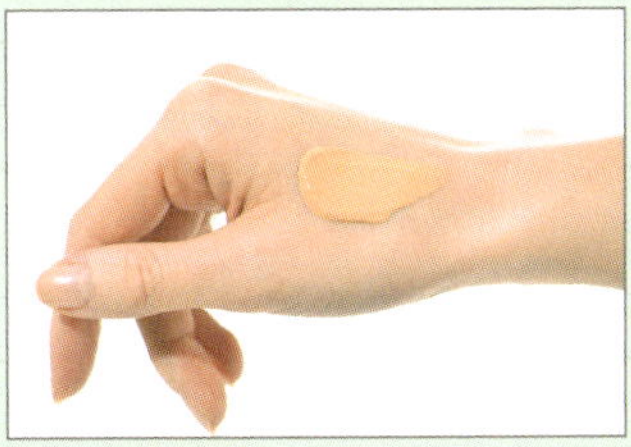

BBクリームは、もはやファンデーションの領域に!?　色も仕上がり感も豊富なBBクリームは、ファンデーションと同じように選ぶと失敗しません。明るめ、暗めの色で迷ったら、暗めの色を選ぶと、自然に肌になじみます。

［実践レッスン］

PRACTICE

SKIN CARE

正しいお手入れ方法を知る

〈スペシャルケア〉

- 目元や唇のためのお手入れが知りたい
- マッサージや美顔器は使うべき？
- 肌が弱っているときのお手入れ法は？

ケアの仕方で
老化を進ませて
しまうこともある!?

正しい目元のお手入れ法

目元に悩みがあるならやるべき

顔の中でもっともヒフが薄い目元は、乾燥しやすく、多種多様なトラブルが現れやすいパーツ。そのうえ、一日に1万5000回以上もまばたきをしているため肌への負担も大きく、特別なケアをしたほうがベター。乾燥が気になる程度なら、乳液・クリームの重ねづけでもいいですが、悩みがある場合はアイクリームを取り入れましょう。乾燥による小ジワは、セラミドやヒアルロン酸などの保湿成分配合のものを。色素沈着によるくまやくすみはメラニンの排出を促す美白ケアアイテムを。深いシワやたるみには、肌にハリをもたらすレチノール入りのものなどを選んでみてください。水分保持能力が低下する30代以降からはアイケアはマスト！　いつまでも若々しく、魅力的な目元でいるためには、早め早めのケアが大切なのです。

目元の悩み

- 乾燥
- くま
- くすみ
- シワ
- たるみ

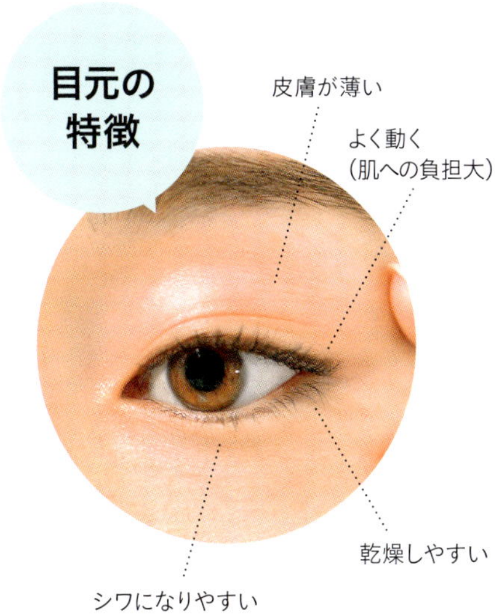

〔アイクリーム〕のポイント

1

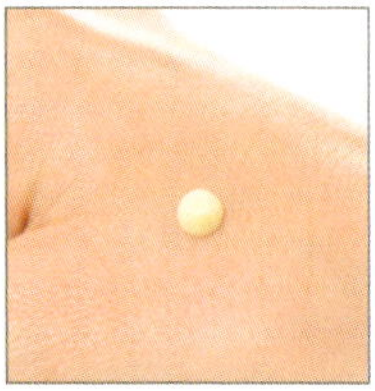

適量を手の甲にとって

清潔な手でアイクリームを適量、手の甲などにとる。片目でパール1粒大くらいが目安。

くま・くすみには……

2

タッピングで血行促進

力が入りにくい薬指にクリームをとり、目の下を優しく押すようになじませ、血行を促す。

乾燥・小ジワ・たるみには……

2

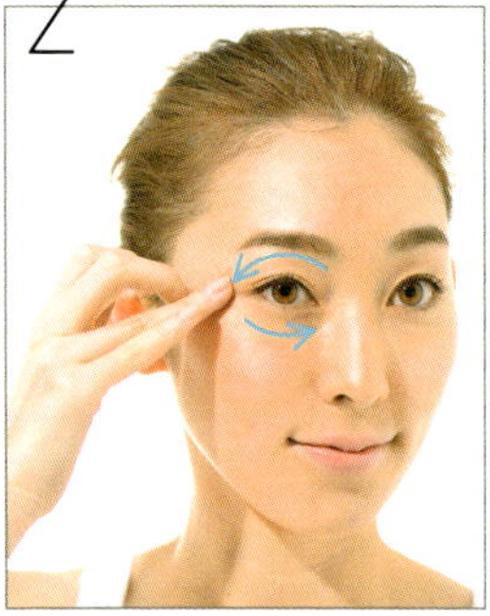

肌を刺激しないように

薬指で下まぶたの目尻から目頭へ、優しくなじませる。上まぶたは逆に、目頭から目尻へ。

3

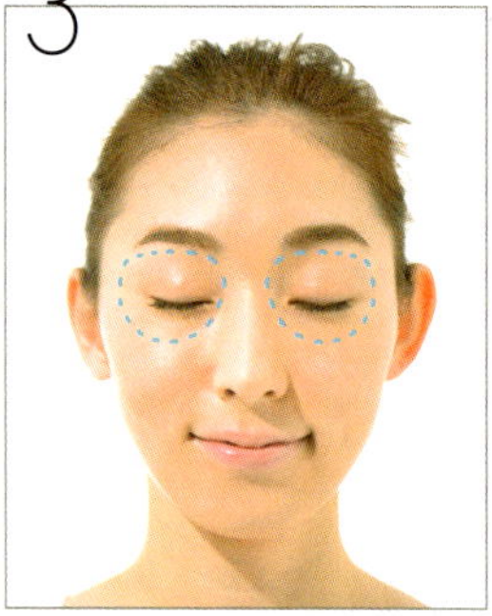

ゴーグルゾーンにたっぷり

特に乾燥しやすいのが点線で示したゴーグルゾーン。目尻のシワが気になる人は目尻にも。

NG!

「肌が動く」ような力でつけてはいけません

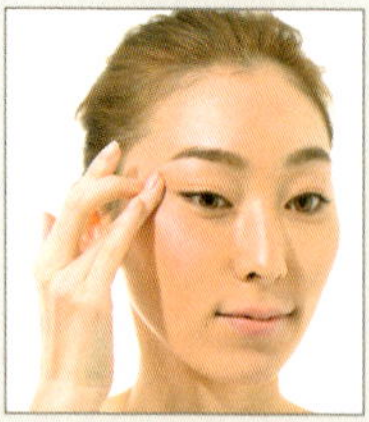

ヒフが薄い目元は、ほかの部位にくらべて刺激を受けやすいため、目元のケアは「とにかく優しく」が鉄則。肌が動くほど力を入れてしまうと、シワや色素沈着、たるみの原因に！

常識！

まぶたにつけてはいけないものがある？

コラーゲンの生成を促し、肌にハリをもたらすレチノールは、シワやたるみの改善に効果を発揮する反面、やや刺激が強いのが特徴。頬のヒフの1/3程度の薄さしかないまぶたに塗ると、製品によっては刺激になる場合もあるので、使用法をよく読んでから使うこと。

正しい唇のお手入れ法

シワ・くすみ・たるみ……唇も老化する!

唇は粘膜に近い構造をしているため、角質の厚さが薄く、ターンオーバーがとても早いのが特徴。皮脂腺がないので水分がすぐに蒸発してしまい、湿度の低い環境下では、こまめに油分を補わないと、バリア機能が低下してひび割れを起こしてしまいます。また、唇も肌と同様、年齢とともに老化が進み、シワやくすみ、シミなどが現れます。30代後半くらいから唇の輪郭が曖昧になってくるのは、唇の真皮にあるヒアルロン酸の量が減ってしぼんでしまったから。そこで、ヒアルロン酸などの保湿成分と、皮脂膜を作る油分をバランスよく含んだリップクリームをこまめに塗って、老化を防ぎましょう。唇がひどく荒れてしまった場合は、ビタミンB群などの抗炎症剤が入ったものや、ワセリンをたっぷり塗ってバリア機能を高めるケアを。

唇トラブルの原因1位はリップクリーム!?

唇は粘膜に近く、刺激成分に弱いため、リップクリームに配合されているメントール成分でトラブルを起こす人も多いのです。唇が荒れやすい人は、強いメントール成分入りは避けたほうが無難。

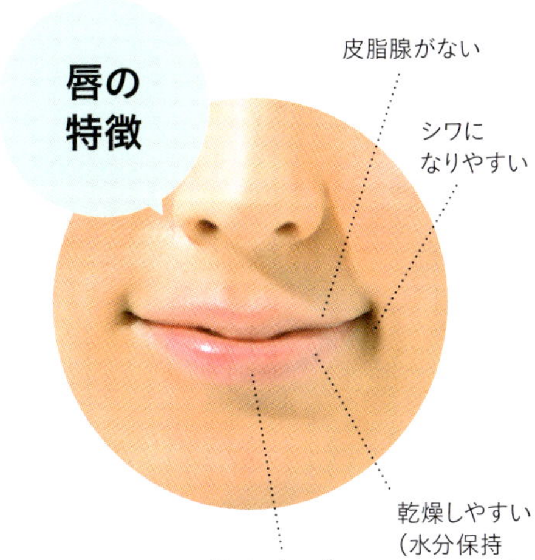

〔リップケア〕のポイント

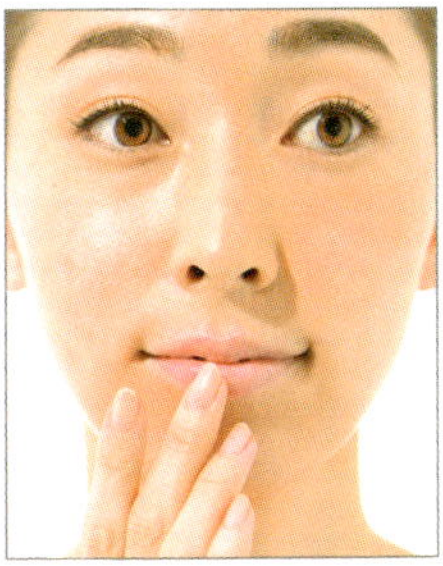

唇が荒れたらさわらないこと

唇の皮がむけたり、ひび割れを起こしてしまったら、無理に皮をはがそうとせず、ワセリンをたっぷり塗って保護すること。唇はターンオーバーが早いので、1週間くらいで改善します。

正しいマッサージの方法

代謝アップ、くすみ改善に。正しく行えば効果大！

マッサージの大きな目的は、血液循環を促すことにあります。血液循環がよくなるとくすみが改善され、肌色がパッと明るくなります。そして、真皮の線維芽細胞や表皮細胞が活性化され、肌の代謝＝ターンオーバーも整って、健康な肌が作られるようになります。マッサージというと、力強く「肌の筋肉を鍛える」イメージを持っている人も多いかもしれませんが、血液循環を促すのに肌の奥までしっかり圧をかける必要はありません。逆に、力を入れすぎてしまうと、コラーゲンが壊れてたるみの原因になってしまいます。化粧水で角層を柔らかくした後、マッサージクリームなどすべりのいいものを塗って、肌をなでるように優しく行いましょう。

こんな人におすすめ

- むくんでいる
- くすんでいる
- 化粧ノリが悪い
- 冷え性
- 血色が悪い

常識！

間違ったやり方はたるみ、シミ、肝斑のもと！

肌を力強く押すようなマッサージを続けていると、コラーゲンが壊れ、正常なコラーゲンを生成することができなくなってしまいます。これがたるみの引き金に。また、過度な力は肌への刺激となり、シミや肝斑を誘発することも。

朝のマッサージ

目的 くすみを払拭する
化粧ノリをよくする

スキンケアに組み込んで、明るい肌に

朝のマッサージには、むくみやくすみをすぐに改善する即時効果があります。乳液・クリームをなじませるときに行えば、化粧ノリのいい肌に整います。ぜひ毎朝の習慣に。

夜のマッサージ

目的 角層を柔軟にする
肌のこわばりをとる

リラックスしながら、肌の疲れを癒やす

一日の疲れを癒やす、夜のマッサージはリラックス効果満点。肌のコリがほぐれて柔軟になった角層から美容成分がぐんぐん浸透していきます。ゆったりとした気分で行って。

〔マッサージクリーム〕のポイント

たっぷりの量を使って

化粧水で肌を潤した後、マッサージクリームを適量(500円玉大)以上、手のひらにとる。

手のひらでゆるめる

手の体温で温めるように、マッサージクリームをゆるめ、肌になじみやすくしておく。

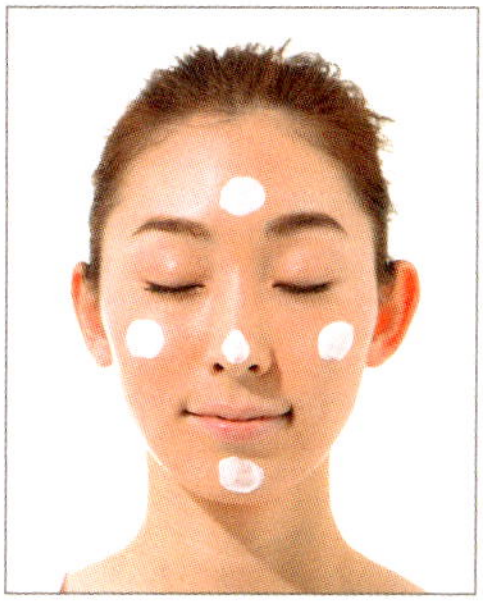

顔の上に5点置き

額、両頬、鼻、あごの5点にマッサージクリームを置く。これで顔全体にのばしやすく。

NG!

絶対に肌は動かさないこと!

肌を動かすくらい力を入れてしまうと、真皮の組織がゆるんだり、コラーゲンが壊れてたるみの原因になってしまいます。マッサージをするときは、肌をなでるように優しく、が基本。

マッサージクリームなどを使ってすべりをよくして行うこと

肌を動かさないためにも、マッサージクリームなどですべりをよくすることは大切。また、マッサージクリームはクッションの役割をしてくれるので、肌への刺激となる摩擦も軽減してくれます。

正しいマッサージの方法

1

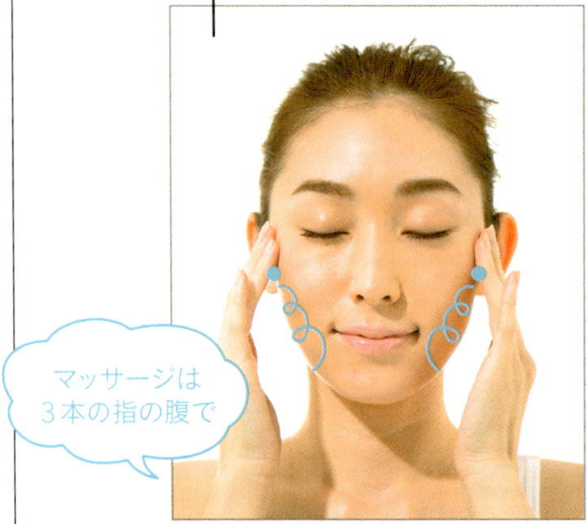

くるくる引き上げる

あご下から口角へ指をすべらせる。口角から耳下に向かってらせんを描くように引き上げ、耳前のくぼみをプッシュ（計３回）。

2

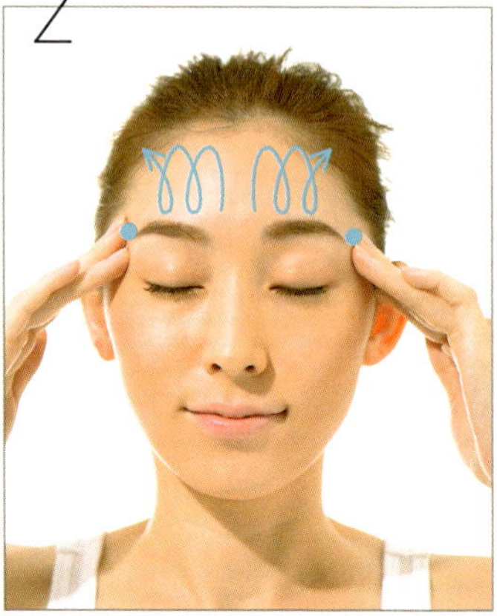

額も3本の指でマッサージ

１と同様に、眉間からこめかみに向かってらせんを描くようにマッサージしたら、こめかみをプッシュ。これを計３回行って。

3

目元は特に優しく

３本の指の腹を使って、下まぶたの目尻から目頭へ、さらに上まぶたへ円を描くように優しく指をすべらせる。計２回行って。

4

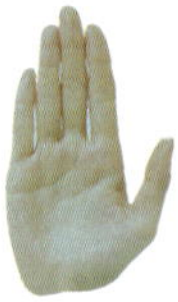

手のひらで全体で引き上げ

鼻まわりにもなじませたら、手のひら全体を使って頬を下から上に引き上げる。これは少し強めに圧をかけること（計３回）。

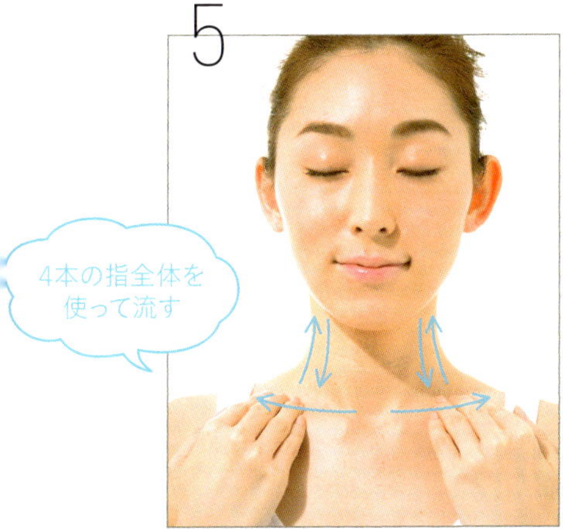
5
4本の指全体を
使って流す

6

鎖骨へリンパ液を流す

手に残ったクリームを首になじませる。下から上になで上げた後、耳下から鎖骨へリンパ液を流す。これを計5回行って。

最後にティッシュオフ

ティッシュを半顔に当て、押さえるようにマッサージクリームをオフ。反対側はティッシュを半分に折り、キレイな面でオフ。

たった
5プロセスの
簡単マッサージ
だから、ぜひ
取り入れてみて

NG!

マッサージギアの使いすぎに注意！

セルフマッサージは血液循環を促すことが目的なので、肌を動かさず、優しく行うのが基本。ですが、マッサージギアの中には肌を挟み込んで引き上げるような、強い圧がかかるものもあります。使用後、肌が赤くなるようなものは負担大！　使い続けていると、ダメージが蓄積され、たるみやシミの原因になってしまうので使用は控えましょう。また、マッサージギアを使用するときも、マッサージクリームやオイルなど、肌のすべりをよくするものを塗って。クッション効果で、肌への刺激を和らげてくれます。

ぐりぐり

肌が弱っているときのお手入れ法

季節の変わり目などは、事前にバリア機能を高めておく

冬から春、夏から秋へ。なぜ、季節の変わり目に肌はトラブルを起こしやすいのでしょう？肌は外気の温度や湿度、大気の汚れや紫外線から体を守る、いわば境界線。環境の変化に加え、花粉などのアレルゲンが増える季節の変わり目は、肌がその変化に対応することができず、乾燥や炎症といったトラブルを起こしてしまうのです。そこで、事前にバリア機能を高めるケアをしておくと安心です。セラミドやヒアルロン酸など保湿成分配合の化粧品で水分保持能力を高めつつ、油分がたっぷり入った乳液・クリームで皮脂膜を強化しましょう。また、夏の日焼けには、まずは冷やすことが大事。冷蔵庫で冷やしたビタミンC入りの化粧水などで肌を冷却して炎症を抑え、体の中からも抗炎症作用のあるビタミンCのサプリなどを摂って。素早い対応で炎症を長引かせないことも大切です。

季節別の起こりやすい肌トラブル

- **春秋** アレルゲンが多い時期 炎症が起こりやすい
- **夏** 日焼けによるトラブル
- **冬** 極度の乾燥によるトラブル

バリア機能を高めて
トラブルに負けない
強く、健康な肌に！

[初期症状]

- □ いつもよりつっぱる
- □ 表面がケバ立っている
- □ 表面が粉をふいた状態に

➡ **保湿を強化する**

➡P88,96

肌トラブルの初期症状は乾燥です。洗顔後、肌がつっぱったり、肌表面がケバ立っていたら要注意。肌の水分保持機能と皮脂分泌量が低下し、肌内部の水分が蒸発しやすくなっているので、いつものケアを続けていると、ますます肌は乾いていしまいます。まずは、保湿ケアを徹底すること。普段使っている化粧品をたっぷり使い、水分、油分をきちんと与えてバリア機能を強化しましょう。これで、肌の乾燥は徐々に改善していくはずです。

[中期症状]

- □ 部分的に赤みが出る
- □ 部分的にかゆみがある

➡ **洗顔を見直す**
メイクを最小限に

➡P84

さらに肌が弱ってくるとターンオーバーが早くなり、角層に未熟な細胞が並んでしまうように。すると、肌は外的刺激から守ることができず、赤みやかゆみといった炎症を起こします。炎症を起こしている部位は敏感に傾いているので、ワセリンなどで皮脂膜を強化し、肌を守って。また、水分の流出を防ぐため、洗顔はしっとりタイプのものに替えること。メイクもルースパウダーとポイントメイクだけにし、クレンジングを控えましょう。

[重症]

- □ 化粧品がしみる
- □ 赤みとかゆみも改善しない

➡ **クリニックへ**

中期症状のケアを続けていても赤みやかゆみが改善されず、化粧品がしみるようになってしまったら、自己判断は危険です。ここまで肌が弱ってしまうと、自力でバリア機能を構築するのは難しいので、早めにクリニックに行って診断してもらいましょう。クリニックでは症状に応じて、ステロイド剤や抗ヒスタミン薬、抗アレルギー薬などを処方してくれます。重度の肌荒れは薬の力に頼って、健康な肌を早く取り戻すことも大切です。

［実践レッスン］

PRACTICE

NUTRITION

食事で肌悩みを改善する

- 何をどう食べればいい？
- 肌に効く食べ物を知りたい

体の働きを知って
賢く食べれば、
悩みは解決します

栄養を「吸収できる」体を作る

栄養をしっかり吸収するには腸のコンディションを整えること

「腸内美人は素肌美人」という言葉があるように、女性が美しくいるためには、腸内環境を整えることが大切です。肌、髪を作る栄養素を取り込んでいるのは腸。この腸の中には微生物やバクテリア、乳酸菌やビフィズス菌といった約1000種類もの腸内細菌が1000兆個も棲み着いていて、人間が作り出せないビタミンやエネルギーを供給しています。でも、どのような腸内細菌が定着するかは３歳頃までに決まってしまうので、食事から得られる効果は人それぞれ。腸内環境をよくしようと乳酸菌飲料やサプリメントなどを取り入れても、大人になってから新しい菌はそれほど定着しません。それより、自分が持っている腸内細菌を増やすよう、子どもの頃から食べ慣れている発酵食品を毎日摂るようにしましょう。

腸内環境のために発酵食品を摂ろう

納豆

かつおぶし

みそ

キムチ

漬け物

食品に微生物が加わると「発酵」という魔法が起こります。微生物はたくさんの栄養素を作り出し、食品の中に閉じこめて栄養価を格段にアップしてくれるのです。発酵食品には微生物や乳酸菌などがたっぷり。発酵食品を摂ることで自分の腸内細菌を増やすことができるので、腸内環境が整い、便秘予防、免疫力アップにつながります。

新常識！①

大豆のイソフラボンは効く人と効かない人がいる

大豆に含まれる成分、イソフラボンには月経周期を整えたり、更年期症状を緩和する働きがあるといわれています。でも最近、この女性ホルモンに似た働きをするのは、イソフラボンから腸内細菌（エクオール産出菌）によって生成される物質「エクオール」にあることがわかってきました。腸内でイソフラボンをエクオールに分解できるのは、日本人で約５割、欧米人で約３割といわれています。

DOI:10.11209/jim.21.217

新常識！②

寒天はカロリーゼロとは限らない

海藻から作られる寒天はカロリーゼロのダイエット食品と思っていませんか？　実は、日本人の一部は海藻をエネルギーに変える腸内細菌を保有しています。欧米人にとってはカロリーゼロの食品でも、約1/3の日本人にとっては、カロリーゼロではないのです。これは、海に囲まれた日本で長年、海藻を食べ続けてきた、日本人の腸内環境の個性!?

DOI:10.1038/ndigest.2010.100603

賢く食べるには？

栄養の吸収率がアップする方法

よくかんで胃酸を出す

食べ物は口腔、食道、胃を経て腸で吸収されますが、胃酸の分泌量が低い人は、腸での吸収率も低いのです。まずは、よくかんで胃酸をしっかり分泌させることが大切。特に、あさりやほたて、魚類などに含まれるビタミンB_{12}は、胃酸の量によって吸収率が大きく変わってきます。また、サプリメントの鉄と胃酸の分泌を抑える胃薬を一緒に飲むと、鉄の吸収率は38%ほど低下してしまいます。食事の際、匂いや彩りに乏しい加工食品より、温かく美味しい匂いのする食べ物のほうが唾液や胃液の分泌を促し、消化吸収を助けますよ。

動物性たんぱく質は柑橘類と摂る

肉や魚などの動物性たんぱく質を摂って胃もたれする人は、体内の消化酵素や胃酸の分泌が低下している可能性があります。肉や魚料理には、よくレモンなどの柑橘類が添えてありますが、これらをかけて食べると、食後の膨満感が予防でき、柑橘類の酸が胃酸の働きを助けてくれます。食事の前にレモン水を飲むのもオススメです。また、パイナップルやキウイフルーツも肉類の分解を助けてくれます。胃が重くなるのが嫌で肉や魚を食べなくなると、体内の消化酵素が減ってしまい、ますます食べられなくなってしまうので、この方法で乗り切って。

ビタミンD×日光で肌を回復

ビタミンDは骨や歯の健康を維持し、免疫力アップ、肌をリカバリーする成分として、今注目のビタミン。干ししいたけ、きくらげ、鮭やさんまに多く含まれますが、日光を浴びることで活性化し、初めて使うことができるのです。紫外線の強い夏は体内でビタミンDがたくさん作られますが、冬はビタミンD濃度が低下。紫外線の害を気にしてUVケアしすぎると、ビタミンD不足にも！　冬でも15〜30分程度（※環境省）、日光を浴びればビタミンDをチャージできるので、これからは美肌のために、太陽と仲よくしましょう。

普段、何気なく摂っている食事や飲み物は、組み合わせ次第で吸収率がアップしたり、逆にダウンしてしまうことがあります。そこで、ここでは栄養をくまなく吸収するコツを紹介しましょう。

鉄分や亜鉛は ビタミンCと摂る

肌のターンオーバーを整え、コラーゲンの合成、髪や爪の材料となる亜鉛。そして、月経のたびに流出してしまう鉄分は、女性が不足しやすいミネラルの2トップ。積極的に摂りたいものの、亜鉛も鉄分もとにかく吸収率が低い。たとえば、鉄分の吸収率を見てみると、動物性食品に含まれる「ヘム鉄」は植物性食品に含まれる「非ヘム鉄」の約5倍吸収されます。そこで、非ヘム鉄と一緒に摂りたいのがビタミンC。亜鉛や鉄分の吸収率をぐんと上げてくれます。亜鉛を多く含む牡蠣を食べるときは、レモンをぜひ一緒に。

ダイエット茶は 栄養吸収を阻害する

脂の摂りすぎを気にして一日2リットル近くダイエット茶を飲んでいたら、貧血になってしまったという女性がいます。これは、鉄分(非ヘム鉄)やカルシウムの吸収を妨げてしまうタンニンの影響。また、含まれているカテキンは葉酸の吸収を阻害します。さらに、コーヒーや紅茶のカフェインは血管を収縮させ、肌に届く血液(栄養)を減らしてしまうので、美肌のためにもプラスとはいえません。飲み物のルールとして、食後30分以内は「色の濃い飲み物」を避けること。食事と摂るなら、ほうじ茶や麦茶、ルイボスティ、ミントやカモミールなどのハーブティがオススメです。

便秘も吸収を悪くするので注意！

腸内には1～2kg、1000兆個もの腸内細菌が棲み着いていて、体内でビタミンを合成したり、消化吸収の手助けをしています。でも、便秘になると腸内の有益菌が減り、食べ物を腐敗させる有害菌が増えてしまいます。有害菌は、活性酸素や有害物質などを大量に発生させ、腸内環境を悪化させます。有害物質が発生した腸内では、当然ビタミンの合成率も栄養の吸収率もダウン。肌あれやメンタルの不調、アレルギーなどを引き起こすことに。

肌を作る「たんぱく質」を摂ろう

×

キャベツとアンチョビのパスタ
（サラダ＋パン）

○

チキンソテーのトマトソース
（サラダ＋パン）

潤い、弾力、透明感。たんぱく質は美肌のもと！

健康な肌を作るうえで、たんぱく質は欠かせません。肌の潤いを保つ天然保湿因子（NMF）や、ぷるんとした弾力を肌にもたらすコラーゲンやエラスチンの原料もたんぱく質。また、たんぱく質にはターンオーバーを促進する働きがあるため、メラニンの排出を促し、くすみやシミの予防もしてくれます。このように、肌のためになくてはならないたんぱく質ですが、日本女性は不足しがちなのが現状です。

基礎代謝を高く保つのに欠かせない筋肉を保つために、たんぱく質は１日分を３食に分けて、１食で片手一盛り分ほどを摂ることが効果的です。パスタやパンなどが中心の食生活では、たんぱく質不足は解消できないのです。だから、毎日適量を摂ることを心がけましょう。たとえば、イタリアンでランチというときは、パスタセットではなく、魚介や肉類のメインを。より良質なたんぱく質を摂るには、次ページからのアミノ酸スコアを参考に選んでみて。

たんぱく質不足では
キレイになれません。
食生活の見直しを

「アミノ酸スコア＝たんぱく質の評価」を知って健康な肌と体へ

アミノ酸スコアとは？

アミノ酸スコアを見れば、良質たんぱく質が一目瞭然！

肉や魚、卵などに多く含まれるたんぱく質は、アミノ酸から成り立っています。でも、どの食品のたんぱく質にも、私たちが摂取しなければならない、９種の必須アミノ酸がバランスよく含まれているわけではありません。そこで、どの食品にどれくらいアミノ酸が含まれているかを数値化したのが「アミノ酸スコア」。たんぱく質の評価と考えると、わかりやすいでしょう。このアミノ酸スコアの得点が100に近いものほど、アミノ酸をバランスよく含んでいるということになり、それらは「良質たんぱく質」と呼ばれています。

一般的に肉や魚、卵、大豆、乳製品などはアミノ酸スコアが高いので、たんぱく質をしっかり摂りたいときは、これらをチョイス。パスタやパン、うどんなど、アミノ酸スコアの低い食品を摂るときは、得点の高いものと組み合わせるように心がけて。１つのたんぱく質源としては未完成な食品も、不足を補い合うことで、献立になったときにアミノ酸スコアが100になります。このようにメニューを選ぶと、アミノ酸バランスが整い、健康な肌に近づけます。良質なたんぱく質を効率よく摂るために、これからはアミノ酸スコアを頭に入れておきましょう。

AMINO ACID SCORE 100

きちんと摂りたいアミノ酸スコア100の食品

ヨーグルト

卵

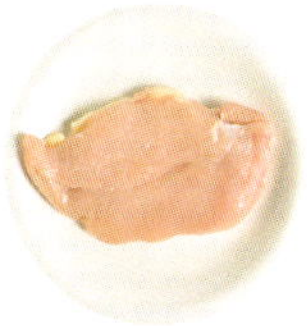

鶏肉

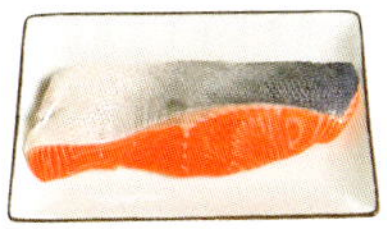

鮭

豆腐

ツナ

- 牛乳
- 豚肉
- 牛肉
- かつおぶし
- あじ
- いわし
- さんま
- 枝豆
- おから
- 豆乳

出典：改訂 日本食品アミノ酸組成表

AMINO ACID SCORE

覚えておきたいアミノ酸スコア

ブロッコリー	85	いか	71
あさり	84	とうもろこし	69
グリーンピース	84	ほうれん草	64
にら	83	精白米	61
かぼちゃ	79	そば	61
えび	77	トマト	51
じゃがいも	73	アーモンド	47
さやいんげん	72	薄力粉	42

肉の部位別カロリー表（一食80gあたり）

【鶏肉】

1位	手羽（皮つき）	169kcal
2位	もも肉（皮つき）	160kcal
3位	むね肉（皮つき）	153kcal
4位	もも肉（皮なし）	93kcal
5位	むね肉（皮なし）	86kcal

【豚肉】

1位	ばら肉	309kcal
2位	ロース肉	210kcal
3位	肩ロース肉	202kcal
4位	もも肉	146kcal
5位	レバー	102kcal

【牛肉】

1位	ばら肉	414kcal
2位	サーロイン	398kcal
3位	肩ロース肉	329kcal
4位	肩肉	229kcal
5位	ヒレ肉	178kcal

肉類は部位と調理法でカロリーが大きく変わる

肉類にはたんぱく質が豊富に含まれていますが、脂肪も多く含まれていて、部位によってはカロリー過多になりやすい。メニューを選ぶときはこのカロリー表を参考に。また、調理法にも注目。鶏肉は皮を剝くと約44%もカロリーカット。豚もも肉は茹でると約24%、牛肩ロース肉はグリルして脂を落とすと約20%カロリーを抑えられます。

メニュー選びはアミノ酸スコアを参考にしよう

[食べ方例]

100の食材を組み合わせよう

ごはん

納豆

食パン

ゆで卵

にんにくと唐辛子の
スパゲッティ

ツナトマトソースの
スパゲッティ

「低×高」のアミノ酸スコアで たんぱく質バランスをアップ！

アミノ酸スコアで大切なのは、食材の組み合わせ。たとえば、日本人の主食であるごはんはリジンというアミノ酸の含有量が低く、たんぱく質源としては不十分。でもリジンを豊富に含む納豆と食べれば、アミノ酸スコアは100に。

パスタには魚介類や肉類のソースを、パンには卵やチーズを組み合わせると、たんぱく質のバランスがよくなります。また、良質なたんぱく質を摂ると「満腹ホルモン」（レプチン）が作られ、食べ過ぎも予防できます。

「日本人は便秘になりやすい」➡ 老化を促進！

便秘は老化の自動発火装置！ さっさと解消しないと、老け肌に

現在、多くの女性が便秘に悩んでいます。これは、なぜなのでしょうか？　日本人はもともと穀類を主食とする農耕民族で、麦めしの殻などの難消化物を消化してきました。難消化物は消化に時間がかかるため、小麦を主食とする欧米人にくらべ、日本人の腸は長くなったといわれています。そこで、この長い腸の健康を保つため、日本人は食物繊維や納豆、漬物などの発酵食品をたくさん摂ってきました。しかし、最近は日本食離れが進み、食物繊維や乳酸菌不足の食生活が中心になり、腸内環境が悪化して便秘を抱える人が増えてしまったのです。

便秘の人の腸内では、有益菌が減り、食べ物を腐敗させる有害菌が増殖して、アンモニアなどの有毒ガスや活性酸素が大量発生。これらは腸内環境を悪化させるだけでなく、血液に取り込まれ、体全体にダメージを与えてしまいます。有毒ガスで汚れた血液が肌に届くと、血行不良などを引き起こし、肌のターンオーバーが乱れ、内側から老化を加速させてしまうのです。

食物繊維を含む食材トップ10（使用量目安別の含有量）

1	アボカド（1/2個）	3.7g
2	納豆（1パック）	3.4g
3	ごぼう（1/3本）	3.4g
4	おから（30g）	2.9g
5	ひじき（5g）	2.2g
6	カレー粉（6g）	2.2g
7	切り干し大根（10g）	2.1g
8	わかめ（5g）	1.8g
9	あおのり（3g）	1.2g
10	干ししいたけ（2個）	0.8g

「日本人は糖尿病になりやすい」⇨ 肌が糖化 ⇨ 黄ばむ！

知らないうちに糖化は進む……スイーツとお酒好きは要注意

甘いもの（糖質）や炭水化物などを食べると、血糖値が上昇します。この血糖値を下げるために膵臓から「インスリン」というホルモンが分泌されます。長い間、穀類中心の食生活を送ってきた日本人は、少量のインスリンをゆっくり分泌してきたため、インスリンの分泌能力が白人の半分程度しかありません。そのうえ、現代の欧米型の食事はインスリンを大量に必要とするため、血糖値を下げるための負荷が大きく、糖尿病になりやすいのです。

また、血糖値の上昇は肌にも悪影響を及ぼします。それが、最近よく耳にする「糖化」。糖化とは、体内の余分な糖がたんぱく質と結びつく反応のことで、食後の血糖値が150を超えると、AGEs（終末糖化産物）という強力な老化促進物質が作られ、たんぱく質を焦がして肌を黄ばませます。AGEsは一度作られると自力では除去できず、体内に蓄積され、コラーゲンを壊してシワやくすみを引き起こします。糖化に年齢は関係ありません。お菓子ばかり食べている人は、糖化が進んでいる可能性大。

※清野裕：最新医学 50:639-645,1955

食べ合わせでコントロールしよう

たぬきうどん

鶏の玉子とじそば

糖化を予防するには、血糖値をコントロールすることが大切です。そこで、食後、急激に血糖値を上げないよう、食べ合わせに注意！　たとえば、白米や白いパン、うどんなど、精製された炭水化物は血糖値が上がりやすいので、野菜やきのこ類、海藻類、肉や魚、卵、納豆や漬物などの発酵食品といった、血糖値を上げにくい食品と一緒に摂って、血糖値の急上昇を防ぎましょう。

［実践レッスン］
PRACTICE

SKIN CARE

肌の悩み・トラブルを解決する

- どうして肌トラブルは起こるの？
- どんなお手入れをすれば解決するの？

根深い悩みにも必ず、解決策はあります！
肌に効く食材、食べ方をマスターして

トラブルの原因を知って対策を！

すべての肌トラブルは乾燥から始まります

乾燥

➡ see P130

年々増えるシワ対策は、早めのケアがカギ！

シワ

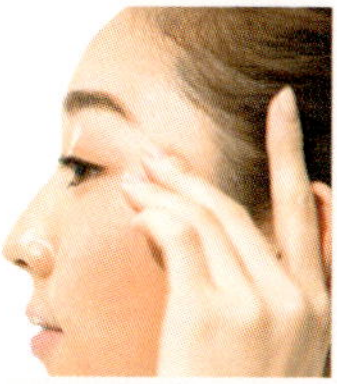

➡ see P136

くまの原因は3つ。あなたはどのタイプ？

くま

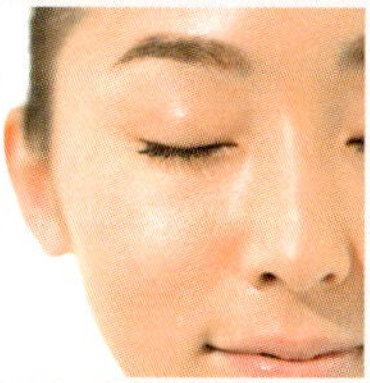

➡ see P142

4つのアプローチで、毛穴を目立たせない

毛穴

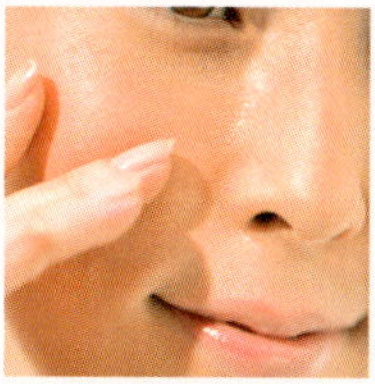

➡ see P148

ニキビ・吹き出物のケアに打つ手はある！

ニキビ・吹き出物

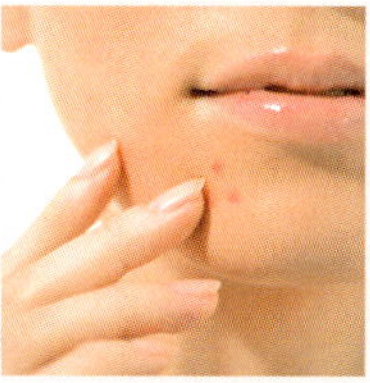

➡ see P154

肌を鍛えて、たるみと決別！

たるみ

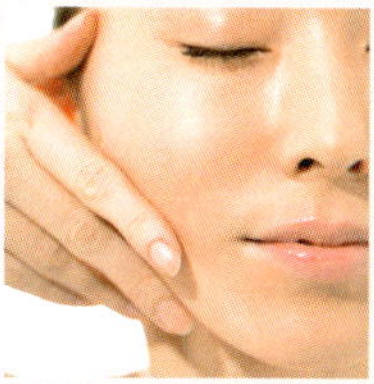

➡ see P162

透明感を取り戻す、くすみケアに秘策あり

くすみ

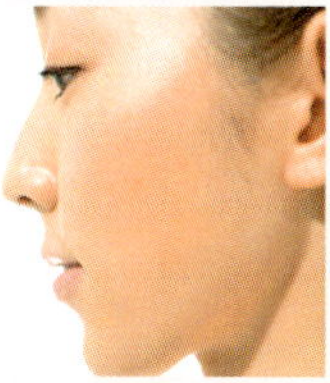

➡ see P168

安全で意味のあるお手入れをしよう

シミ（美白）

➡ see P176

乾燥

乾きをストップ！　みずみずしい肌を取り戻す

潤った肌は、健康でトラブルに強く、みずみずしくキメが整って、見た目にも美しいもの。でも、年々乾燥しやすくなっていく私たちの肌。大きな肌トラブルになる前に、正しい保湿ケアを取り入れて、乾燥スパイラルから脱出しましょう。

原因　"乾燥"はなぜ起こる?

乾燥は、誰にでも起こる肌悩みです

人間の肌は、表皮のいちばん上にある角層の中にレンガのように角質細胞が並んでいて、その隙間をセラミドなどの細胞間脂質がつなぎとめ、水分をキープしています。また、角質細胞内には水分を抱え込む天然保湿因子（NMF）があり、みずみずしく、なめらかな肌を維持。そして、これらの水分を蒸発させないよう、皮脂膜が肌のバリアとなって肌を守っているのです。

しかし気温や湿度といった外的環境や、年齢とともに細胞間脂質、天然保湿因子、皮脂の量が減ってしまうと、肌は正常に働かなくなってしまいます。すると、水分を抱え込む力もバリア機能も低下し、水分が流出して乾燥してしまうのです。表皮の薄い日本人は特に乾燥しやすいといわれています。これ以上乾燥を進めないために、年々減っていく細胞間脂質や天然保湿因子などを補う、正しい保湿ケアをしましょう。

健康な肌（潤った肌）

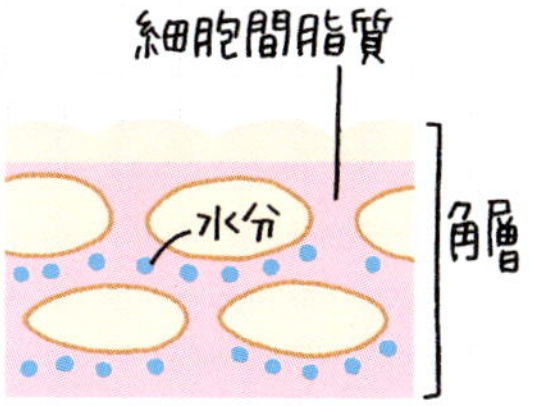

乾燥した肌

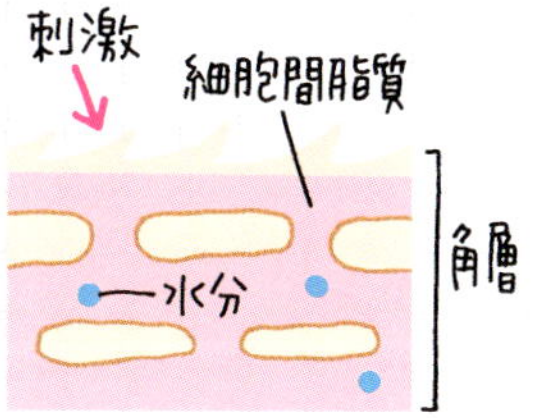

肌を乾燥させる要因

- ☐ 洗いすぎ
- ☐ 日焼け
- ☐ 保湿のお手入れをしていない
- ☐ 食生活の乱れ（栄養不足）
- ☐ 刺激のあるクレンジング
- ☐ アレルギー（花粉症など）
- ☐ 加齢
- ☐ 外気の乾燥

など

対策 正しい"保湿"のお手入れ

保湿とは「保湿成分を肌に入れて油性成分で閉じ込めること」

保湿成分 ①

セラミド（細胞間脂質）

細胞同士をつなぎとめ、潤う強い肌に

セラミドなどの細胞間脂質には、角層内の細胞と細胞の隙間を埋め、水分を挟み込んでキープする特性があります。この細胞間脂質がたっぷりあれば、角層がめくれ上がったりせず、健康で潤いのある肌でいられるのです。でも、年齢とともにその量は減ってしまうため、化粧品で補うことが必要。肌にしっかり浸透させたいなら、セラミド入りの化粧水などを選ぶといいでしょう。乾燥が進んでしまった人は、美容液もプラスしてください。

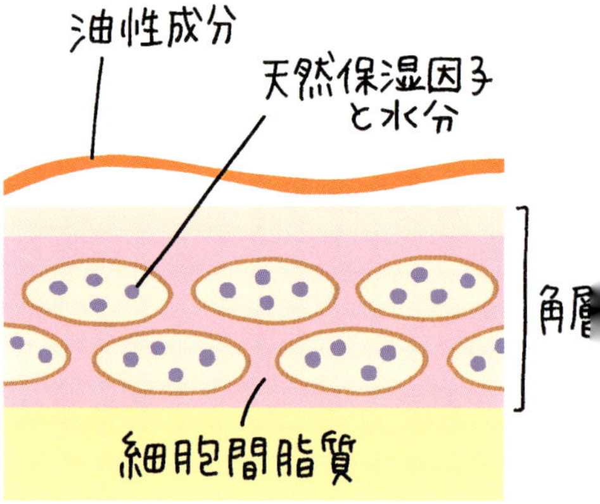

保湿成分 ②

アミノ酸やヒアルロン酸（天然保湿因子）

天然保湿因子は、肌が自ら生み出す保湿成分

角層内に並ぶ角質細胞の中には、天然保湿因子と呼ばれる水分を貯える物質があります。この天然保湿因子がきちんとあると、外的環境に強い角質細胞になり、水分を生み出す力も高まります。しかし、洗顔で流出したり、加齢や睡眠不足で減少しやすいので、アミノ酸やヒアルロン酸、尿素などの天然保湿因子が入った化粧品で補いましょう。セラミド入りの化粧水、美容液で肌を潤した後、天然保湿因子配合のクリームを使うのがオススメ。

油性成分

ワセリンやミネラルオイル

疑似の皮脂膜を作り、水分の流出を防ぐ

正しい保湿ケアとは、モイスチャライザー＝保湿剤、エモリエント効果＝なめらかさや柔軟性、オクルーシブ＝密閉効果、この３つを備えたお手入れのこと。ワセリンやミネラルオイルなどの油性成分は、３番目の密閉効果を担っています。皮脂量が十分にある健康な肌なら、自分の皮脂膜で肌を守ることができますが、皮脂量も加齢とともに低下していきます。クリームなどの油性成分でバリア機能を高め、水分の流出を防いでください。

ひどい乾燥にはどうすれば？

方法1

保湿化粧品を通常の倍量使う

カラカラに乾いた冬や、エアコンなどによる乾燥で、どうにも肌が潤わないときは、普段使っている化粧品の量を増やしてみて。化粧水、美容液、乳液・クリームすべてたっぷりと。スキンケア後、ティッシュを肌に当てると油分でティッシュがつくくらい、通常の倍量を目安に使用してみてください。肌がケバ立ち、化粧水がしみるほど乾燥してしまったら、通常のスキンケアはお休みし、ワセリンをたっぷり塗って肌を守ることに徹して。

方法2

洗浄力の優しいクレンジングに替える

肌がひどく乾燥してしまうと、バリア機能が低下して、洗顔やクレンジングで潤いが流出しやすくなってしまいます。そのうえ、油性のメイクを落とすクレンジング料には界面活性剤が入っているため、皮脂を取りすぎてしまうことがあるのです。メイクを落とした後、肌がつっぱったり、すぐにカサついてしまう場合は、洗浄力の優しいクレンジングに替えてみましょう。潤いが適度に残る、クリームやミルクタイプがオススメです。

方法3

食事を見直す

きちんとスキンケアをしていても乾燥が改善されない場合は、天然保湿因子やセラミドの材料となる食材を摂って、肌や髪に潤いを与えましょう。

➡ see P134

適切な保湿ケアを続ければ、潤いは取り戻せる

乾燥は肌トラブルの初期症状です

乾燥した肌は、潤いを作り出すことができず、ゴワついて、見た目にも美しさを失ってしまいます。さらに、水分保持能力が下がり、炎症が起きることで、ターンオーバーが早まって未熟な細胞が角層に並び、バリア機能も低下してしまう……。これが乾燥スパイラルです。外的環境から肌を守れなくなると、シワやたるみ、シミやくすみが現れ、毛穴も目立つように。乾燥はすべての肌トラブルの引き金なのです。

「ワセリン」の力

天然のバリア機能＝皮脂膜が強固なら、外的刺激を受けつけない健康な肌でいられます。しかし、乾燥が進んだ肌は、皮脂量が低下して肌を守ることができません。この皮脂膜を擬似的に作るのがワセリンです。油性成分が肌の上にとどまって水分を閉じ込め、外的刺激から肌を保護。保湿効果はありませんが、化粧水がしみるくらい肌荒れしてしまったときなど、緊急手段として皮膚科で処方されることもあります。

肌に潤いを作る食事

潤いの98%は食事から！ しっかり食べて乾燥を防ごう

肌の乾燥が気になるとき、見直すべきは化粧水や美容液より食生活かもしれません。なぜなら、肌の潤いは２〜３％を皮脂膜が、17〜18%を天然保湿因子が、残りの80%をセラミドが守っているからです。天然保湿因子の材料はたんぱく質を構成しているアミノ酸で、肌のターンオーバーを促進する効果も。セラミドの材料となる必須脂肪酸には、女性ホルモンの働きを整える作用があります。どちらも食事から取り入れる必要があり、潤いの98%は食事から供給されているのです。また、たんぱく質や必須脂肪酸を摂り込みやすくするためには、シンバイオティクス*も欠かせません。そこで、これらを積極的に摂っていけば、体の中から潤いを作り出すことができるのです。

＊プロバイオティクス（乳酸菌）とプレバイオティクス（食物繊維・オリゴ糖）を合わせたもの。

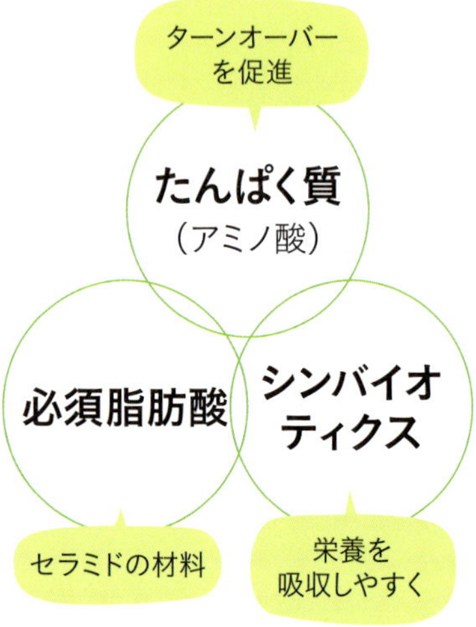

効率的に摂るコツ

- 食事のいちばん最初にアボカドを食べる
- 魚介類を積極的に摂る
- たんぱく質はビタミンCと一緒に

肌の潤いを作る食事をするなら、その摂り方も大切です。今、最も注目されているのが、食事のいちばん最初にアボカドを食べる「アボカドファースト」という摂り方。トマトやにんじんなどに含まれる美容成分カロテンは、新鮮なアボカドと食べ合わせると吸収率が高まり、肌にハリをもたらすビタミンAに変換されるのを助けることが、米国・オハイオ州立大学の研究によって明らかになっています。また、魚介類にはオメガ３（DHA・EPA）など、良質な必須脂肪酸が豊富に含まれています。ビタミンCと一緒に摂って、吸収率をさらにアップさせましょう。

※『Journal of Nutrition』
First published June 4,2014, doi:10.3945/jn.113.187674

乾燥に効く！

オススメ食材

アボカド

美肌食材の代表格。必須脂肪酸を豊富に含み、肌にハリをもたらすビタミンAの先駆体、カロテンの吸収率を高める。食物繊維も豊富。

くるみ

女性ホルモンを調整し、肌の炎症を抑制するオメガ3脂肪酸と、〝美肌のビタミン〟ビオチンを含む。手軽に摂れるのも魅力。

サーモン

〝食べる美容液〟と呼ばれるほど、サーモンには潤いのもとがたっぷり。アミノ酸と必須脂肪酸、両方を豊富に含むのが大きな魅力。

みそ

みそは手軽に摂れる日本の発酵食品。みそ汁を毎日摂ることによって、肌の保湿力が高まり、化粧ノリがよくなるといった報告も。

オイル

ビューティオイルで不足がちな必須脂肪酸を取り入れよう。ビタミンやミネラルもチャージできるパンプキンシードオイルなどに注目。

牡蠣

別名〝海のミルク〟。牡蠣には総合的な栄養素が豊富。中でも美しい肌、爪、髪の材料となる亜鉛が断トツに含まれている食材。

パプリカ

パプリカのビタミンCは加熱しても壊れにくく、手軽に美容成分を摂取できる。最も栄養価が高いのは、オレンジのパプリカ！

納豆

シミを防ぐ効果のあるL-システインは大豆製品に多く含まれる。納豆は発酵により、その栄養価が何倍にもなっている優秀な美容食材。

高野豆腐

実は、豆腐はセラミドの材料となる必須脂肪酸も含んでいる。高野豆腐は絹ごし豆腐の10倍のたんぱく質を含み、とくに栄養価が高い。

ココア

ココアは女性が不足しがちな食物繊維や亜鉛などを含み、抗酸化力が高い食材。豆乳や無脂肪ミルクで割って、たんぱく質もチャージ。

潤いを作る
食材をたっぷり
摂って乾燥肌を
改善しよう

※みそ／株式会社マルコメと東京工科大学 前田憲寿との共同研究

シワ

3つのタイプ別ケアで、小ジワを深ジワにさせない！

たった1本の線が老け顔に見せる……シワはなるべく増やしたくないもの。まずは、自分のシワタイプを知って、最適なケアを始めましょう。深く刻まれたシワを改善するのは至難の業！　さっそく増やさない、刻ませない、シワケアを開始。

原因 "シワ"はなぜ起こる?

シワは乾燥だけが原因じゃない

ふと鏡を見たとき、いつもは戻るシワが戻らない。そんな経験ありませんか？では、どうやってシワはできるのでしょうか。実は、シワには３つのタイプがあります。まず、いちばん最初に現れるのが、肌表面の角層部分にできる小ジワやちりめんジワ。乾燥が主な原因なので、浅いものであれば、潤いを補給すると目立たなくなります。次に現れるのが表情ジワ。ハリや弾力が低下してくる30代くらいから、笑いジワなどが戻らなくなることで気づきます。さらに年齢を重ねていくと、真皮のコラーゲンやエラスチンがもろく、壊れやすくなり、深い加齢ジワとなって刻まれていきます。真皮まで到達したシワは、スキンケアでは改善するのは難しい……。そう、シワ対策は予防が肝心なので、深いシワになる前に、正しいお手入れを始めましょう。

シワは予防が肝心！
シワタイプに合わせ
最適なケアを

シワは3タイプある

❶ 小ジワ

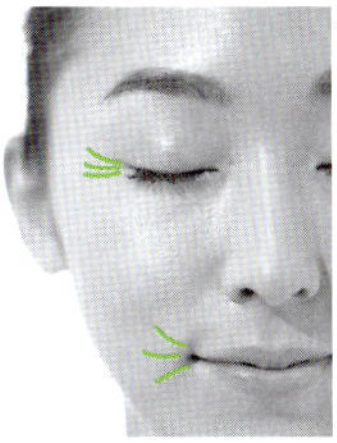

乾燥で起こる浅く細かいシワ

乾燥により肌表面に現れる、浅く細かいシワ。水分が不足した角層は容積がしぼんでしまうため、その部分が余ってシワが寄ることで起こる。乾燥が原因なので、ドライスキンの人は若い頃から現れることもある。

❷ 表情ジワ

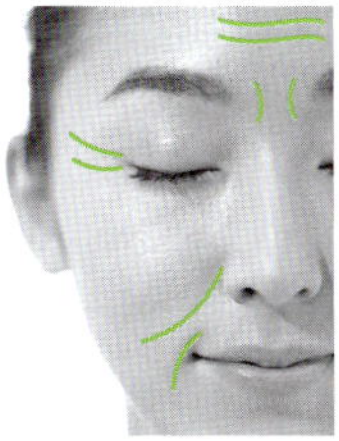

表情のくせが定着してできるシワ

笑ったり怒ったり、表情を作るときにできるのが表情ジワ。表情筋と呼ばれる顔の筋肉が過剰に収縮することで、ヒフに折り目がつき、これが定着することによってできる。年齢とともに深く刻まれていく。

❸ 加齢ジワ

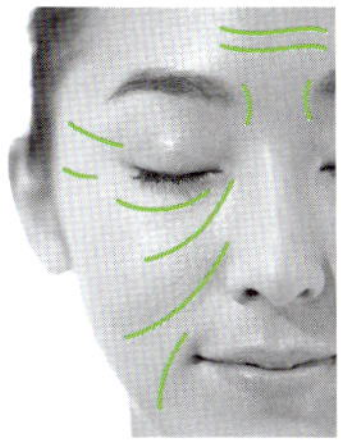

年齢とともに深くなるシワ

加齢により真皮のコラーゲンやエラスチンがもろくなったり変性してできる深いシワ。肌の弾力を司るコラーゲンなどが減少してしまうため、目元や頬のヒフを支えきれずに、目の下のシワやほうれい線が深くなってしまう。

対策❶ 正しい"小ジワ"のお手入れ

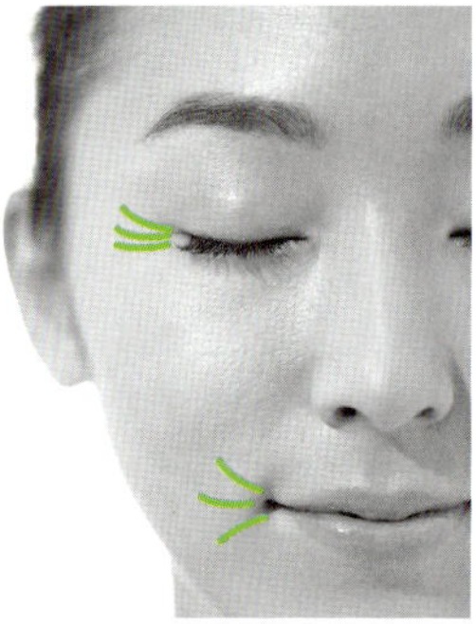

保湿ケアをしっかり行えば、小ジワは改善可能！

小ジワやちりめんジワと呼ばれる浅く細かいシワは、乾燥が原因です。乾燥したりんごは中の果肉がしぼんで、皮の表面に細かいシワが寄っていますよね。これと同じ状態が小ジワやちりめんジワなのです。これらのシワは、ヒフが薄くて乾きやすい目元の中でも、よく動く目尻にできやすく、20代後半くらいから目立ち始めます。表皮の浅い部分にできる小ジワは乾燥やお手入れ不足が原因なので、朝晩のスキンケアでしっかり保湿すれば、徐々に改善していきます。保湿成分と油分が入ったアイクリームをプラスするといいでしょう。口元であれば乳液やクリームの重ねづけも効果的。水分保持能力は年齢とともに低下していきます。小ジワを見つけたら、すぐに乾燥対策を。

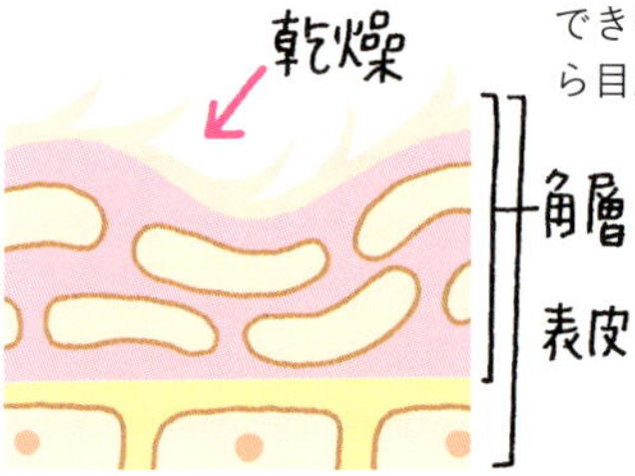

角層内にある細胞が潤い不足になると、しぼんで容積が減ってしまう。すると、パンと張っていた表面のヒフが余ってしまい、細かいシワが寄って小ジワとなってしまう。

お手入れのポイント

○ 保湿効果の高いアイクリームを！

乾燥による小ジワは、保湿成分と油分が配合されたアイクリームで徹底保湿。乾きやすい目元に潤いを与えて水分の流出を防ぐ、留まりのいいアイクリームがオススメです。

しっかり保湿しても改善されない小ジワには？

保湿ケアを続けても改善されない小ジワは、加齢ジワに進行している可能性が……。その場合は、肌にハリと弾力をもたらす加齢ジワ対策(P140参照)にシフト。こちらも早めのケアが鉄則。

対策2 正しい"表情ジワ"のお手入れ

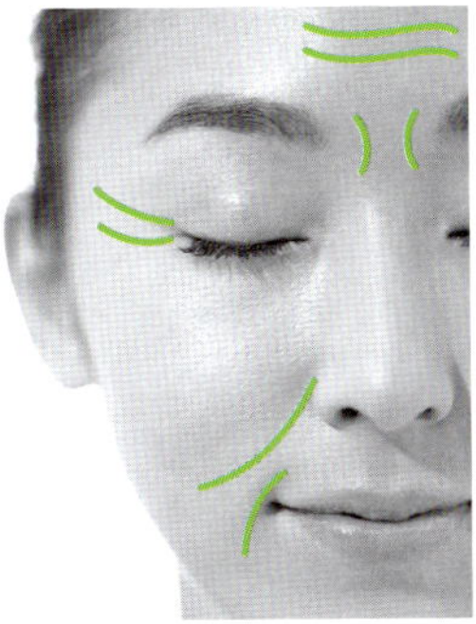

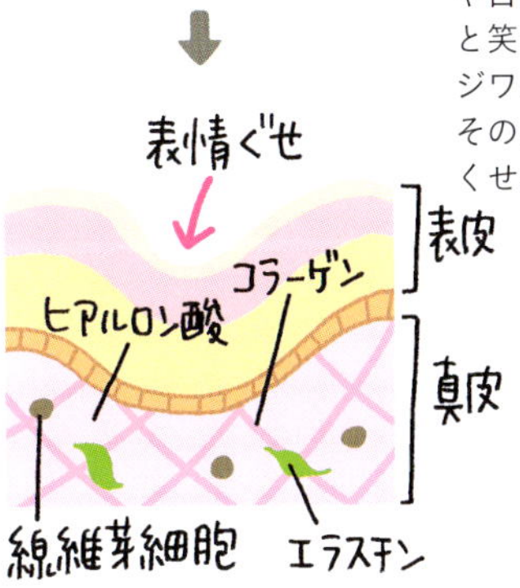

長年蓄積されてできた表情ジワには、美容医療が効く！

笑ったり怒ったり、顔の動きに合わせてできるのが表情ジワ。このシワは、表情筋と呼ばれる顔の筋肉が過剰に収縮することでヒフにシワが寄り、それが定着してできてしまいます。眉間や目尻にできやすく、くしゃっと笑うくせのある人は、鼻に横ジワが寄ることも。表情ジワは、その人が長年続けてきた表情のくせ。年齢とともに真皮のハリや弾力が失われるとそのくせが戻らなくなり、シワとなって顔に刻まれていくのです。長年蓄積され真皮まで到達した表情ジワは、スキンケアで改善することはできません。どうしても表情ジワを消したい場合は、ヒアルロン酸注入やボトックスなど、美容医療の力に頼るのが得策。表情のくせを抑えることができ、シワが深くなるのを防げます。

特定の表情をするたび、同じところに折り目がつきます。真皮のコラーゲン線維が変性したり減少すると、長年蓄積された折り目が溝のように落ちくぼんで、戻らないシワに。

シワ対策に美容医療を取り入れるなら

方法① ヒアルロン酸注入

凹んだ溝を持ち上げてシワを解消

口元や目元のシワや凹んだ部分にヒアルロン酸を直接注入して、ヒフを中から持ち上げる美容医療がヒアルロン酸注入です。ヒアルロン酸は人間がもともと持っている天然保湿因子なので、徐々に代謝されて、半年後くらいから元の状態に戻ります。

方法② ボトックス

表情のくせを抑え、シワを寄らせない

ボトックスとは、ボツリヌス菌から抽出した成分で、筋肉の働きを抑え、シワを伸ばす効果があります。ボトックスは深く刻まれたシワより表情ジワに向いていますが、永久に持続するものではありません。シワを軽減するためには、定期的な施術が必要です。

対策③ 正しい"加齢ジワ"のお手入れ

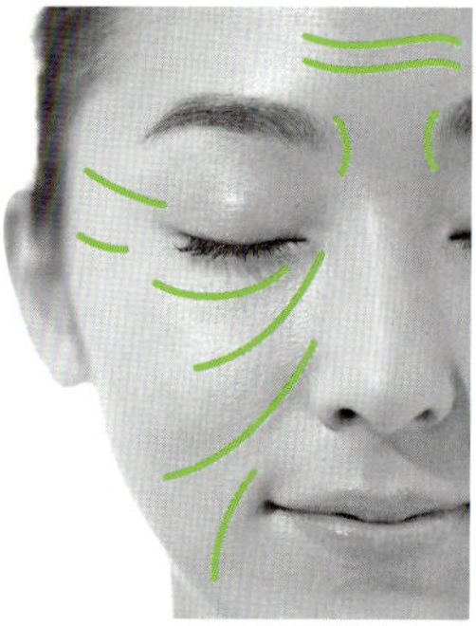

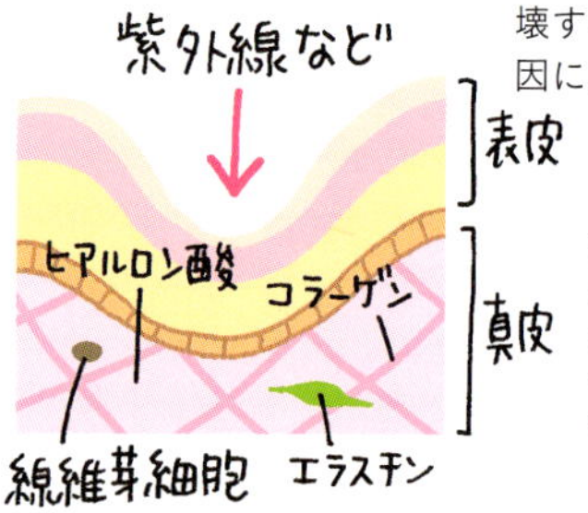

真皮のコラーゲンやエラスチンなどの結びつきが弱くなり、肌を支えることができず、深い溝ができてしまうのが加齢ジワ。額や目尻、たるみやすい目の下、口元などに現れる。

自分に合ったお手入れで、予防も対処も可能です

加齢ジワは、真皮のコラーゲンやエラスチン、線維芽細胞の変性、減少が主な原因。年齢とともに真皮のコラーゲン組織はもろく、壊れやすくなり、その量が減少することでハリや弾力が失われ、深いシワになってしまいます。また、肌の奥に入り込んで真皮のコラーゲン組織を破壊する紫外線も、シワを作る要因に。若い頃に紫外線をたくさん浴びてしまった人はシワになりやすいので、注意が必要です。加齢ジワのお手入れは、コラーゲンの量を増やすことが重要。コラーゲン生成を促すビタミンCやレチノールなどの抗酸化成分配合の化粧品を使ったり、定期的にピーリングを行うことで、加齢ジワを軽減することができます。これらのお手入れは、たるみや老化予防にも効果的です。

お手入れのポイント

ビタミンC、レチノール入りの化粧品を使う

アンチエイジング効果の高い抗酸化成分配合の化粧品は、加齢ジワ対策の必需品！　その代表格が、ビタミンCとレチノールです。ビタミンCはコラーゲンの生成を促し、毛穴を引き締め、保湿力をアップして肌にハリと弾力を与えてくれます。使いやすい化粧水で取り入れるのがオススメ。レチノールは肌のターンオーバーを整え、線維芽細胞に働きかけてコラーゲンを増やす作用があります。やや刺激が強いので、使い始めは少量ずつ試して。

ピーリングでターンオーバーを促す

年齢とともに肌の生まれ変わるスピード＝ターンオーバーが遅くなり、代謝が悪くなります。これもシワを助長する要因に。酸や酵素で不要な角質を除去するピーリングには、ターンオーバーを促すことで、真皮の線維芽細胞を活性化し、コラーゲンを増やす働きがあります。小ジワが気になり始めたら、定期的なピーリングで加齢ジワを予防しましょう。

➡ see P35

女性ホルモン(エストロゲン)を促す

女性らしい丸みのある体、柔らかな肌、つややかな髪は、女性ホルモンの働きによるところが大きい。女性ホルモン(エストロゲン)には、真皮のコラーゲン生成を促す働きがあるといわれています。そこで、女性ホルモンに似た働きをする大豆イソフラボンなどを積極的に摂りましょう。一日1食は豆腐や納豆などを取り入れて、体の中からもシワ対策を。

➡ see P65

コラーゲン生成を促す(化粧品・美容医療)

スキンケアでコラーゲン生成を促すには、抗酸化成分配合の化粧品が効果的。美容医療を取り入れるなら、ケミカルピーリングやイオン導入から始めるのがオススメ。より効果を得たい人は、高周波やレーザー治療を。真皮のコラーゲン線維に熱や光で刺激を与え、肌が再構築する過程でコラーゲンが増産されることで、シワやたるみを改善してくれます。

➡ see P208~

急激なダイエットに注意!

急激なダイエットは体だけでなく、顔の脂肪や筋肉も落ちてしまいます。すると、ボリュームのなくなった皮下組織に対してヒフが余ってしまい、シワやたるみができてしまうことに。

シワができやすい顔のタイプは?

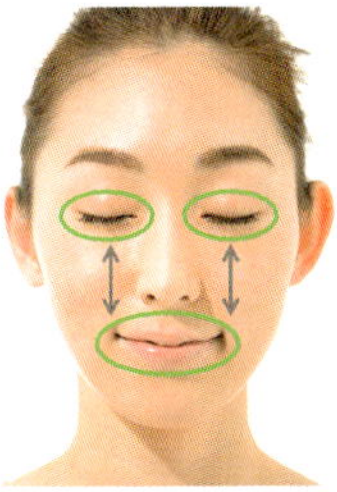

シワはヒフが薄くてよく動くところにできやすいものですが、顔のタイプによってもできやすさは違います。たとえば、ほうれい線。これは頬の面積が大きい人、中でも頬が縦長の人にできやすい。目の下のゴルゴラインと呼ばれるシワは、目が大きくて丸い人に現れやすいものです。また、口が引っ込んでいる人は、口角から下に向かったマリオネットラインと呼ばれるシワに注意(P165参照)。

くま

正しいくま対策で、印象年齢を変える！

目元をどんよりくすませるくま……。
誰もが抱える悩みですが、その原因は１つではありません。
まずは、自分のくまタイプを見分けて、正しいお手入れを開始！
明るく澄んだ、若々しい目元を取り戻しましょう。

原因　"くま"はなぜ起こる?

くまは3タイプある

ヒフが薄くて乾燥しやすい目元には、さまざまなトラブルが現れます。中でも全世代にわたって起こるのが、目の下のくま。目元がくすんでいたり、色の変化で気づくことが多いと思いますが、実は、くまには3つのタイプがあるのです。その1つが、青ぐまと呼ばれる血行不良によるくま。これは、睡眠不足や冷えなどで血流が低下し、ヒフから静脈血が透けて、目の下が青っぽく見えることで起こります。2つめが、摩擦や紫外線のダメージが引き金となって起こる、色素沈着によるくま。皮膚の色がくすんで茶色く見えるため、茶ぐまと呼ばれています。そして、3つめが黒ぐま。このくまは乾燥や加齢による真皮成分の衰えが原因で目の下がたるんで凹凸ができ、その影が黒く見えることで起こります。

同時に2つのくまが起こることもあります

3つのタイプ別に、それぞれ適切なお手入れを続けていけば、くまは徐々に改善されていきます。でも、ダメージを受けやすいデリケートな目元には、同時に2つのくまが起こる場合もあります。まずは、右の方法で自分のくまタイプを見分けて確認してみてください。

目元の特徴をもう一度おさらい

- ヒフが薄い
- よく動く（肌への負担大）
- 乾燥しやすい
- シワになりやすい

くまの見分け方

目尻を横に引っ張る

➡ 色が薄くなったら
青ぐま

➡ 変わらないなら
茶ぐま

上を向いてみる

➡ 色が薄くなったら
黒ぐま

対策1 正しい"青ぐま"のお手入れ

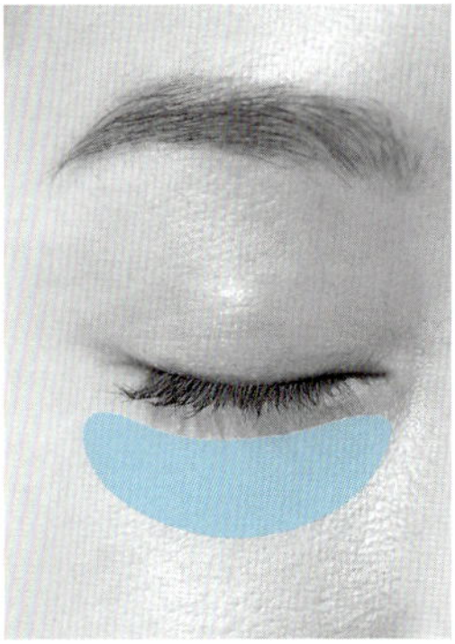

滞った血流を促して明るい目元を目指しましょう

寝不足が続いたり、パソコンの使いすぎで目を酷使している人に起こりやすいのが、血行不良による青ぐま。血行が悪くなると本来排出されるべき老廃物が排出されず、滞った血管が透けて見え、目の下が青っぽくなってしまうのです。これを改善するには、血流をスムーズにし、老廃物の排出を促すのが効果的。目のまわりをマッサージすると一時的ですが即、目元が明るくなります。毎日のお手入れに取り入れて、血流を促しましょう。

お手入れのポイント

○血行をよくするマッサージを!

青ぐまを改善するには、朝晩のお手入れにマッサージを取り入れて。スキンケアの最後に、目の下の骨の上あたりと眉下を気持ちいい程度に押すだけで、滞った血流が促され、目元がパッと明るくなります。カフェインなどが配合されたアイクリームを使うと、血管が拡張され、老廃物の排出を促進してくれます。また、目の疲れを癒やしてくれる、ホットタオルでの温冷ケアもオススメ。これらを毎日続けることで、青ぐまは少しずつ改善していきます。

ツボ押しマッサージで血行を促して

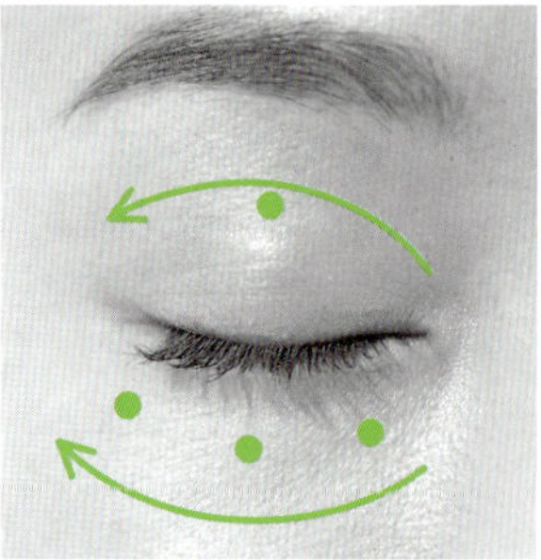

お手入れの注意点

目のまわりはデリケートなので、力まかせのマッサージは禁物です。薬指の腹を使って、目の上下をポンポンと優しく押さえるような感覚で、垂直に圧を加えてください。気持ちいいと感じる場所を押さえていくだけで、血行が促進し、目の疲れもやわらぎます。

対策 2 正しい“茶ぐま”のお手入れ

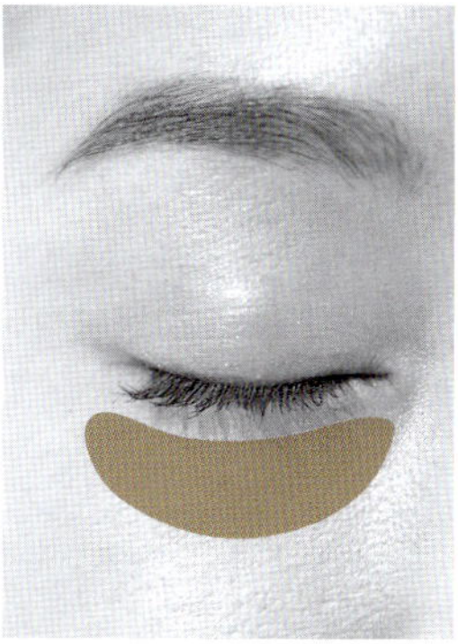

色素沈着の茶ぐまには 美白ケアが有効です

摩擦やかぶれ、紫外線のダメージによって起こる茶ぐまは、慢性的な色素沈着が原因。メイクを落とすときに目を強くこすってしまったり、紫外線をたくさん浴びると、肌を守ろうとメラニンが大量に生成され、それが排出されずに目元をくすませてしまうのです。茶ぐまのお手入れは、炎症を抑え、メラニンの排出を促す美白ケアが有効です。目元専用の美白アイテムをプラスして、頑固な色素沈着を改善していきましょう。

お手入れのポイント

○ 美白効果のあるアイクリームを！

慢性的な色素沈着による茶ぐまには、美白ケアが最適。シミのケアと同様に、メラニンの還元、排出を促し、炎症を抑える美白成分配合のアイクリームをお手入れに組み込みましょう。茶ぐまは目の下だけでなく、まぶた全体に現れるので、アイクリームは目のまわり全体になじませること。とくに、目をこすりやすい花粉症の人や、アイメイクをしっかりしている人は目元全体がくすみやすいので、美白効果のあるアイクリームで、しっかりケアを。

アイクリームは、目元全体に塗ること

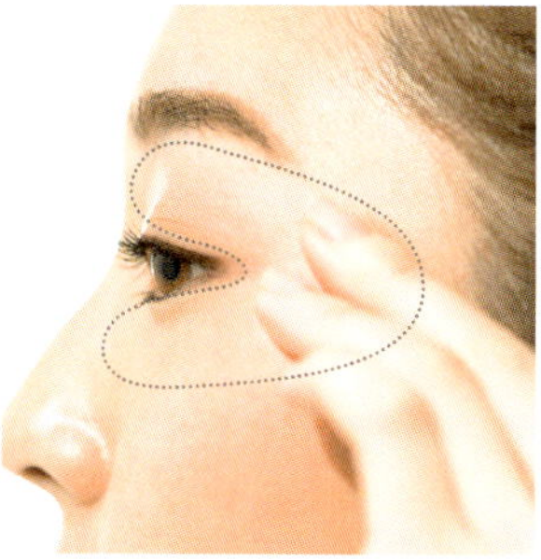

お手入れの注意点

茶ぐまは摩擦によって起こることが多いので、とにかく目のまわりをこすらないこと。アイメイクをしっかりしている人は、メイクアップリムーバーを使ってメイクを優しく落としましょう。また、紫外線から肌を守ることも大切。目元にも忘れずにUVケアを。

対策③ 正しい"黒ぐま"のお手入れ

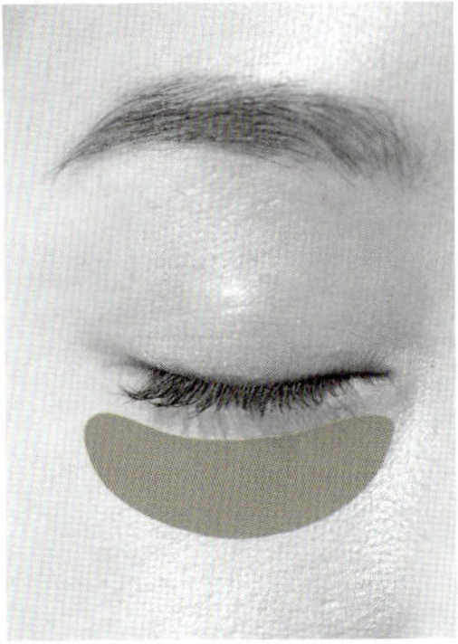

ハリ、弾力を与えるケアで目元の影を払拭！

乾燥や加齢によって真皮成分が衰えると、ハリや弾力が低下します。ヒフの薄い目元は、特にこの影響を受けやすいため、目の下がたるんで凹凸ができ、その影が黒いくまとなって見えるのです。黒ぐま対策としては、保湿ケアで乾燥を防ぎ、ハリと弾力を高めるエイジングケアが有効。これ以上、目元をたるませないよう、真皮のコラーゲンを強化するビタミンCやレチノール入りのアイクリームで、予防と改善を心がけましょう。

お手入れのポイント

○ハリを出すアイクリームを！

黒ぐまは、加齢によってハリや弾力が失われ、ヒフがたるむことで起こる老化現象のひとつです。年齢を重ねれば、誰にでも現れるので、早めのケアが大切です。それには、コラーゲンの生成を促し、肌にハリをもたらすビタミンCやレチノール入りのアイクリームがオススメ。ただし、レチノールは刺激が強いため、目の下だけに塗るようにしてください。黒ぐま対策は先手必勝！　目の下のたるみを感じたら、すぐにお手入れを始めてください。

レチノール（ビタミンA）入りは目の下だけに！

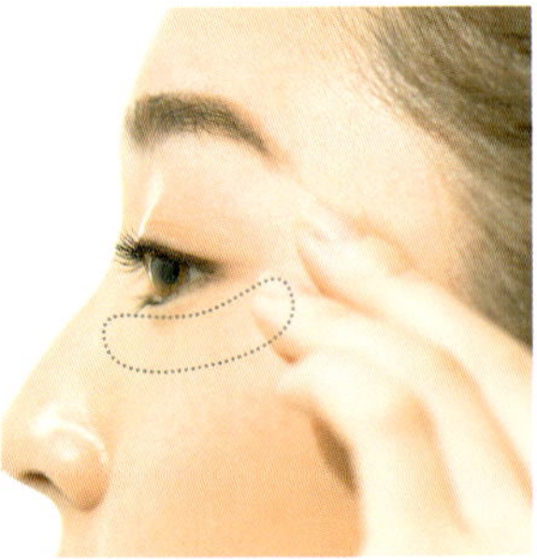

お手入れの注意点

たるみの目立つ肌は、真皮のコラーゲン線維がもろく、壊れやすくなっています。そこに強い力が加わると、正常なコラーゲンが生成されなくなり、ますますたるみが進んでしまう……。アイクリームをなじませるときは肌を動かさないように、優しく塗るのが基本です。

頑固なくまを解消するには？

くまの深い悩みQ&A

Q それでもやっぱり自分のくまタイプがわからない

A くまの原因は複合的なため、自分のくまタイプを判断するのは難しいですよね。そこで、青、茶、黒、それぞれのくまが現れやすい顔立ちや肌質などを知っておくと、くま診断の基準になります。まず青ぐまは色白で、ヒフの薄い人に現れやすい。茶ぐまは日焼けすると赤くなって黒くなる人、赤くならずに黒くなる人が起こしやすい。黒ぐまは目が大きく、はっきりした顔立ちの人に目立ちます。これらを参考に、自分のくまタイプを見きわめてみてください。

Q 2つのタイプにあてはまる場合はどうすればいい？

A 寝不足や目を酷使したりすると現れる、血行不良による青ぐまは、日によって色が濃くなったり薄くなったりします。これは誰にでも起こるくまなので、毎日のお手入れに血流をアップさせるツボ押しなどを組み込むようにしてください。そのうえで、茶ぐまが気になる人は、メラニンの排出を促す美白ケアを。黒ぐまが目立つ人はハリ感をアップさせるレチノールなどを配合したコスメで、根気よくお手入れしていきましょう。

Q くまに効く栄養素は？

A くま予防には、血液循環を促す鉄分やビタミンEを積極的に摂るのがオススメ。鉄分は赤身の肉や魚に、ビタミンEはアーモンドなどが豊富です。ただし、すでにくまが現れていたり、くすみがひどい人は、鉄分不足による貧血になっている可能性も。とくに、冷えや頭痛などを併発している人は、貧血を疑ってみましょう。貧血を起こしている場合、サプリメントや内服薬、点滴などで鉄分を補給していかないと、くまやくすみを改善するのは難しいです。

Q 美容医療を取り入れるとしたら？

A 根深いくまの悩みには、美容医療の力を借りるのも手。色素沈着が原因の茶ぐまには、美白剤やビタミンCなどのイオン導入を。乾燥も気になるなら、プラセンタの導入も効果的。これらは施術直後から目元がパッと明るくなる即効性がありますが、持続性はありません。加齢による黒ぐまは、たるみや凹凸が目立つ部分にヒアルロン酸を注入して、ふっくら若々しい目元に。また、RFという高周波を当て、肌の深層部からハリを蘇らせる施術も効果的です。

毛穴

今度こそ、根深い毛穴の悩みと決別！

毛穴が大きくなった、黒ずみが目立つなど、毛穴の悩みを抱えている人は本当に多い。でも、どうして毛穴が目立つのかきちんと理解していますか？　ここでは根深い4つの毛穴の悩みを検証しながら、正しいお手入れを学んでいきましょう。

原因 "毛穴"はなぜ目立つ?

目立つ毛穴は4タイプある

私たちの肌は毛穴から分泌される皮脂によって、ほこりや細菌、乾燥から守られています。毛穴はそもそも肌に存在するものなので消すことはできませんが、なぜ目立ってしまうのでしょう。毛穴が目立つ原因は、大きく分けて4つ。①皮脂分泌量が多くて毛穴が大きく開く。②毛穴の皮脂が酸化して黒ずむ。③加齢により肌がたるんで毛穴が目立つ。④乾燥によって肌がしぼみ、毛穴の影が黒く見える。さて、あなたの毛穴タイプは?

通常の毛穴

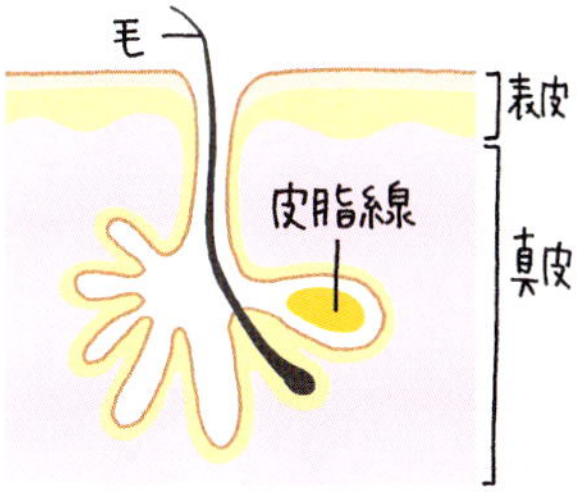

①開き毛穴

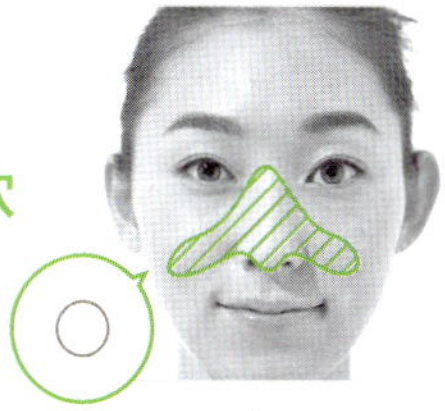

- □ 朝起きたとき、肌がベタついている
- □ 肌がテカリやすい
- □ 化粧くずれしやすい

②黒ずみ毛穴

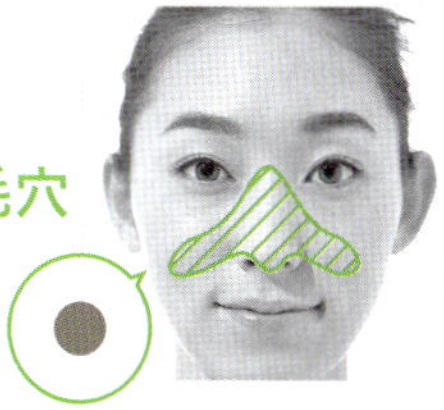

- □ 肌がザラつきやすい
- □ ニキビができやすい
- □ 洗顔、クレンジングに手を抜きがち

③たるみ毛穴

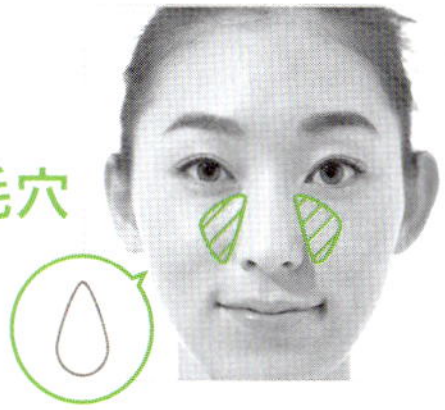

- □ 肌のハリや弾力が低下している
- □ 特に頬の毛穴が目立つ
- □ 30代以上である

④乾燥毛穴

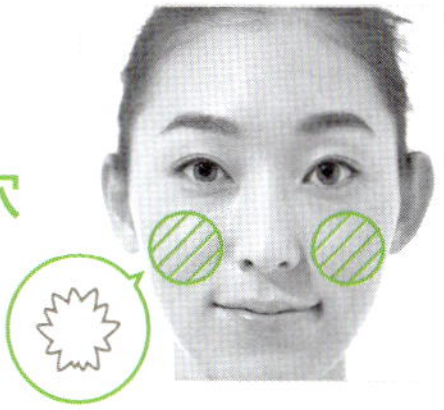

- □ 洗顔後、肌がつっぱる
- □ キメが乱れている
- □ 夏より冬のほうが毛穴が目立つ

対策 1 正しい"開き毛穴"のお手入れ

過剰な皮脂を取り除き、開いた毛穴を引き締める

毛穴の奥には皮脂腺があり、ここから皮脂は分泌されています。皮脂分泌量の多いオイリー肌の人などは、皮脂腺が発達することで皮脂の出口も大きくなり、毛穴が丸く開いて目立ってしまうのです。皮脂腺は皮脂分泌の盛んな思春期に発達し、女性の場合、20代をピークに縮小していきますが、皮脂分泌量の多い鼻のまわりの毛穴は開きやすくなっているので、この部分を中心にきちんとケアしていきましょう。開き毛穴のお手入れは、過剰な皮脂を取り除く、毎日の洗顔が効果的です。毛穴が大きく開いてしまっている人は、ピーリングでコラーゲンの生成を促して真皮を立て直すと、毛穴が徐々に引き締まっていきます。

お手入れのポイント

- 洗顔を見直す
- ピーリングする
- あぶらとり紙を使う

肌を乾燥や細菌から守るため、日々、皮脂は分泌されています。だから、皮脂による開き毛穴は、毎日のケアが大切！　まずは洗顔料を見直しましょう。皮脂をきちんと落とす石けんや酵素入りの洗顔料で、朝晩しっかり洗って。また、肌がテカると毛穴がより目立って見えるので、あぶらとり紙でこまめにケアを。あぶらとり紙は過剰な皮脂だけを取り去るので、化粧くずれを防ぐだけでなく、日中に分泌される皮脂の酸化も抑えてくれます。さらに、開き毛穴が進行してしまった場合はピーリングを取り入れて。穏やかに余分な角質を除去するAHA配合の洗顔料や美容液でケアしていくと、真皮がふっくら厚くなり、毛穴が少しずつ小さくなっていきます。適切なケアを毎日続けることで、開き毛穴は改善されます。

対策 ② 正しい“黒ずみ毛穴”のお手入れ

黒ずみはムリに取らずに体の中からも治す

毛穴から分泌された皮脂は、空気に触れると酸化し、茶色っぽく変色して固まります。これにほこりやメイクなどの汚れや古い角質が混ざり合い、毛穴の中に詰まって毛穴を押し広げてしまうのが、黒ずみ毛穴の正体。毛穴の中に詰まった黒ずみを改善していくには、皮脂や汚れを溜めないことが先決です。洗顔を見直し、皮脂吸着効果の高いクレイや、酵素入りのマスクをスキンケアにプラスしてみましょう。さらに、脂質の代謝を上げるビタミンB_2、B_6などの食材を多く摂って、体の中からもケア。酸化を防ぐビタミンCも効果的です。脂質の代謝は年齢とともに下がるので、30代以降の人は積極的に摂りましょう。

お手入れのポイント

- 洗顔を見直す
- 酵素やクレイのマスクをする
- ピーリングする
- ビタミンB_2、B_6、Cを摂る

酸化した皮脂の固まりは、指でギュッと押すと表面に出てきますが、ムリに取るのは禁物。真皮のコラーゲン組織がダメージを受け、かえって毛穴を目立たせてしまうからです。それよりも皮脂や汚れを溜め込まないよう、すっきり洗い上がる洗顔料に替えましょう。肌がザラついているときは、粒子の細かいスクラブを使うのも手。皮脂や汚れを吸着して取り除くクレイや酵素入りのマスク、ピーリングもオススメです。また、30代以降になると皮脂量は下がっていきますが、脂質の代謝も低下するため、皮脂が溜まりやすくなり、黒ずみ毛穴が助長されることも。脂質の代謝を上げるビタミンB_2、B_6を含む、豚肉や緑黄色野菜などを積極的に摂りましょう。抗酸化力の高いビタミンCも一緒に摂るとより効果的。

対策③ 正しい"たるみ毛穴"のお手入れ

"元に戻らない"から症状を進ませない!

年齢とともに真皮のコラーゲンやエラスチンは減り、肌はハリや弾力を失います。すると、重力に耐えきれず、毛穴のまわりがゆるんで、涙形のたるみ毛穴になってしまいます。このたるみ毛穴は頬の部分に現れる、老化の初期変化。一度ゆるんでしまうと元に戻すことはできないので、これ以上症状を進ませないことが何より重要です。そこで、加齢によってはがれにくくなる余分な角質を除去し、皮下組織の生成を促すピーリングをお手入れに加えてみてください。ターンオーバーを促進するレチノール入りの美容液を使うのも効果的です。たるみ毛穴が現れたら、エイジングケアを始める時期。正しいお手入れを!

お手入れのポイント

- ピーリングでターンオーバーを促す
- マッサージに注意
- レチノール入り美容液を使う
- ビタミンCを摂る

たるみ毛穴は老化の初期症状。まずは、年齢とともに遅くなるターンオーバーを促し、皮下組織の生成量を高めるピーリングを、いつものお手入れに組み込んでください。30代以降の人は、クリニックで定期的にピーリングするのも効果的。コラーゲンを増やす効果のあるレチノール入りの美容液を使うのもいいでしょう。そして、抗酸化力が高く、コラーゲンの生成を促すビタミンCをたっぷり摂ること。ビタミンCはハリや弾力をもたらすだけでなく、シミやくすみを軽減する効果もあるので、体の中からエイジングケアができます。また、リンパの流れをよくして代謝を上げるマッサージは毛穴ケアに有効ですが、過剰にヒフを動かすような強いマッサージは、たるみを助長してしまうので注意が必要です。

対策 ❹ 正しい"乾燥毛穴"のお手入れ

お手入れすれば簡単に改善する!

乾燥毛穴は、角層の潤い不足によって起こります。角層の潤いが足りないと、肌の表面がシワっぽくなったり、キメが乱れて毛穴のまわりが凹んでしまいます。この凹みが影となって、毛穴を黒く目立たせてしまうのです。お手入れ不足の人や、毛穴の汚れを気にして必要以上に顔を洗っている人は、乾燥毛穴になりやすいので注意が必要。まずは、皮脂を取りすぎない洗顔料に替えましょう。洗顔後は化粧水でたっぷり水分を与え、乳液やクリームの油分で、水分の流出を防ぎましょう。乾燥毛穴は正しい保湿ケアを続けていけば、簡単に改善することができます。キメも整ってくるので、肌がぐんとキレイになりますよ。

お手入れのポイント

- 洗顔を見直す
- 間違ったスキンケアに注意
- 正しい保湿ケアを!

間違ったケアを続けていると、10代や20代の肌でも毛穴が目立ってきます。乾燥肌なのにキュキュッと洗い上がる洗顔料を使っていたり、ベタつくのが嫌いで乳液やクリームを使わなかったり。これでは、乾燥が進んで毛穴がますます目立ってしまいます。メイクのノリが悪かったり、冬になると毛穴が目立つという人は、乾燥毛穴の可能性大!　まずは洗顔料を皮脂を取りすぎないしっとりタイプに替えましょう。そして、セラミドやヒアルロン酸入りの化粧水や美容液で角層に水分を与え、乳液やクリームも使うこと。特に乾燥しやすい頬は毛穴が目立つ部分なので、ローションパックで角層に水分をたっぷり与えると、キメが整って毛穴が引き締まってきます。乾燥毛穴は、正しい保湿ケアで改善!

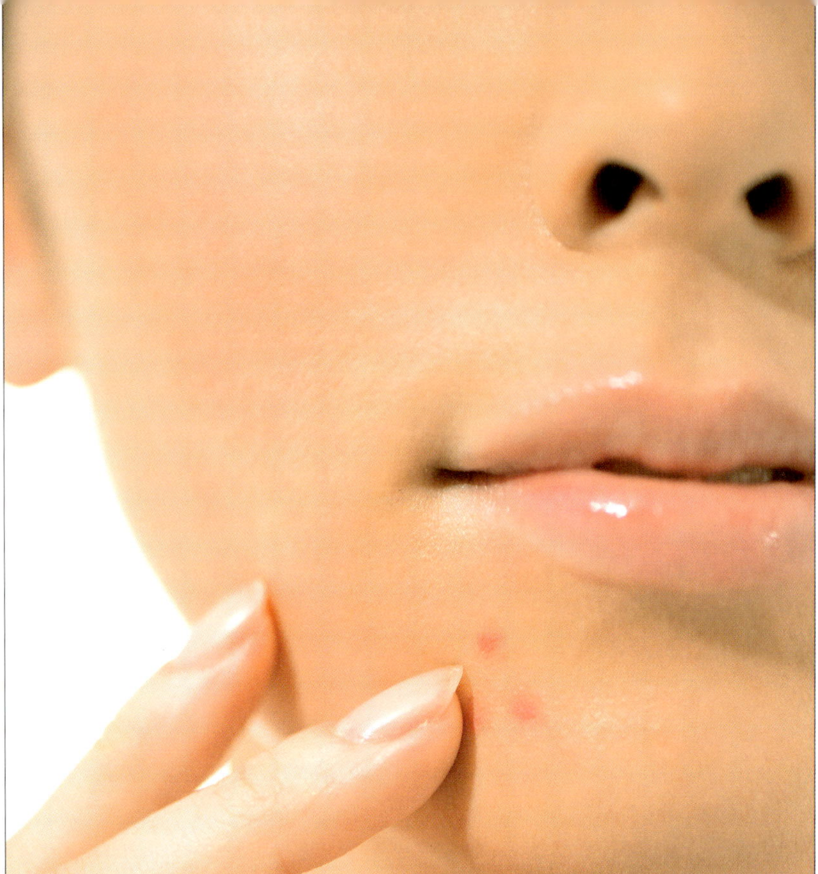

ニキビ・吹き出物

正しいお手入れで、もうニキビを作らない！

ニキビは皮脂量が増えてできるとは限りません。睡眠不足やストレス、食生活なども大きな要因に。また、大人になるほど治りにくく、跡になりやすいため、ニキビは予防が肝心です。そしてニキビができてしまったら、適切なケアでニキビを悪化させないようにしましょう。

原因

ニキビ・吹き出物はなぜできる?

角質、皮脂、ニキビ菌が原因

ニキビは皮脂分泌が盛んな思春期だけでなく、大人になっても起こるもの。では、ニキビはどのようにできるのでしょうか。まず、毛穴をふさぐように角質が溜まると、本来、出て行くはずの皮脂が毛穴の中に詰まり、ニキビ菌が過剰に繁殖してニキビになってしまいます。ニキビ菌は誰もが持っている常在菌。角質が溜まる、過剰な皮脂、ニキビ菌の3つがそろって初めてニキビになるのです。ニキビと吹き出物は、基本的に同じものですが、できる要因はさまざま。また、ニキビはその症状によって、白ニキビ、黒ニキビ、赤ニキビ、黄ニキビと4つの種類に分けられます。その症状別の対処法を157ページから紹介しましょう。

正常な毛穴

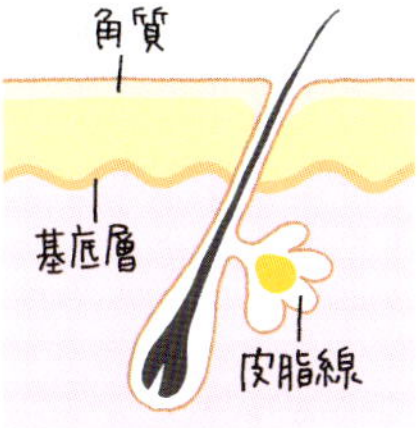

正常な毛穴は皮脂の通り道があるため肌表面に皮脂が排出され、皮脂膜となって肌を守っている。

ニキビの初期段階

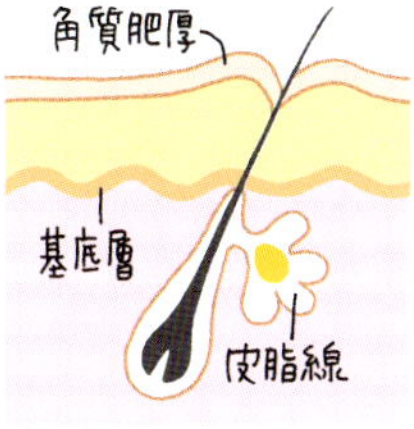

角質によって毛穴がふさがれると皮脂が詰まってニキビ菌が繁殖し、毛穴の中で炎症が起こる。

若いときにできやすいのはなぜ?

ニキビは皮脂量の影響を受けやすいため、皮脂の量が増えると、ニキビができやすくなってしまいます。そのうえ、ニキビ菌は皮脂をエサにして増殖するため、皮脂分泌の盛んな思春期はニキビ菌も増え、特にニキビができやすいのです。皮脂量の多い顔の中心や、Tゾーン、髪の生え際に多くできる傾向があります。

若いとき(10代)と大人の違いは何?

皮脂量が増えることによってできる若いときのニキビと違い、大人のニキビは皮脂の代謝が低下することで起こります。加齢とともに皮脂量は減っていきますが、脂質を代謝する能力も落ちるため、皮脂が溜まりやすくなってニキビができるのです。口のまわりやフェイスラインにできやすく、治りにくく跡になりやすいのが特徴です。

ニキビ・吹き出物ができる理由

ストレス

男性ホルモンが皮脂量を増やす!?

ストレスを受けると男性ホルモンの一種であるアンドロゲンが大量に出る。このアンドロゲンが出ると皮脂の分泌が促されるため、皮脂量が増えてニキビの原因になってしまう。

乾燥

乾燥は過剰な皮脂分泌を招く

ヒフにはセンサー機能があり、皮脂が足りないと、それを感知して皮脂を分泌させようとする。この過剰な皮脂がニキビを誘発。乾燥するのに肌がベタつくのもこの機能が要因。

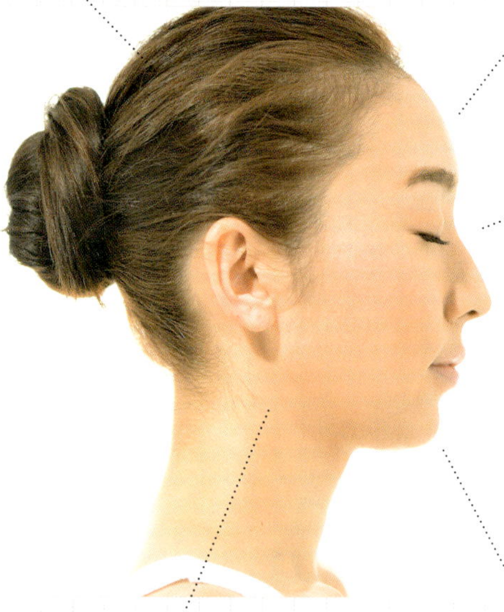

洗いすぎ

洗顔で肌が乾くと皮脂分泌が増える!?

洗顔で皮脂を取りすぎてしまうと、上の乾燥と同様に、皮脂が足りないと勘違いして、必要以上に皮脂を分泌してしまう場合がある。洗顔料、クレンジング選びには気をつけよう。

食生活の乱れ

甘いものは皮脂分泌を促す

香辛料やカフェインなどの刺激物や、チョコレート、砂糖といった甘いものは皮脂分泌を促す作用がある。お菓子を主食代わりにしている人は、ニキビになりやすいので要注意。

ビタミンB_2、B_6不足

脂質の代謝が落ちる

ビタミンB_2、B_6には、脂質の代謝を促し、皮脂の分泌をコントロールする働きがある。これらが不足すると、皮脂が過剰に分泌されて毛穴に溜まりやすくなり、ニキビの原因に。

自分のニキビの状態を知る

白ニキビ・黒ニキビ

毛穴がふさがって皮脂が溜まったニキビの初期段階

毛穴をふさぐように角質が溜まると、皮脂が毛穴の中に詰まってニキビ菌が増殖し、肌表面がプツプツとしてきます。これが白ニキビ。白ニキビは毛穴の中で炎症を起こしているわけではないので、痛みはありません。この白ニキビにうぶ毛や汚れが混ざったり、皮脂が酸化すると、黒ニキビに。黒ニキビも炎症性のものではないので、痛みはありません。

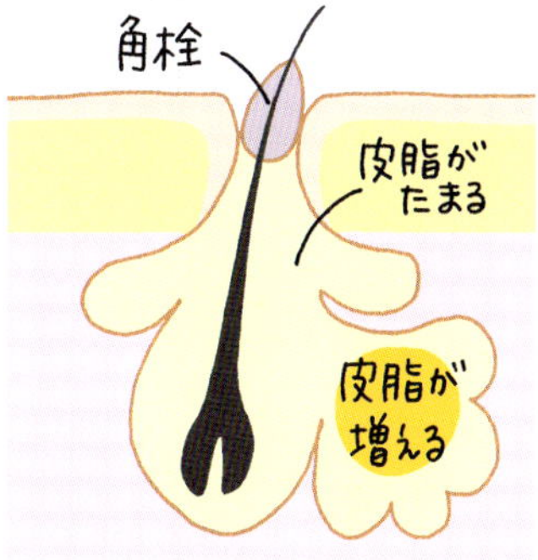

赤ニキビ

炎症が起こると毛穴のまわりが赤く腫れ上がった赤ニキビに

毛穴の中で増殖したニキビ菌が炎症を起こすと、痛みをともなう赤ニキビに。これは体の免疫反応で、炎症を起こしている毛穴の中やまわりに白血球が集まり、ニキビ菌と闘っている状態。この赤ニキビをムリにつぶしたり、こすったりすると、炎症が広がって深いニキビ跡になる場合もあります。赤ニキビはさわらず、悪化を防ぐことが大切。

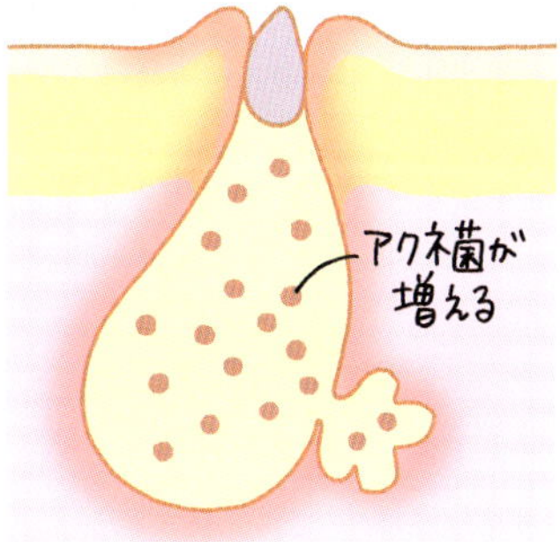

黄ニキビ

黄ニキビは、炎症と闘った白血球の残骸です

ニキビ菌と闘った白血球の残骸は、黄色く変色したうみのようになります。これが黄ニキビ。ニキビは表皮の皮脂腺の上にできるものですが、炎症が進むと、膿疱と呼ばれるうみを持った黄ニキビに。炎症の強い黄ニキビは毛穴の壁を破壊し、真皮まで凹んだクレーター状のニキビ跡を残します。そうならないよう、日々のケアで肌を清潔に保って。

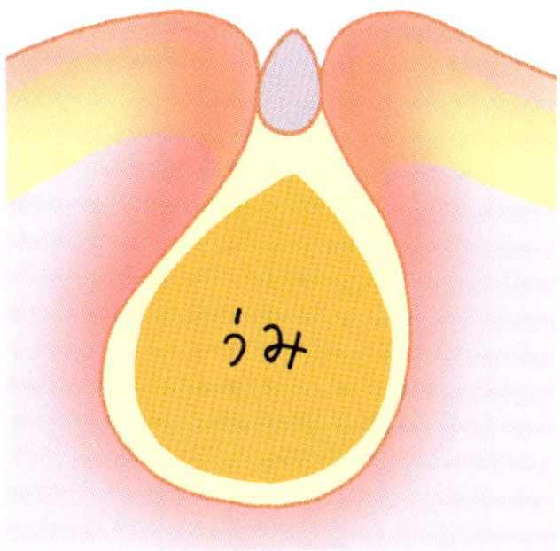

対策❶ ニキビの状態でお手入れを見直す

白ニキビ

ピーリング効果のある洗顔料で、肌を清潔に保つ

白ニキビができてしまったら、ニキビ菌を増やさないよう、肌を清潔に保つこと。ピーリング効果のある洗顔料は、角質を穏やかに除去する作用があるので、毛穴に溜まった角質を優しく取り除き、毛穴の風通しをよくしてくれます。乾燥が気になる人は、ニキビができている部分にだけ泡をのせ、洗い流すといいでしょう。

黒ニキビ

酸化を防ぐ、ビタミンC入りの化粧品をプラス

黒ニキビは、基本的に白ニキビのお手入れと同じですが、皮脂が酸化して起こるので、抗酸化作用の高いビタミンC入りの化粧品をプラスすると効果的。ビタミンCには皮脂分泌を抑制し、毛穴を引き締める働きもあるため、ニキビ跡のケアにも最適。使い続けることでニキビができにくくなり、なめらかな肌になります。

赤ニキビ

赤ニキビができている間はメイクをやめる

赤ニキビは炎症を起こしている状態なので、肌への刺激を極力抑え、ニキビを悪化させないようにしましょう。また、ニキビ菌は空気を嫌うため、赤ニキビができている間はなるべくファンデーションは塗らないこと。クレンジングを省くことができるので、スキンケアでの刺激も抑えられます。炎症がひどい場合は、すぐに皮膚科へ。

黄ニキビ

症状に合わせて、ニキビ跡を残さないケアを

黄ニキビができている間は赤ニキビと同じケアを。膿が出たら、ニキビ跡を残さないケアを始めましょう。色素沈着によるニキビ跡には美白ケアを。浅く凹んだニキビ跡はピーリングやレチノール入りの化粧品で徐々に改善されていきます。クレーター状の深いニキビ跡はスキンケアでは治せません。美容医療の力を借りるのが得策。

そのほかに気をつけるべきこと

- しっかり睡眠をとる
- 顔にさわらない
- 髪が顔に当たらないようにする
- ストレスとうまくつきあう

ニキビのできている部分は雑菌が入りやすいので、なるべくさわらず、髪が当たらないようにしましょう。また、睡眠不足やストレスは皮脂の分泌を促します。ニキビをこれ以上増やさないために、生活を見直すことも大切です。

対策❷ ニキビの予防&対策

ゴマージュやピーリング

手軽にできて効果的なのが、ゴマージュやピーリング。粒子の細かいゴマージュは不要な角質を穏やかに取り除き、肌をなめらかにしてくれます。また、年齢とともに角質は溜まりやすくなるので、角質ケア作用のある化粧品を日常的に取り入れて。ニキビを予防しながら、ターンオーバーも整っていきます。

洗顔を見直す

ニキビができやすい人は、もともとニキビ菌の量が多いといわれています。ニキビ菌を過剰に繁殖させないためには、洗顔で肌を清潔に保つことが大切。肌タイプに合った洗顔料で、丁寧に顔を洗いましょう。皮脂分泌の多いTゾーンや生え際は特に念入りに。洗い残しのないよう、しっかりすすいでください。

ビタミンB_2、B_6のサプリを摂る

ニキビ予防には、脂質の代謝を促し、免疫力をアップして肌荒れを予防するビタミンB_2、B_6が入ったマルチタイプのサプリがオススメ。これらは年齢とともに低下する代謝を上げ、ニキビの原因となる皮脂分泌をコントロールしてくれます。サプリは効果が現れるまで時間がかかるので、毎日忘れず摂りましょう。

硫黄やアルコール入りの専用コスメを使う

殺菌作用や角質を柔軟にする効果のある硫黄や、脱脂効果の高いアルコール入りの化粧品をお手入れに組み込んで。これらはできてしまったニキビにも効果的なのですが、皮脂を取り除く作用が強いので、ニキビ部分にだけ使うこと。コットンや綿棒にたっぷり含ませ、肌に刺激を与えないように塗ってください。

常識！

生理前ニキビとどうつきあう？

生理前はホルモンの関係で皮脂分泌が盛んになるため、あごやひげラインにニキビができやすくなります。できてしまったらストレスに感じず、さわらないこと。普段から脂質の代謝に関わるビタミンB_2やB_6、B_{12}に加え、ビタミンC、Eなどの食材や、マルチビタミンのサプリメントなどを摂るのもいいでしょう。ニキビがひどい人は一度、皮膚科を受診してみてください。

対策③ 食事で皮脂分泌を抑える

□ビタミン類などを摂る

OK

- 緑黄色野菜
- 食物繊維
- フルーツ（ビタミンC）
- うなぎ
- かぼちゃ
- 納豆

食材の持つ働きで、皮脂分泌をコントロール

納豆やレバーに含まれるビタミンB_2は、脂質の代謝を促進し、免疫力をアップする美肌効果が高い。また、かぼちゃに含まれるβ-カロテン（ビタミンA）はターンオーバーを整え、皮脂分泌を抑制するレチノールに体内で変換されます。皮脂の酸化を防ぐには、ビタミンＣやＥが有効。このようにそれぞれの食材の働きを知っておくと、食事で皮脂分泌を抑えることができるのです。

□刺激物や油脂の多いものを控える

NG

- カフェイン（コーヒー）
- チョコレート
- スパイシーなもの
- 生クリーム
- 白砂糖
- 脂の多いもの

刺激物や甘いものは、皮脂分泌量を上げる

食材の中には、皮脂分泌を促すものもあります。たとえば、スパイシーな香辛料やカフェインなど。これらは胃腸を刺激して、できてしまったニキビを悪化させてしまうことがあります。脂肪分の多い生クリーム、チョコレートや白砂糖などの甘いものも、皮脂分泌を促進させてしまいます。ニキビができやすい人は、これらを控えてみてください。食生活を改善することも、ニキビ対策には必要です。

ニキビ跡を治すには?

ニキビ跡 ① 色素沈着

色素沈着によるニキビ跡は、美白ケアでメラニンを排出!

炎症を起こしたニキビ部分は、メラニンを誘発するため、うっすら茶色いシミのようなニキビ跡が残ります。これは、色素沈着によるものなので、美白有効成分の入った化粧品を使って毎日、お手入れしていけば、少しずつ薄くなっていきます。高い抗炎症作用と、メラニンの生成を抑えるビタミンC配合の化粧品を加えるのもオススメ。ビタミンCには皮脂を抑制する効果もあるため、美白、ニキビ予防にも一役買ってくれます。

ニキビ跡 ② クレーター状

悪化している場合は、クリニックでの治療が必要

少し凹んだ軽度のニキビ跡だったら、角質を除去して真皮成分の生成を促進するピーリングを行っていくと、少しずつ改善していきます。さらに、ターンオーバーを促して肌にハリをもたらすレチノール入りの化粧品もお手入れに加えてみてください。しかし、真皮まで到達したクレーター状のニキビ跡は、スキンケアだけでは治りにくいもの。クリニックでのケミカルピーリングやレーザー治療といった、肌の再生力を高める施術を取り入れて。

常識!

クリニックの治療方法って?

ニキビがひどくなってしまったら、迷わずクリニックへ。赤く腫れたニキビの場合、炎症を抑える内服薬とつけ薬が処方されます。炎症を起こしていない白ニキビ、炎症後の黄ニキビには、ニキビの先端に穴を開け、専用の器具で毛穴の中身を出す圧出治療を行うことも。深いクレーター状のニキビ跡には、極細の剣山のようなローラーで肌に無数の傷をつけ、コラーゲンの生成と肌再生力を高める施術で、ニキビ跡を改善していきます。

ニキビ跡の
改善は大変!
ニキビは予防が
肝心です

たるみ

老け顔にストップ！　今すぐたるみケアを始めましょう

加齢とともに加速する〝たるみ〟。ほうれい線や目の下の深いシワ、
フェイスラインのもたつきなど、たるみは老け顔の元凶！
しかも、一度現れたたるみは元にはもどせない……。だから、たるみケアに
早すぎることはありません。正しいたるみケアで、老け顔をストップ。

原因 〝たるみ〟はなぜ起こる?

ハリを失った肌に起こる老化現象がたるみ

肌がハリを失うと、顔を一気に老けて見せる〝たるみ〟が現れます。このたるみを起こす要因は、大きく分けて3つ。1つは、真皮の線維芽細胞の生成が低下し、そこから生み出されるコラーゲンやエラスチンといった真皮を支える成分の量が減少して、ハリを失ってしまうこと。2つめが、加齢により真皮と表皮の結びつきが弱くなること。真皮と表皮がきちんと結びついていないと、重力に耐えきれず、肌は下へずれて、たるんでしまうのです。そして3つめが、筋肉のボリュームダウン。体と同じように顔の筋肉も年齢とともに低下するため、肌を支えることができなくなり、ほうれい線などが目立ってしまうのです。また、たるみの現れ方は、顔立ちや骨格によって変わってきます。次のページから、それぞれの対策法を紹介していきましょう。

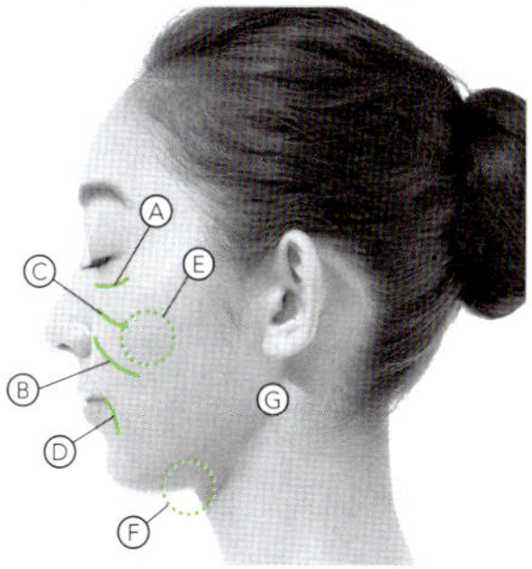

Ⓐ 目の下
Ⓑ ほうれい線
Ⓒ ゴルゴライン
Ⓓ マリオネットライン
Ⓔ 毛穴
Ⓕ 二重あご
Ⓖ フェイスライン

たるむ原因

- □ 乾燥
- □ 加齢(老化)
- □ 重力
- □ 紫外線
- □ 急激なダイエット
- □ 表情ぐせやかみぐせ
- □ マッサージのやりすぎ(マッサージ器の使いすぎ)

対策 1

原因 ①

「コラーゲン・エラスチンの量が減る」

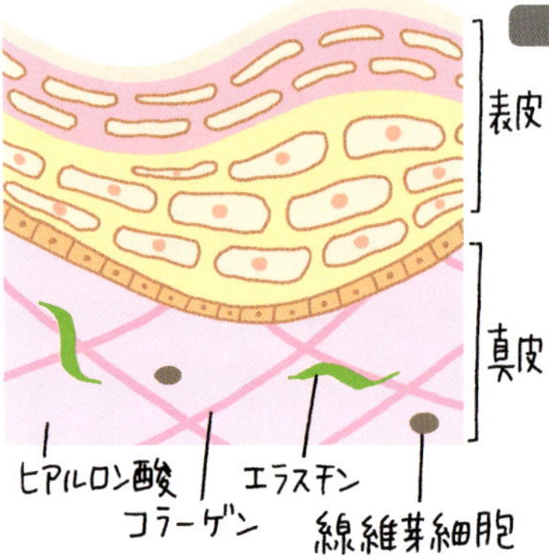

目元のシワ、口元のシワ、首のシワ、たるみ毛穴

年齢を重ねていくと、真皮の線維芽細胞の生成が低下して、コラーゲンやエラスチンなどの絶対量が減ってしまいます。すると、肌はハリを失い、シワやたるみが目立ってくるのです。初期症状として現れるのが、たるみ毛穴。たるみは一度起こると元に戻すことはできません。頬に涙形の毛穴を見つけたら、線維芽細胞を活性化させるピーリングをすぐに始めましょう。たるみケア＝エイジングケアは、予防が第一なのです。

お手入れのポイント

○ ピーリングで肌の生成力UP

ピーリングは肌表面に溜まった角質を酸や酵素で溶かし、ターンオーバーを促進することで、線維芽細胞を活性化させます。定期的に行うと、コラーゲンなどの量が増え、たるみを改善＆予防してくれます。年齢とともにターンオーバーは長くなるため、角質が厚くなってハリやツヤ、透明感も低下します。30代になったら、肌の生まれ変わりをサポートする意味でもピーリングを取り入れて。

➜ see P35

たるみを美容医療で改善するには？

美容医療には、たるみを改善するさまざまな施術があります。ほうれい線などの凹んだ部分には、ヒアルロン酸を注入して内側から持ち上げる施術を。コラーゲンの生成を促すには、高周波やレーザーで肌にダメージを与え、真皮を再構築する方法などもあります。これらの施術の効果は永遠に続くわけではないので、基本は毎日のお手入れが重要です。

➜ see P214

対策 ❷

原因 ②

「真皮と表皮の結びつきがゆるくなる」

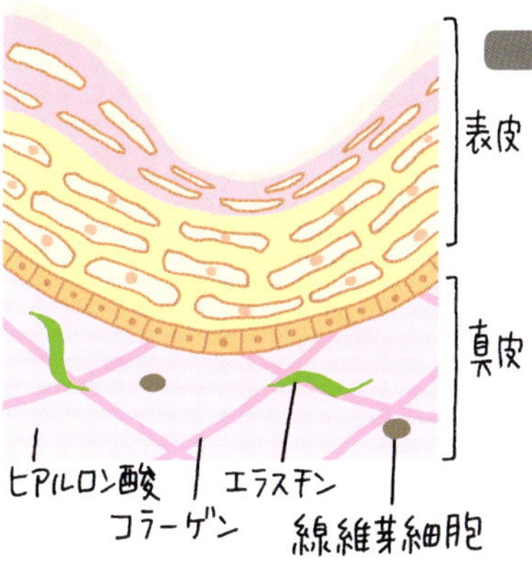

ほうれい線、マリオネットライン、ゴルゴライン、首のたるみ、目元のくま

肌はふっくらとした弾力を担う真皮と、その上で潤いを保つ表皮で構成されています。この真皮と表皮の結びつきが弱くなると、重力によって下のほうにずれて、肌はたるんでしまいます。特に、ヒフの薄い目元はたるみやすく、ゴルゴラインと呼ばれる目の下に走る深いシワや、たるみが原因の黒ぐまとなって現れます。これらをこれ以上目立たせないためには、レチノールやコラーゲンなどが配合された化粧品で、ハリと潤いを与えるケアを。

お手入れのポイント

○ レチノールやコラーゲン入りの化粧品を使う

コラーゲンの生成を促すレチノール入りの化粧品は、たるみケアにオススメです。コラーゲン入りの化粧品は保湿力が高く、一時的に肌にハリを出してくれるため、シワを定着させないという意味では効果的です。たるみは加齢が大きな要因なので、抗酸化力の高いビタミンCやポリフェノール、血行促進効果のあるビタミンE配合の化粧品を使うのもいいでしょう。

「ゴルゴライン」「マリオネットライン」って？

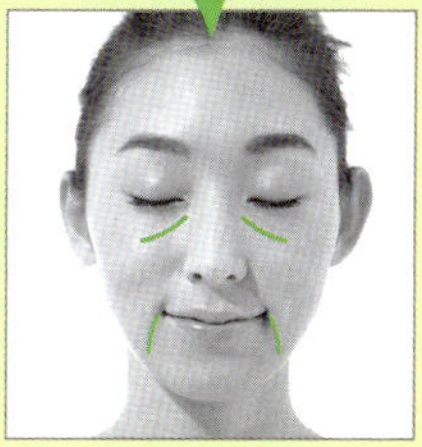

目の下から頬に向かって、斜めに走るシワがゴルゴライン。このシワが深く長くなると、顔全体がたるんで見えます。マリオネットラインは口の横から下に落ちるシワ。このシワがあるだけで、一気に老け顔に。どちらも表情筋の衰えによるたるみが原因で起こる、加齢を代表するシワなのです。

対策③ 原因③「筋肉のボリュームダウン」

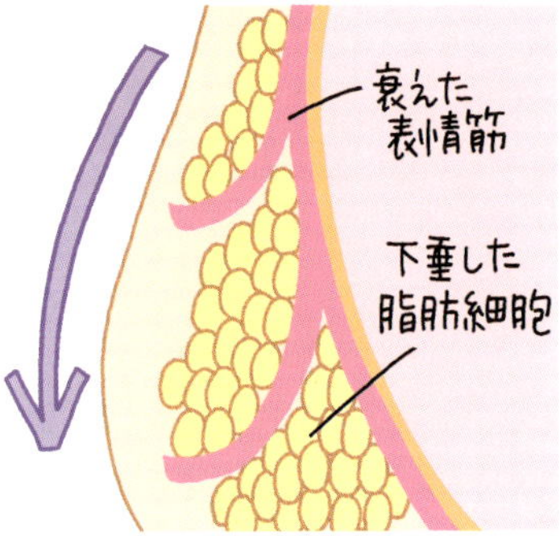

ほうれい線、マリオネットライン、ゴルゴライン、首のたるみ、二重あご

肌は真皮だけでなく、筋肉によっても支えられていますが、年齢とともに筋肉がボリュームダウンすると、たるみが加速してしまいます。特にたるみやすいのが頬。丸顔の人や頬の面積の広い人は頬が下がって、ほうれい線が目立つように。また、脂肪の質と量も問題。柔らかい脂肪の人、脂肪の量が多い人は二重あごになりやすいので注意。このたるみを改善していくには、表情筋のトレーニングや血行を促すリンパマッサージが効果的です。

お手入れのポイント

○ 表情筋のトレーニング、リンパマッサージ

ボリュームダウンした筋肉を取り戻すには、表情筋のトレーニングが効果的です。口を大きく開けたり、目を見開いたり、普段は動かさない筋肉を鍛えて、筋力アップを目指して。また、脂肪が多いフェイスラインはむくみやすいため、老廃物が滞ってたるみを助長します。スキンケアの際、リンパの流れをよくするマッサージを加えると、血行が促され、すっきりとしたフェイスラインに。

乾燥が原因のたるみには？

たるみは真皮の衰えが大きな要因ですが、乾燥＝表皮の潤い不足でも起こります。潤いで満たされた肌は、ぷるんとした弾力があります。しかし、水分保持能力が低下してしまうと、肌はしぼんでハリを失ってしまうのです。これは若い人にも見られる、一時的なたるみ。乾燥によるものなので、きちんと保湿ケアをしていけば、簡単に改善できます。

"むくみ"はなぜ起こる？

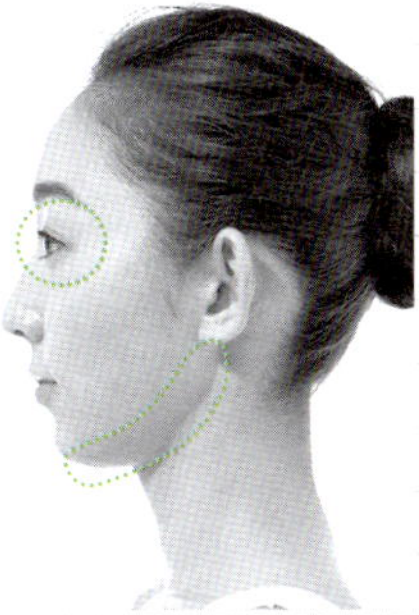

むくみやすいのは目のまわりとフェイスライン！

塩分や水分、アルコールを摂りすぎると、毛細血管から細胞と細胞の間に水分がにじみ出て、むくみを引き起こします。また、血液は心臓から動脈を通って体のすみずみに運ばれ、静脈を経て心臓に戻ります。しかし、加齢により血液を心臓に戻すポンプ機能が弱まると、血液の流れが悪くなり、むくみやすくなるのです。特にむくみやすいのが目のまわり。目元はヒフが薄く、骨のまわりに隙間があるため、ここに水分が溜まってしまうのです。

原因と対策

1

原因 血管の外に水分が出てしまう
(塩分・アルコールの摂りすぎ)

↓

対策
- **カリウムを摂る**
- **温冷タオルで血行促進**
- **湯船につかっての入浴**

塩分には血管の中で水分を取り込む性質があるため、塩分の多い食事やアルコールを飲むと、水分を溜め込んでむくみを引き起こします。そんなときは、尿と一緒に塩分を排出する作用があるカリウムを摂ると効果的。すいかやバナナに多く含まれるので、朝食に取り入れてみましょう。また、朝起きたらむくんでいた、というときには、温冷タオルを交互に当てたり、朝から湯船につかり、全身の血行を促すのもむくみ対策には有効です。

2

原因 心臓のポンプ機能が弱まる
(動脈・静脈の力が弱まる)

↓

対策
- **筋肉をつけてめぐりのいい体へ**

年齢が進むにつれ、心臓から送り出された血液を戻すポンプ機能は弱まります。すると、血液の流れが悪くなり、足や手、顔といった、体の末端がむくみやすくなってしまうのです。男性にくらべて筋肉量の少ない女性は、むくみやすいといわれています。運動不足の人はウォーキングなどを取り入れて、筋肉をつける努力を。筋力が上がると全身にある筋肉のポンプ機能が働き出し、めぐりがよくなってむくみが改善されていきます。

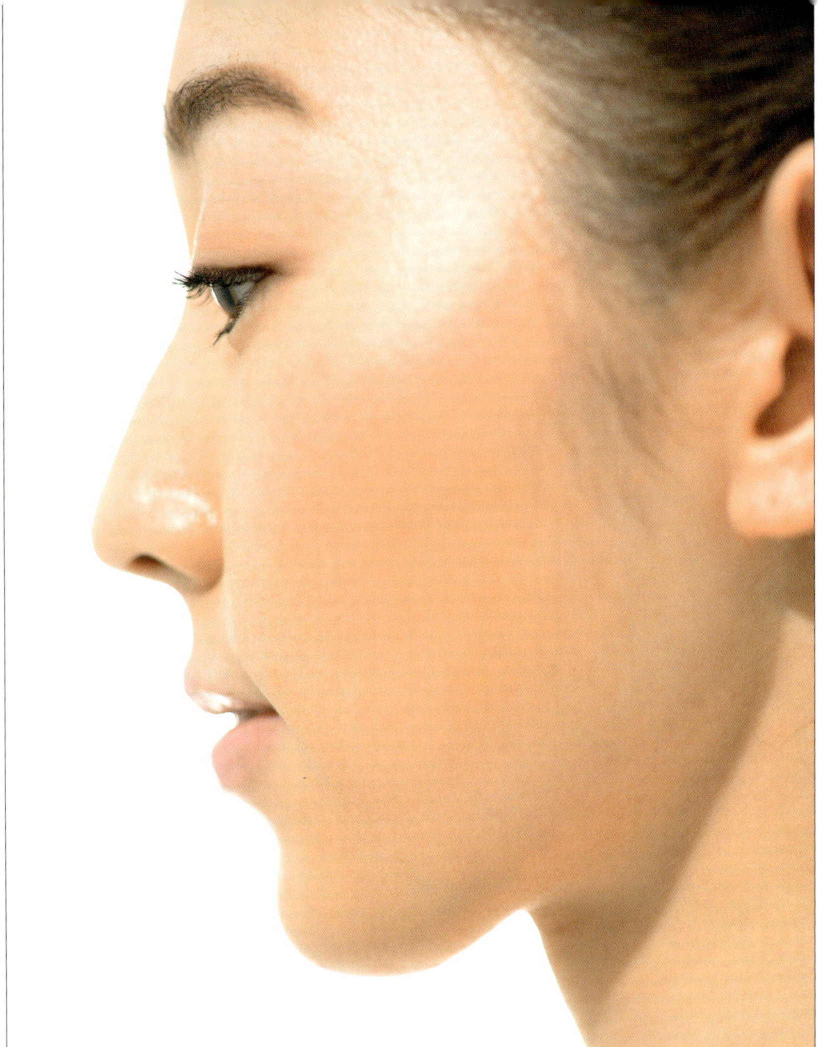

くすみ

4つのくすみ対策で、透明感を取り戻す

透明感のある肌には清潔感が宿ります。もし今、肌のくすみを感じているなら、間違ったお手入れをしている可能性が……。
くすみの原因は4つ。それぞれ対処法も違います。
正しいケアを始めれば、透明感は簡単に取り戻せます。

原因 “くすみ”はなぜ起こる?

くすむ原因は4つある

肌色をどんよりにごらせる“くすみ”。このくすみは、4つの原因によって起こります。①古い角質が肌の上に溜まって起こる、褐色がかった灰色のくすみ。②紫外線や炎症によってメラニンの量が増えて起こるくすみ。③睡眠不足や冷えで血流が滞り、肌が青白く見えるくすみ。④乾燥により、角質が厚くなって起こるくすみ。このように、くすみの原因はさまざま。その原因によって対策法も変わってくるので、まずは自分のくすみがどのタイプか見きわめることが必要です。

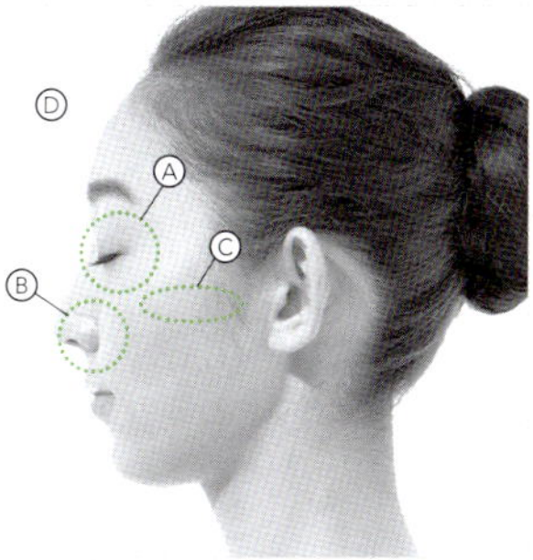

Ⓐ 目のまわり
Ⓑ 小鼻のまわり
Ⓒ 頬の高いところ
Ⓓ 顔全体

原因 ①
●「角質が溜まる」

- □ 何となく肌がゴワついている
- □ ニキビ・吹き出物が治りにくい
- □ 30代以降である

原因 ②
●「メラニンが溜まる」

- □ 若い頃、紫外線をたくさん浴びた
- □ 洗顔の際、ゴシゴシ洗う
- □ 40代以降である

原因 ③
●「血行不良」

- □ 仕事が忙しく、睡眠時間がとれない
- □ お風呂はシャワー派
- □ 運動はほとんどしない

原因 ④
●「乾燥」

- □ 洗顔後、肌がつっぱる
- □ 肌がシワっぽい
- □ 肌荒れを起こしやすい

対策 ❶

原因 ①

「角質が溜まる」

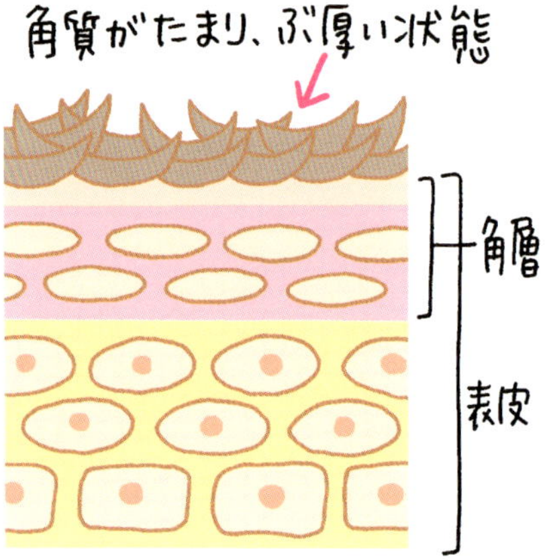

余分な角質が溜まると肌の透明度が下がる

本来、はがれ落ちるはずの古い角質が溜まってしまうと、角質が厚くなり、肌の透明度が下がります。角質が厚くなると、肌は褐色がかった灰色に見えることがあります。この角質が溜まって起こるくすみは、ターンオーバーの低下が原因。ピーリングやゴマージュをお手入れに組み込んで、不要な角質を取り除きましょう。また、ターンオーバーが遅くなる30代以降は角質肥厚を起こしがち。レチノール配合の化粧品でターンオーバーを促して。

お手入れのポイント

- ピーリングやゴマージュで余分な角質をオフ!
- レチノールでターンオーバーを促進

ピーリングは古い角質を除去することでターンオーバーを促進し、肌の生まれ変わりをサポートしてくれます。普段のお手入れに取り入れるなら、AHAや酵素入りの洗顔料や角質除去成分が配合された美容液で、穏やかに角質をオフするのがオススメ。30代になったら、グリコール酸やサリチル酸などで角質を溶かし出す、クリニックでのケミカルピーリングを定期的に行うのもいいでしょう。不要な角質を取り除いた肌は化粧品の浸透がよくなっているので、スキンケアの効果も感じやすいはずです。ゴマージュを使う場合は、なるべく粒子の細かいものを選び、優しくケアしましょう。また、代謝を高めるレチノール配合の化粧品には、ターンオーバーを促進させる効果があり、くすみ対策に有効です。

常識!

タバコも肌をくすませる!

タバコを吸うと毛細血管が収縮して、肌に酸素や栄養が行きわたらず、血行不良を引き起こします。血流が滞った肌は、どんよりくすんで透明感を失ってしまうのです。さらに、タバコを吸うたびに、体内では活性酸素を抑えるビタミンCが大量に消費されます。すると、肌の新陳代謝やコラーゲンの生成が低下し、シワやたるみ、シミといったさまざまな肌トラブルを招きます。健康な肌を目指すなら、喫煙はやめること。

対策 ❷

原因 ②

「メラニンが溜まる」

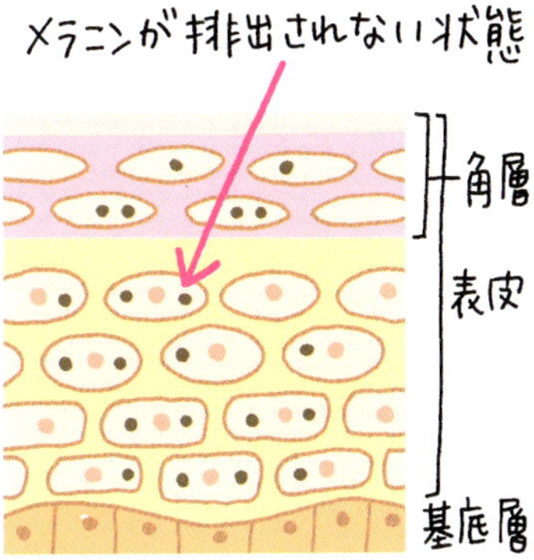

排出されるはずのメラニンが居座り、明るさがダウン

若い頃、紫外線をたくさん浴びてしまった人や、スキンケアの際、つい力を入れてしまう人に現れやすいのが、メラニンが溜まって起こるくすみ。紫外線や摩擦から肌を守ろうとメラニンが大量に発生し、それが排出されずくすみとなるのです。このくすみには、メラニンの排出を促したり、メラニンの生成を抑制する、美白ケアが有効。毎日のお手入れで肌をこすらないようにするだけでも徐々に透明感が出てくるはず。

お手入れのポイント

○ 美白ケアでクリアに！

➡ see P176

対策 ❸

原因 ③

「血行不良」

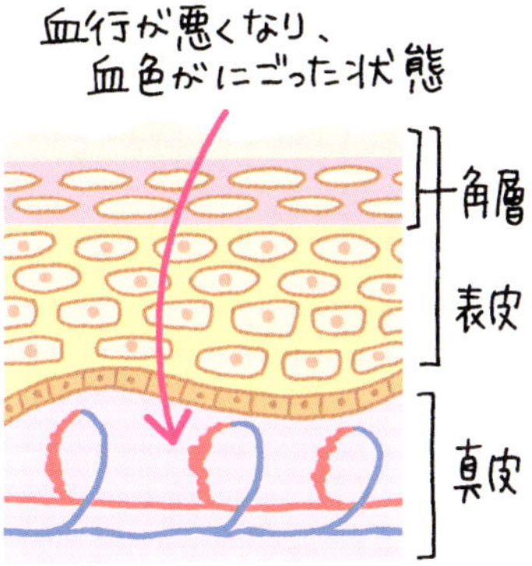

血流が滞って静脈の色で青く見える

睡眠不足や冷え、運動不足などで血行不良になると、静脈の血流が滞り、静脈血の量が増えてしまいます。静脈は青く見えるため、それがヒフから透けて、肌が青っぽくくすんだように見えるのです。もともとメラニンの量が少ない色白の人は、青ぐまにも注意。血行不良によるくすみは、マッサージや運動で血行を促すと改善されていきます。ビタミンEや炭酸を配合した化粧品で血流をよくするのも効果的。

お手入れのポイント

○ マッサージでイキイキと！

➡ see P112

対策 4

原因 ④

「乾燥」

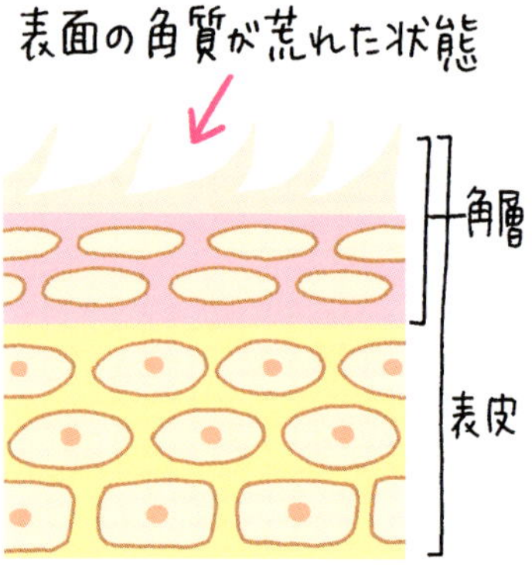

キメが乱れて ツヤ感も透明感も低下

乾燥によるくすみは水分保持能力が低下することで起こります。潤いを失った肌は、表面がしぼんでキメが乱れてしまいます。すると、肌に当たった光をキレイに反射することができなくなり、ツヤ感が低下し、どんよりした肌色に見えるのです。このタイプは、毛穴も目立ちがちなので、しっかり保湿ケアをしてキメ細かく明るい肌を目指しましょう。乾きやすい頬などは、即効性のあるローションパックもオススメ。

お手入れのポイント

○ 保湿ケアで明るさアップ!

➡ see P88

原因

5番目の原因、「糖化」は予防あるのみ!

糖化とは、体内にあるたんぱく質と糖が結びつき、AGEs(終末糖化産物)と呼ばれる老化物質を作り出す現象のこと。糖化はコラーゲン線維を固めてしまうので、肌のハリや弾力が低下し、たるみやほうれい線が目立つように。また、糖化生成物は褐色のため、糖化が進むと肌を黄色くくすませてしまいます。この終末糖化産物は一度できてしまうと分解されず、体内に蓄積されてしまうので、予防が何より大切! 適度な運動と血糖値を上げない食事、糖化対策化粧品で予防ケアを心がけて。

女性と貧血問題

女性の7割が「隠れ貧血」!

日本女性の摂取エネルギーが低下し続けていることもあり、国民健康・栄養調査でも必須栄養素の不足が目立ちます。中でも鉄分は毎年赤点。女性は月経によって毎月約45mℓの出血があり、約22.5mgの鉄分を失います。さらに、汗や尿、便からも0.5～1mgの鉄分が流れ出ているため、意識して鉄を摂取しないと、気づかないうちに貧血になってしまうのです。月経が順調な女性は、1日に10.5mgの鉄分が必要ですが、20～40代の平均摂取量は約6.6mg。体内にストックされている鉄分の在庫を示す、フェリチン(貯蔵鉄)も低い値が目立ちます。妊娠を考えるなら、フェリチン値は50ng/mℓは保っておきたいところですが、20～30代女性の7割は20ng/mℓ以下という深刻な状況に。

女性の3人に1人が鉄分不足!

フェリチン値12ng/ml以下の割合

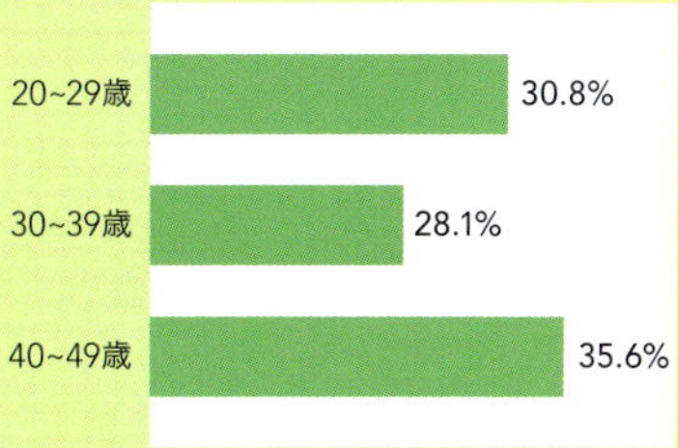

血中のヘモグロビンは常に一定の値を保てるよう、フェリチン(貯蔵鉄)から補われている。貧血の検査をするなら、ぜひフェリチン値も調べて。12ng/mℓを下回ると鉄剤処方の対象に。女性の約3割が該当。

※国民健康・栄養調査より(平成24年度)

貧血チェックリスト

- □疲れやすい
- □爪がもろく、欠けやすい
- □肌がくすんでいる
- □頭痛
- □寒いときでもアイスが大好き
- □すっぴんだと顔色が悪い
- □動悸、息切れがする
- □目の下のクマが気になる
- □冷え性
- □食欲があまりない
- □精神的に落ち込みやすい
- □朝食を抜くことが多い

貧血には4種類あります

鉄欠乏性貧血

月経のある女性が陥りやすい貧血

体内の鉄分が不足することにより、ヘモグロビンを十分に作り出せなくなることで生じる貧血。若年女性に多く、食事からの摂取不足と月経による出血が主な原因。月経の出血量には個人差があるため、鉄分を意識して摂取していても、足りなくなることもある。

悪性貧血（ビタミン欠乏性貧血）

たんぱく質不足も貧血を招く。ベジタリアンは注意

ヘモグロビンの材料は鉄分だけでなく、たんぱく質をはじめ、葉酸、ビタミンB_{12}も大切な成分。これらの不足は、大きくて壊れやすい赤血球を作り出す、巨赤芽球性貧血を招くことも。ビタミンB_{12}は野菜や果物など植物性食品にはほぼ含まれていないので要注意。

亜鉛欠乏性貧血

赤血球を作る亜鉛が不足して起こる

鉄欠乏性貧血の人は、亜鉛欠乏を併発している可能性があることが、数多くの調査から報告されている。これは、牡蠣以外に亜鉛を多く含む食材が少ないことに加え、亜鉛の吸収を阻害する薬剤や添加物が数多くあるため、亜鉛不足が生じやすいことで起こる。

鉄や亜鉛は意識して摂らないと、すぐに不足します

スポーツ性貧血（溶血性貧血）

運動のしすぎで貧血に!?

鉄欠乏性貧血を助長する意外な理由に、運動がある。発汗や激しい筋肉の収縮、走ることやジャンプすることによって、足の裏が地面に叩きつけられ、内部の赤血球が壊れてしまい、貧血を引き起こす。アスリートだけでなく、マラソンやダンスなどが趣味の人も注意。

摂りたいのは「鉄」と「亜鉛」！

ヘム鉄
［肉・魚類］
- □ レバー
- □ 牛ヒレ肉
- □ かつお

非ヘム鉄
［植物性食品］
- □ ひじき
- □ 切り干し大根
- □ ほうれん草

ビタミンCをプラスして吸収率アップ！

亜鉛
［魚介類］
- □ 牡蠣
- □ うなぎ
- □ ほたて

ビタミンCをプラスして吸収率アップ！

動物性たんぱく質を積極的に摂って、貧血を予防

女性は月経によって鉄分を失いやすく、ただでさえ貧血になりやすいもの。月経量の多い人はもちろん、身長の高い人も注意。身長の高い人は普通の人とくらべ、多くのエネルギー量を必要とするため、食事からの供給が足りずに貧血を起こしやすいのです。貧血にならないためには、毎日の食生活がとにかく大切！　鉄分や亜鉛、ビタミンB12を多く含む、動物性たんぱく質を意識的に摂るようにしましょう。肉類も鉄やビタミンB12が豊富な食材です。亜鉛不足も心配な人は、これらをバランスよく含んだ魚類や貝類がオススメです。ビタミンＣは鉄や亜鉛の吸収をより高めてくれるので、ぜひ一緒に摂ってください。さっそく日々の食生活を改善して、貧血を予防しましょう。

注意!!

鉄分、亜鉛の吸収を妨げる！

「ダイエット飲料」

お茶やコーヒーなどに含まれるタンニンは、鉄分の吸収率を下げてしまうため、食事と一緒に摂るのはオススメしません。また、食物繊維も鉄分に吸着して腸での吸収を妨げる働きがあるので、ファイバー入りの飲料の摂りすぎには注意して。

「スナック菓子など」

スナック菓子やカップラーメンなどの加工食品には、ポリリン酸ナトリウムという食品添加物が含まれています。この添加物には、亜鉛と結合して体内から排出してしまうため、毎日これらを食べていると、ますます亜鉛不足に!?

［実践レッスン］

PRACTICE

SKIN CARE

美白をイチから考える

- 安全で意味のある美白ケアとは？
- シミはお手入れすれば本当に消える？

紫外線によるシミはどうしてできる？

プロセス 1

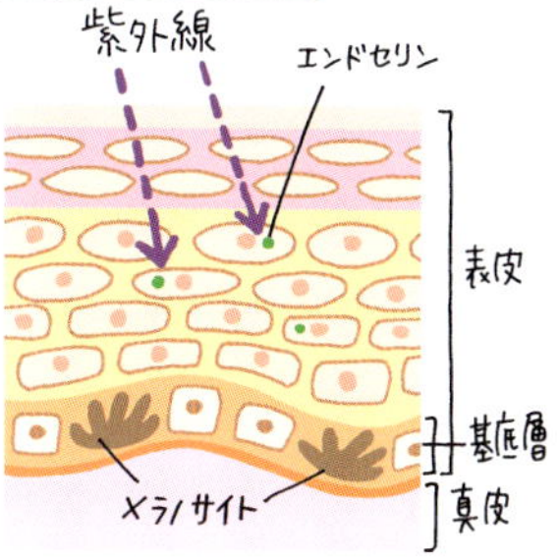

肌が紫外線を感知すると細胞のDNAを守るための防御反応として、表皮内からエンドセリンなどの情報伝達物質が分泌される。

プロセス 2

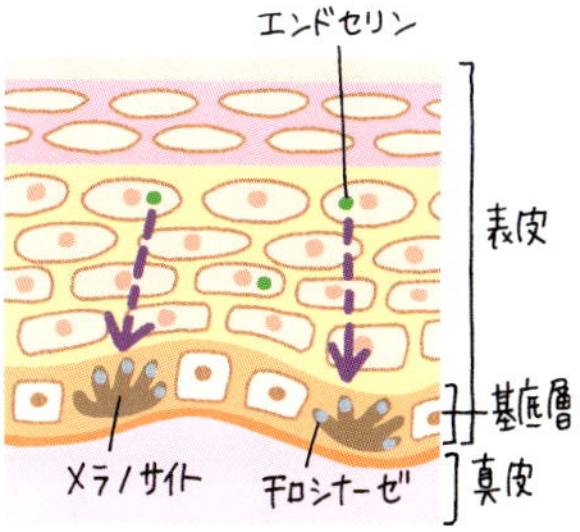

エンドセリンなどの情報伝達物質は、基底層にあるメラノサイトに向けて「メラニンを作れ」という指令を出す。すると、メラノサイトでチロシンが生成される。

プロセス 3

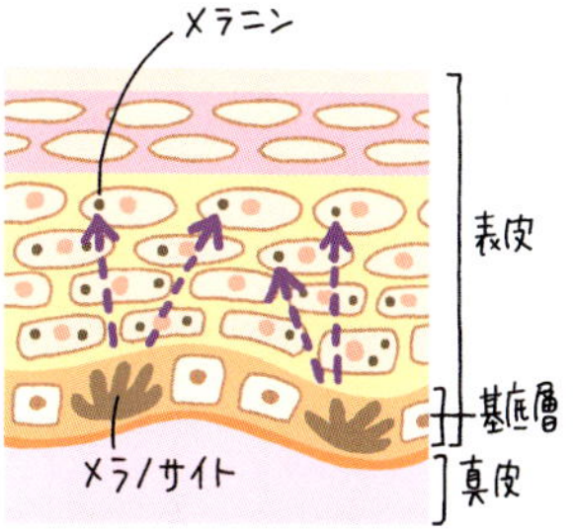

チロシンがチロシナーゼという酵素によってメラニンに変わると、メラノサイトの先から、表皮細胞に受け渡され、どんどん押し上げられる。ターンオバーが乱れると、メラニンが蓄積してシミに。

メラニンの増えすぎ&ターンオーバーの低下が原因！

シミの原因として、メラニンという言葉を耳にすると思いますが、そもそもメラニンは、肌細胞のDNAを紫外線から守るためにできるもの。黒い色素で紫外線を吸収してダメージからブロックするのです。つまり〝メラニン＝悪者〟というイメージは間違い。通常メラニンの生成は、寝ている間にリセットされるのですが、何らかのエラーによってリセットされずに作り続けられたり、ターンオーバーで排出されなかったりして、１ヵ所だけに集中して溜まるとシミになるのです。紫外線のほか、女性ホルモンや炎症、摩擦、ストレスなども関係しています。

常識！

シミのケアはいつから始めるべき？

ターンオーバーが遅くなるとメラニンの排出も遅くなる……ということを考えると、20歳を過ぎた頃から自分の肌質を見て、お手入れを始めるのが◎。そもそも美白化粧品は、シミができるのを防ぐのが目的。UVケアとともに、できてからではなくできる前から、将来の美肌への投資と考えて早めにスタートしましょう！

常識！

メラニンが顔全体に広がると「くすみ」に

メラニンが、特定の１ヵ所にだけ蓄積せず、肌全体に散らばって沈着すると、シミではなく、くすみが発生。ターンオーバーの乱れで古い角質が残っていたり、血流の低下などもくすみの原因にはなりますが、まず８割は紫外線によるメラニンのせいと考えて。美白化粧品を使うと肌がトーンアップするのは、そのためです。

美白化粧品のしくみ

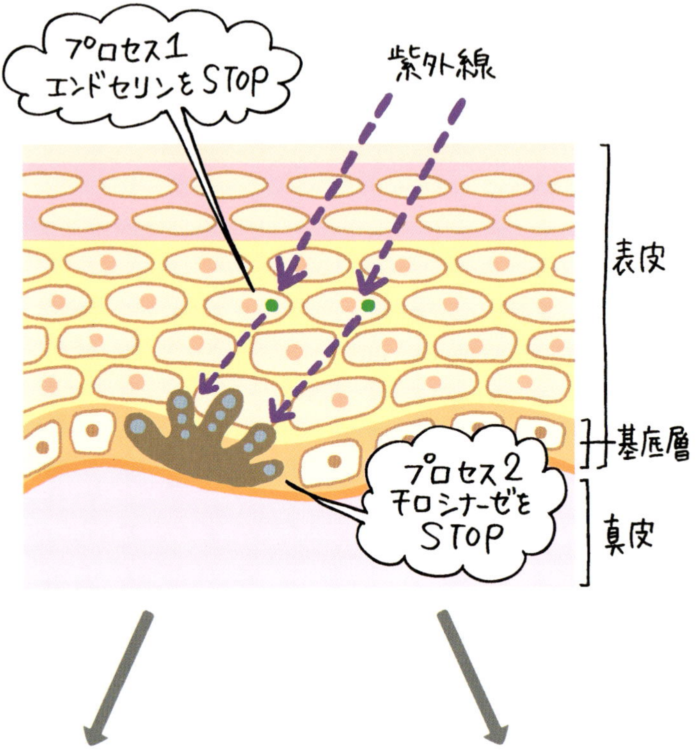

プロセス 1 でブロック！

メラニンを作る指令を出す物質を抑制

肌に紫外線があたると、細胞のDNAを守るための防御反応として、表皮内から〝メラニンを作れ！〞という指令が出ます。この指令を与えるのが、エンドセリンやメラノサイト刺激ホルモン（MSH）、幹細胞因子（SCF）などの情報伝達物質。これらが分泌されて、表皮下にある基底層にあるメラニン生成工場＝メラノサイトに到達すると、メラニンの素となるチロシンというアミノ酸が作られます。そこで、情報伝達物質に働きかけて、メラニン生成の指令をブロックすることで、メラニンの素を作らせないのが、このタイプです。

プロセス 2 でブロック！

メラニンに変える物質【チロシナーゼ】を抑制

情報伝達物質により、メラノサイトに〝メラニンを作れ！〞という指令が届いたときに、最初にできるのがチロシンです。このチロシンは、もともとは黒くないのですが、メラノサイトに存在するチロシナーゼという酵素の働きによって、ドーパ、ドーパキノンと次々に化学変化を起こして、最終的には黒色のメラニンになります。そこで、チロシナーゼの働きが不完全だと黒色のメラニンができないことに着目して、美白成分を開発。チロシナーゼを分解したり、チロシナーゼに先回りして合体し、その働きを効率的に抑制します。

美白化粧品の目的とは

□「将来できるシミ」の予防

□「今あるシミ」の改善

薬事法では、美白化粧品は、「日焼けによるシミ、ソバカスを防ぐ」「メラニンの生成や蓄積による、シミ、ソバカスを防ぐ」ものと定められています。すなわち、今あるシミをどうにかするのではなく、将来シミができないようにすることが目的。ですが実際は、すでにシミに悩む人が改善を目的に使うことが多いのが現状で、使っていたらシミが薄くなったということもしばしば。とくに、最近は研究や技術の進歩で、効きがよくなっているのも事実です。また、美白化粧品の中には、「医薬部外品」や「薬用」という表記がつくものがありますが、これは厚生労働省がシミ、ソバカスを防ぐ効果があると認めた成分を規定の量以上含む、という条件をクリアしたもの。美白効果を正式にうたえます。

有効とされた美白成分【ロドデノール】はなぜ白斑を引き起こしたのか？

ロドデノールは、３つのメカニズムで美白効果を発揮します。まず、チロシナーゼと合体してチロシナーゼの働きを抑える効果。ふたつめがチロシナーゼの分解促進作用。そして３つめが、ロドデノールの最大の特徴である、黒色メラニンの生成抑制効果。メラニンには、黒色と肌色の２種類があり、ロドデノールは、黒色メラニンが生成されるときに関係する酵素（TRP）に働きかけます。この３つの作用が厚生労働省が認可した医薬部外品という枠を越えて、効きすぎたのが原因とされています。メラニンは、シミの原因にもなりますが、肌色をつくる大事な要素でもあるのです。ロドデノールの強力な作用によって、メラノサイトが肌色を作るもととなるメラニンを作る力を失ったため、肌から色が抜け落ち、白斑ができたと推測されています。

プロセス１でブロックする主な美白成分（医薬部外品）

カモミラET

キク科のハーブ、カモミール（カミツレ）の葉から抽出。表皮から発せられてメラノサイトに作用する情報伝達物質、エンドセリンの作用を抑制。

トラネキサム酸

抗肌荒れ成分として、医薬部外品の認可を取得。その後、情報伝達物質のひとつ、プロスタグランジンをブロックし、メラニン生成を抑制する効果が認められた。

t-AMCHA

大豆や卵黄から抽出。情報伝達物質プロスタグランジンの生成を抑えて、メラニンの生成指令を止める。肌荒れを防ぐ効果も認められている。

m-トラネキサム酸

mはメラニンの生成を抑える効果を表す。シミ部位の慢性微弱炎症状態においてメラノサイトを活性化してメラニンの過剰生成を促す因子を抑制。

TXC

トラネキサム酸セチル塩酸塩の略。エンドセリンやプロスタグランジンなど、複数の情報伝達物質にアプローチ。正常なメラニン生成を目指す。

常識！

クリニックで処方されるその他の美白成分

シミの治療薬としてよく用いられるのは、ハイドロキノンです。チロシンに結合してチロシナーゼの働きを阻害する作用があるほか、酸化して濃くなったメラニンを還元するので、今あるシミを薄くすることができます。そのほか、ターンオーバー促進目的でビタミンＡ誘導体であるトレチノイン（レチノイン酸）も用いられますが、どちらも効き目がパワフル。本気のシミ改善が見込めますが、使用には注意が必要なので、ドクターに相談を。

プロセス3でブロックする美白成分

メラノサイトで作られたメラニンは、基底細胞に送りこまれ、有棘細胞→顆粒細胞→角質細胞への変化に伴って肌表面へと上がっていき、最終的には、古い角質と一緒にはがれて排出されます。ところが、ターンオーバーが乱れると、メラニンが蓄積してシミが発生。そこで、ターンオーバーを促してシミを排出するのが、エナジーシグナルAMP。そのほか、医薬部外品の美白成分ではありませんが、メラニンの基底細胞への受け渡しをブロックするものもあります。

プロセス2でブロックする主な美白成分（医薬部外品）

【チロシナーゼ】を抑制

ビタミンC誘導体

もっとも歴史がある美白成分であり、安全性も高い。チロシナーゼを抑制する効果に加え、今あるメラニンに対して還元作用を発揮し、黒色を淡色化する作用も。

アルブチン

ビタミンC同様、歴史は長い。コケモモに含まれるハイドロキノンに近い成分で安全性も◎。チロシンとチロシナーゼの結合を阻害し、メラニン生成を防ぐ。

コウジ酸

麹由来の成分。チロシナーゼの活性化に必要な銅イオンを奪い取る作用で、メラニンの生成を抑制。歴史もあり、効果が高く、院内処方で用いられる場合も。

エラグ酸

いちごやラズベリーなどに含まれるポリフェノールの一種。コウジ酸同様、チロシナーゼから銅イオンを奪うことで、メラニンの生成を抑える。

ルシノール

シベリアのモミの木に含まれる成分から開発。チロシナーゼに素早く合体してはずれにくいため、チロシンを寄せつけず、メラニン生成を抑制。

プラセンタエキス

豚や馬など動物の胎盤から抽出。チロシナーゼの抑制以外にも美白作用があるといわれ、不明な点も多い。比較的安価で、プチプラ美白に多く使われている。

4MSK《ヨンエムエスケイ》

サリチル酸の誘導体。チロシナーゼの活性抑制効果に加え、シミ部位に生じる慢性的な角化エラーにも作用し、溜まったメラニンを排出する。

【チロシナーゼ】自体を分解

マグノリグナン

モクレン科ホオノキに含まれるポリフェノールをヒントに開発。チロシナーゼが成熟するのを阻害して、メラニン生成に関与する量を減らす。

リノール酸S

紅花油由来の成分。チロシナーゼを分解することで、メラニンの生成を抑制。さらにターンオーバーをサポートし、メラニンの排出を促す。

美白化粧品の選び方、効かせ方

ポイント 1

まずは美容液から始めてみる

何か1品取り入れるなら、美容液がオススメ。その理由は、一般的に美白ラインの中でもっとも多く有効成分が入っているのが美容液だから。値段がお手頃だから、と化粧水を買う人がいますが、費用対効果で考えるなら、美容液を選ぶのが賢明です。シワやたるみも気になる場合、エイジングケア美容液と迷うところですが、質感がシャバシャバなほうを先に塗り、クリーミィなほうを後にすれば、一緒に使ってOKです！

ポイント 2

医薬部外品の成分をチェックして選ぶ

医薬部外品の美白化粧品には、厚生労働省が効果とともに、安全性も確認した有効成分が含まれています。医薬品でさえ、5年、10年経ってから副作用が確認される場合もあるので、完璧ではありませんが、トラブルは起こりにくいと考えていいでしょう。中でも、すでに数十年も使われ続けるビタミンCやアルブチンはオススメです。素早い結果を求めるなら、作用の異なる成分を組み合わせたタイプを選ぶのも手。

ポイント 3

一年中使い続ける

使ってすぐに、顔色がパッと明るくなる場合もありますが、それは一時的なもの。継続使用が基本です。美容液を毎日使って1本使い終えた時点で、目に見える効果はなくとも、トラブルがなければ合格と判断し、続けましょう。紫外線は一年中降り注いでいますし、メラニン生成工場であるメラノサイトも一年中稼働しています。そういう意味でも、シミのない白肌を目指すなら、365日、美白ケアは必要なのです。

ポイント 4

角質ケアも合わせて行う

シミは、メラニンの過剰生成と蓄積が原因でできるもの。ならば、しっかりと日焼け止めを塗って、美白化粧品でお手入れをすることで、新たなメラニンをつくらないようにしつつ、角質ケアで正常なターンオーバーをサポートするとベスト。すでにできたメラニンがスムーズに排出されるのを助けます。さらに、マッサージなどで血行を良くして、代謝を促すことも、メラニンの蓄積を防ぐのに有効な手段です。

「ビタミンC」は美白以外も。美肌の万能成分！

ハリアップ、ダメージ緩和、皮脂バランス調整と大活躍！

ビタミンCの作用は多岐にわたります。まずは、チロシナーゼの抑制と黒色メラニンの還元作用という美白効果。コラーゲンの合成を助けるので、肌の弾力アップにも有効です。皮脂分泌を正常化する働きもあり、また、パワフルな抗酸化力で活性酸素を除去しまます。これらは、肌に塗って効果が得られるほか、経口摂取することで体内からの効果も期待できます。点滴や飲み薬などで高濃度のビタミンCを摂取した場合の薬理作用も高く、抗ウイルス、抗細菌、抗ガン、抗アレルギー、免疫改善、デトックスなどのさまざまな効果が期待できます。ビタミンCは肌だけではなく、体も健康でいるために欠かせない栄養素なのです。

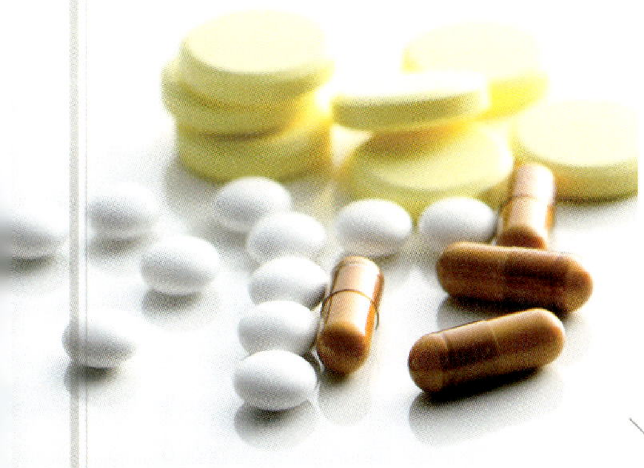

ビタミンCサプリを選ぶポイントは？

ビタミンCは水溶性であり、代謝がとても早いため、体内に溜め込むことができません。そのため、こまめに摂るのが正解。それが難しい場合は、持続型、タイムリリース型といった、ちょっとずつ溶けて体内に貯留しやすいタイプを選びましょう。また、ビタミンCは酸化しやすいため、還元作用のあるEと一緒に飲むと◎。ただし、Eは油溶性で体内に溜まるため、一日の摂取量を守りましょう。

食品で摂るなら……

フルーツ
（いちご、キウイ、オレンジなど）

野菜
（パプリカ、ブロッコリー、ピーマンなど）

酸味のあるフルーツに含まれていることでおなじみのビタミンCですが、実は野菜にも多く含まれています。パプリカ、ピーマンにたっぷり含まれるビタミンCは他の栄養素によって守られるため、加熱しても大丈夫なのが魅力です。ほとんどのCは熱に弱いので、生か、火をさっと通す調理法がオススメ。

そのシミに「美白化粧品」は効く?

シミの種類を見きわめましょう

ひとくちにシミといっても種類は様々。私たちは一般的に、紫外線による老人性色素斑を「シミ」と呼ぶことが多いのですが、同じように見えても、実は肝斑だったり、炎症性のものだったりする場合も。タイプによっては、美白化粧品を使ってお手入れしても効かない場合があります。また、中には間違ったケアによって、悪化させてしまうケースも! そこで、まずは自分のシミがどのタイプにあてはまるかをチェックし、美白化粧品が有効かどうかなどを確認してみてください。ただし、1ヵ所に複数のシミが発生していることもあり、区別がつきにくい場合は、一度、シミ治療を得意とする皮膚科医の診察を受けてみましょう。最適なケアが、シミ改善の近道です!

老人性色素斑

濃淡や大きさの違いはあれど、境界線がくっきりとあるシミの代表格

代表的なシミで、一般的に認識しているシミは、こちら。小さいものは日光性黒子とも呼ばれ、大きいものだと2cm以上になることも。色は薄い茶褐色から濃い茶色まで様々で、境界線がはっきりしているのが特徴。老人性という名がついていますが、20代から出ることもあり、最大の原因は、やはり紫外線。シミになった後も、紫外線を浴びることでどんどん濃くなる傾向があります。洗顔やマッサージの際に肌をこすったりすることによる摩擦や、代謝の低下も原因のひとつ。

美白化粧品の効果は? 未来のシミを減らすことが可能であり、今あるシミの改善が見込める。また、UVケアをしっかりしておくことで、シミの悪化を防げる。サプリや治療薬でビタミンCとEを摂取するのもオススメで、レーザー治療も有効。

肝斑

女性ホルモンや摩擦による炎症が引き起こす、左右対称広範囲のシミ

左右対称に出るのが一般的で、目のキワを避けるように、頬骨からこめかみにむかってコの字形に発生。額や口の周辺に現れたり、左右で大きさや位置が異なるケースも。色は薄い褐色で、老人性色素斑よりもモヤッとして境目がはっきりしない。昔から、第二子出産後に出やすいと言われ、30~40代の女性に多く見られる。紫外線のほか、女性ホルモンが大きく関与することがわかっており、閉経後しばらくすると自然と治る。さらに、摩擦などによる微弱炎症も悪化させる要因。

美白化粧品の効果は? 美白化粧品でのケアと同時に、肌をこすらないようにすることが大切で、マッサージツールの使用は厳禁。こすらないようにしただけで治ることも。さらに微弱炎症の誘発をコントロールするトラネキサム酸の内服が効果的。

脂漏性角化症

盛り上がったシミには、美白化粧品は無効！

もともとあったシミの部分の角質が必要以上にぶ厚くなって、茶色く盛り上がったもの。長い年月にわたって紫外線ダメージを受け続け、細胞のDNAがエラーを起こすことで発生。歳を重ねるほどなりやすいが、30代でできてしまう人も。顔や手など、紫外線があたりやすいところにできやすい。

美白化粧品の効果は？
シミの進化形であり、ここまでくると美白化粧品では太刀打ちできない。クリニックでCO_2レーザーや液体窒素などを用いて除去するのが、一般的。UVケアを厳密にしていればなりにくいため、紫外線対策はマスト。

雀卵斑

遺伝的要素が強く、メラニン生成が過剰

通称、そばかす。小さくて茶色い点状のシミが、鼻を中心に左右の頬に広がるように発生。親ができている場合は子供もなりやすく、遺伝的なものではあるが、親がないからといってできないわけではない。色白の人に多く、３歳頃から見られ、思春期の頃には顕著になるケースが多い。

美白化粧品の効果は？
メラニンが過剰に生成されている点では老人性色素斑と同じで、理論的には美白化粧品が効くはずだが、実際は薄くならない場合が多い。とはいえ、UVケアと美白ケアは大事。レーザー治療をしても再発する場合が多い。

炎症性色素沈着

ニキビ跡やかきむしった跡が残ってできる

ニキビや虫刺され、かぶれ、傷、火傷などの炎症が起きた後に、メラニンが沈着してできるシミ。とくに、ニキビをつぶしたりかいたりした場合には起こりやすい。炎症が原因のため、年齢に関係なく全身にできる可能性があり、下着などがこすれる部分に現れるくすみ、黒ずみもこのタイプ。

美白化粧品の効果は？
美白化粧品が有効で、できてすぐにケアを始めると改善が見込める。レーザー治療ではより濃くなってしまったり、広範囲の場合は、色ムラになるケースもあって難しい。ハイドロキノンなどの塗り薬がオススメ。

花弁状色素斑

うっかり日焼けの結果、背中にできるシミ

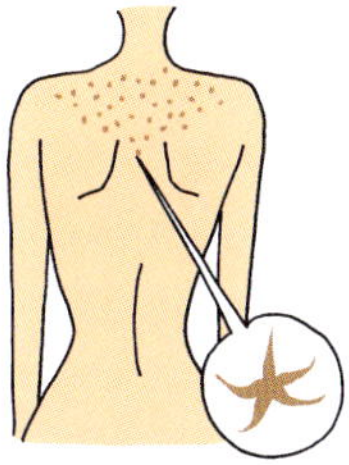

急激な日焼けの後、赤みが落ち着いてから発生するシミで、顔には出にくく、背中にできやすい。老人性色素斑のようなものもあれば、脂漏性角化症になりかけのように厚くなっていたり、花びらのような形をしていたり、と様々な形状のシミが混在する。白色人種など色が白い人に多く見られる。

美白化粧品の効果は？
多少の改善は見込めるが、あまり効果は期待できないのが現実で、レーザー治療が確実で効果的。急激な日焼けが原因なので、海などで強い日差しを浴びるときには、日焼け止めをきちんと塗り、こまめに塗り直すこと。

シミができやすい肌・できにくい肌の違いは？

➡ 紫外線を浴びたときの肌の状態をチェック

赤くなって黒くなりにくい タイプ

メラニンが作られにくいため紫外線に弱く、細胞にダメージが！

すぐ赤くなってまったく黒くならない白色人種に似たタイプ。日本では北方に住む人に多く見られる。生まれつきメラニンが作られにくいため、急な日焼けにとくに弱く、肌の奥まで届くUVA波の影響を受けがちで、シワになりやすいのが特徴。

お手入れのポイント

メラニンの生成能力が低く、細胞がダメージを受けやすいので、普段からUVケアをしっかりと。赤みは炎症なので、十分に冷やして保湿を！

赤くなって黒くなる タイプ

日本人で、もっともメジャー。日焼けの炎症もシミも起こりやすい

日本人にもっとも多いのがこのタイプ。赤くならないで黒くなるタイプについでメラニンの生成力が高く、シミになりやすい。赤くなったときは炎症が起きており、それがさらにメラニンの生成を促す場合も。ただし、UVケア意識が高い人が多く、大事に至りにくい。

お手入れのポイント

日焼け後の赤みがある時点では炎症が起こっているため、クールダウンさせてから保湿を。落ち着いたら、美白化粧品でのケアにスイッチして。

赤くならないで黒くなる タイプ

紫外線から細胞を守る力は強い！でも、シミやくすみに悩むことに

もっともシミやくすみが発生しやすいのがこのタイプ。メラニン生成力が高いため、紫外線から細胞を守る力は強い。小麦色の肌になれるのが特徴で、南方に住んでいる人に多く見られる。紫外線を浴びても赤くならないため、UVケアを疎かにしがちなので要注意。

お手入れのポイント

紫外線は常に浴びることを考えると、メラニンの生成力が高いこのタイプは、美白化粧品を日常的に使うのがベター。UVケアもマスト。

効果や安全性がやっぱり気になる

美白化粧品についてQ&A

Q 美白化粧品を使い続けると「白く」なれる？

A 美白化粧品を使うと新たなメラニンの生成が抑えられ、ターンオーバーが促進されてメラニンが排出されやすくなります。すると、肌内のメラニンの量が減り、シミが薄くなったり、色ムラやくすみが緩和されて、肌色が明るくなることがあります。実は、それは生まれもった肌色に近づいただけで、どんなに明るくなっても、もともとの肌色以上には白くなりません。二の腕の内側の白さをマックスだと考えてください。

Q 美白化粧品は本当に「安全」？

A 本来、美白化粧品の目的は、シミやそばかすの予防であり、危険なものではありません。ところが、メラニン生成のメカニズムが解明され、新成分が開発される中で、予防のみならず改善まで可能になってきたのも事実。医薬部外品は安全性を確かめられたうえで、承認されていますが、それでも副作用は何年後に出るかわからないもの。その点、ビタミンCやアルブチン、カモミラETは、10年以上化粧品の成分として使われ続けており、信頼性が高いといえます。

Q やっぱり「医薬部外品」の美白化粧品じゃないと効かない？

A 医薬部外品以外でも美白化粧品を名のれますが、効果の表現に制限があり、シミに効くとはいえません。ただし、実際はビタミンCなどの有効成分が入っていても医薬部外品の承認をとっていないものがあったり、メラニンの生成メカニズムに働きかけてシミを防げるものもあります。

Q クリニックでシミが取れるなら、美白化粧品はいらない？

A レーザー治療でシミをとることはできても、表皮の奥にあるメラノサイトが破壊されてなくなるわけではありません。しかもレーザー治療後のシミ部位は、バリア機能がはがされた状態で、刺激に過敏。きちんとUVケアをしないとメラニンが生成されやすいため、同じところにシミができることも。クリニックに行くのは最終手段と考えて、まずは日頃の美白ケアと紫外線対策がマストです。

［応用レッスン］

EXTRA

HORMONE CARE

ホルモンを味方につけて調子のいい肌へ

- ホルモンが肌に与える影響は？
- 生理に振り回されない肌へ

女性ホルモンとうまくつき合うには？

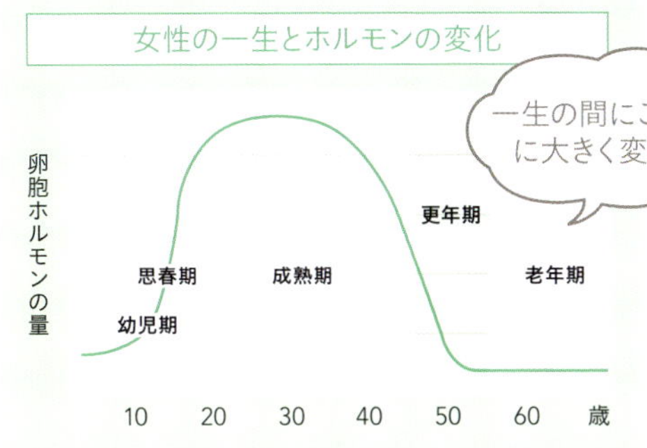
一生の間にこんなに大きく変化！

新常識！

若年性更年期の女性が増えている？

45歳頃から閉経をはさんでの10年間を更年期と呼び、ほてりや冷え、のぼせ、倦怠感などの症状が現れます。この症状が20〜30代で現れるのが若年性更年期。ストレスなどが引き金となって、ホルモンや自律神経のバランスが乱れるのが原因で、女性の社会進出などによって増えているといわれています。放置すると、不妊や病気に繋がることも。異常を感じたら早めに婦人科を受診しましょう。

卵胞ホルモンと黄体ホルモンが心と体、肌に様々な影響を及ぼす

〝ホルモン〞と呼ばれるものは、たくさんの種類があります。その中で女性にとってもっとも身近であり、大きな影響を受けているのが女性ホルモン。実は、女性でも男性ホルモン（テストステロン）を分泌していますが、その量は女性ホルモンに比べて圧倒的に少ないため、影響がほとんどないのです。女性ホルモンには、卵胞ホルモン（エストロゲン）と黄体ホルモン（プロゲステロン）の２種類があり、このふたつの分泌量の変化によって、生理や排卵のリズムはコントロールされています（P190グラフ）。さらに、肌の調子や脂肪や水分の代謝にも関係しています。黄体ホルモンは、妊娠や出産によって一時的に増え、肝斑や色素沈着を濃くするといわれています。対して卵胞ホルモンは、年齢によって大きく左右されます。思春期を迎える７歳頃から増え始め、20〜30代にかけてがもっとも多い時期。妊娠、出産の適齢期といえます。その後、加齢によって卵巣機能が低下するため、40歳頃から減り始め、40代半ばを迎えると激減。これを機に更年期になり、ホルモンバランスや自律神経も乱れて、不調に見舞われやすくなります。それを過ぎると、卵巣の機能は完全にストップ。再び体調は安定し始めます。このように、女性の一生は、ホルモンに左右されているといっても過言ではないのです。

女性の骨はホルモンに左右されている

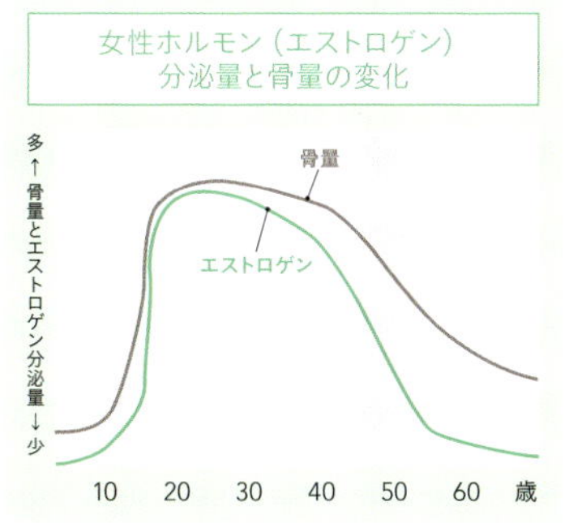

女性の骨量は、18歳がピーク。これは卵胞ホルモン（エストロゲン）に、骨の形成を司る働きがあるためで、ちょうどその頃、卵胞ホルモンの分泌量もピークを迎えます。その後、45歳を過ぎたあたりから閉経に向けて、卵胞ホルモンは急激に減っていき、それに伴って骨量も減少。そのため、女性は男性よりも骨粗鬆症になる可能性大。日頃からカルシウムの摂取と運動を心がけて予防しましょう。

肌を左右する2つの女性ホルモンを味方につける

カギは 黄体ホルモン と 卵胞ホルモン

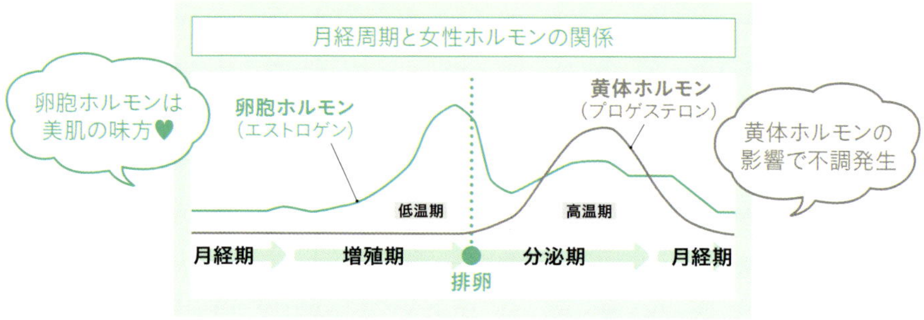

［排卵前1週間］

卵胞ホルモン（エストロゲン）には、肌の水分量を上げたり、コラーゲンの生成を促してハリをよくしたりする美肌効果があり、皮下脂肪を蓄えて妊娠に備えるなど、女性らしい体に導く作用があります。このホルモンの分泌量は生理後から徐々に増え、排卵前にピークを迎えます。そのため、排卵前の１週間は、卵胞ホルモンの恩恵で肌の調子がもっともよく、気分も明るく行動的になります。

お手入れのポイント

アグレッシブなケアを組み込める好調肌

ピーリングや美容医療などの攻めのケアや、マッサージなどスペシャルケアをするのにぴったりな時期。トラブルも起こりにくいので、新しい化粧品を試したり、パーマや脱毛をしたりするのもオススメです。新陳代謝もよく脂肪も燃焼しやすいので、ダイエットにも適しています。

［生理前1週間］

排卵後は卵胞ホルモンが減り、今度は黄体ホルモン（プロゲステロン）の影響を多分に受けます。皮脂分泌が盛んになり、ニキビができやすい状態に。生理前に肌が荒れるのはこのためです。さらにシミができやすく、水分を溜め込んでむくみが発生するなど、不快な症状のオンパレード。PMS（月経前症候群）も現れ、頭痛や眠気に襲われやすく、イライラしたり憂鬱な気分に陥りがちです。

お手入れのポイント

耐え忍ぶ時期。シンプルなケアを地道に

肌の調子が悪い時期に突入。皮脂分泌が多くなるので洗顔はしっかり行い、極力トラブルを起こさないように、保湿中心のシンプルなお手入れを心がけるのがベター。シミができやすい時期でもあるので、いつも以上にUVケアをしっかりと。水分を溜め込みやすく、ダイエットには不向きです。

私たちの毎日と密接に関わる

ホルモンについてもっと知る

Q ホルモンが増える食べものは？

A 女性ホルモンの材料は、実はコレステロール。良質な肉や卵をしっかりと食べて、摂取する必要があります。また、よく耳にするイソフラボンは、大豆に含まれる女性ホルモンに似た成分。個人差はありますが、体内で卵胞ホルモンの代わりに働き、女性ホルモンの不足を補ってくれる優れもので、バストアップに効果的といわれるプエラリア・ミリフィカ（タイなどに自生するマメ科の植物）にも同じような働きが認められています。睡眠にかかわるホルモンの原料となるたんぱく質や、快眠に導くといわれ、大豆などに含まれるレシチンも積極的に摂りたい栄養素です。

Q 最近の女性は男性ホルモンが増えているって本当？

A ストレスがあると、体は自分を守るために攻撃的になりますが、そのときに出るのが、男性ホルモン。仕事で忙しい毎日を送っていたり、家事や育児に追われて自分の時間が取れない、などの理由でストレスを抱える女性は、男性ホルモンの分泌量がアップ。皮脂分泌が増えてニキビができやすくなるほか、あごまわりに濃いヒゲが生えてくることも。不規則な生活や栄養バランスの乱れもかかわっています。〝男性化〟を感じたら、日々の生活を見直し、リラックスを心がけましょう。

Q 生理前の不安定な時期はどうのりきればよい？

A シンプルですが、肌調子が悪く、イライラしがちな時期と割り切るのがイチバン。ニキビができても、〝そのうち治る〟〝今はしょうがない〟とあまり気にせず、意識的にリラックスをするようにしましょう。ただし、あまりにもイライラや不安感などのPMSの症状が強い場合は、婦人科に相談するのも手。ピルを飲んでホルモンバランスをコントロールすることで、ラクになるケースもあります。

Q「ドーパミン」「エンドルフィン」「アドレナリン」……は何のホルモン？

A「ドーパミン」は興奮すると分泌される脳内ホルモンで、強烈な刺激によって体を動かす作用があり、美味しいものを食べるなど、生きるために必要な行動を起こさせ、人間らしい幸せを導きます。「エンドルフィン」は脳内麻薬ともいわれる快楽ホルモン。楽しさや幸せ、喜びなどを感じると分泌され、ストレスを減らして免疫力を高める効果が。恋をするとキレイになるのは、このおかげといわれています。「アドレナリン」は、全身で作られ、交感神経を優位にして、ドキドキと興奮させたり、活動的にさせたりします。

よい睡眠で調子のいい肌へ

カギは セロトニン と メラトニン

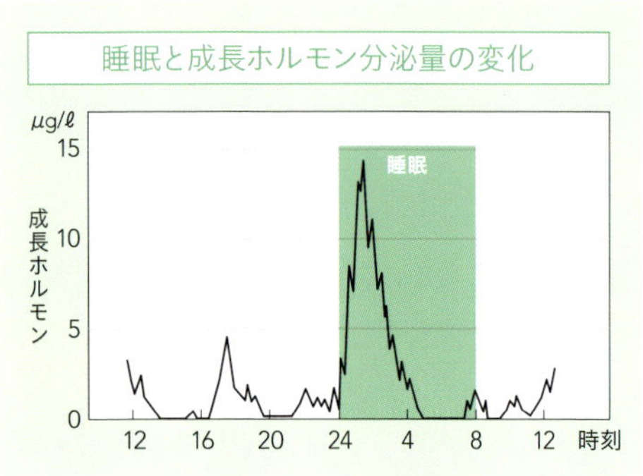

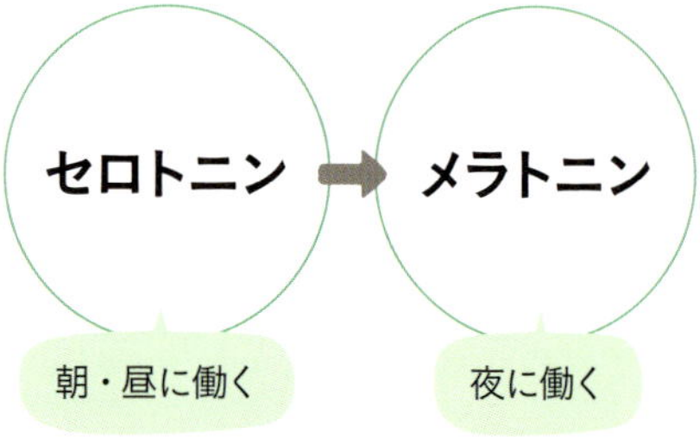

「成長ホルモン」を出すのが大事！

新しい細胞を作るのに欠かせないのが、成長ホルモン。細胞の成長を促し、ダメージを受けた細胞や組織の修復、再生を行います。疲労回復、脂肪燃焼、免疫力を高めるといった効果もあり、成長ホルモンこそ健やかな肌と体を作るカギを握っています。この成長ホルモンがもっとも多く分泌されるのが、入眠２時間後に訪れるノンレム睡眠のとき。ノンレムとは、脳がしっかり休んでいる状態、つまり深く眠っている快眠状態を指します。快眠にはメラトニンというホルモンが出ることが条件。メラトニン自体にも体内時計を調整し、抗酸化や免疫強化などの作用がありますが、このメラトニンを出すために必要なのが、セロトニン。セロトニンは日光を浴びることで活発に活動し、夜、メラトニンの分泌が促されます。これらは決まった時間に分泌されるといわれ、成長ホルモンともども、体内時計に支配されているのです。そのため、昼間に２時間以上寝たところで、成長ホルモンは分泌されません。毎日、規則正しい生活をして、良質な睡眠をとることが大切です。

常識！

何時間眠るのがベスト？

６時間半といわれています。その根拠のひとつが長寿の人の平均睡眠時間。もうひとつの根拠が、脳が覚醒している状態に近いレム睡眠のときのほうが目覚めやすい、という理由から。入眠からレム睡眠まで１時間半かかり、その後またノンレム→レム睡眠、と繰り返します。そのタイミングで考えると、寝て６〜７時間経ってから起きるのがベストなのです。

常識！

夜の10時から2時に眠るのがよいと言うけれど……

“シンデレラタイム”と呼ばれるこの時間帯に熟睡していると、美肌になるといわれますが、少々非現実的。おそらく夜８時ごろに寝ていた時代の名残で、今は就寝時間が10〜12時くらいと考えると、その約２時間後からが該当すると考えられます。とはいえ、大切なのは、毎日同じ時間に睡眠をとること。そのほうが成長ホルモンの分泌が促されやすいのです。

質のよい睡眠をとるには

規則正しい生活を送り、睡眠ホルモンの原料となるたんぱく質を積極的に摂ることに加え、リラックスして眠りにつくことが大切。そこで、リラックスを促すためのポイントをチェック！

○

やや暗めの照明
ホットミルクやハーブティー
ストレッチなどのゆるい運動
浴槽にゆっくりと浸かる

日中の交感神経が優位な状態から、リラックスを促す副交感神経が優位な状態にスイッチする必要があります。そのためには、浴槽にゆっくりと浸かって、体の芯までポカポカと温まるのが◎。ストレッチなどのゆるい運動をして、全身をゆるめるのも効果的です。さらにハーブティーなどの温かいものを飲むのも◎。とくにホットミルクには、セロトニンやメラトニンの材料となるトリプトファンというアミノ酸が含まれているのでオススメです。体温が下がるときにスムーズに眠りに入れるともいわれるため、一時的に体温を上げるこれらは一石二鳥です。また、明るいところにいると交感神経が優位になるため、照明は少し落としておくのも睡眠の質を高めるコツです。アロマを焚いたり、お気に入りの本を読んだり、自分にとってやすらぐ時間を作りましょう。

×

スマートフォンやパソコン
蛍光灯の明るい光
カフェイン入りの飲み物
汗をかくほどの激しい運動

眠りにつく２時間ぐらい前から、興奮するようなことは、避けましょう。交感神経が優位になったままではリラックスできず、たとえ眠ったとしても質のいい睡眠にはなりません。たとえば、ネットサーフィンをしたりブログを書いたり、スマートフォンやパソコンでメールのやり取りをしたり、ベッドに入りながらテレビを見たり。これらの画面は、明るいうえにメラトニンを減らすというブルーライトが出ているため、やめるべきです。また、温かい飲みものがいいといってもコーヒーや緑茶は×。興奮作用のあるカフェインで、かえって目が冴えてしまうことも。汗をかくほどの激しい運動も避けましょう。運動で疲れるとぐっすりできそうですが、やりすぎることでアドレナリンが分泌され、交感神経が優位に。リラックスから遠のいてしまいます。

BASIC & PRACTICE
［基礎&実践レッスン］

HAIR CARE

正しい髪のお手入れ法を知る

- 健康な髪でいるためには？
- 女性の薄毛対策は？

頭皮と髪の構造を知ろう

頭皮の性質

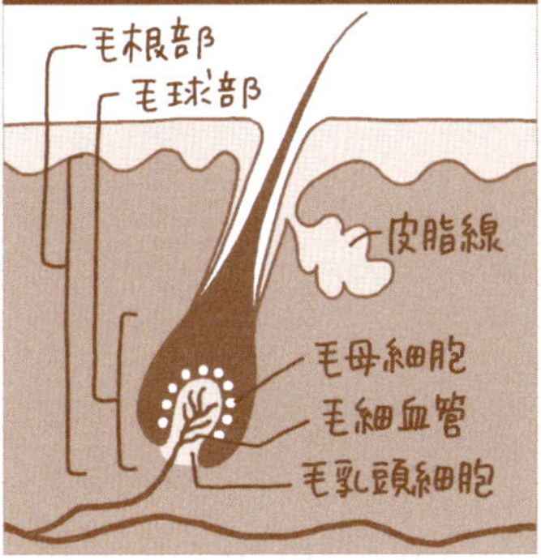

顔よりも厚みがあって皮脂腺が多い

頭皮の構造は、肌と同じで、表皮、真皮、皮下組織の3層から構成されています。新しい細胞が生まれ変わるターンオーバーも行われていて、古い角質がはがれ落ちたものが、いわゆるフケ。ちなみに顔のターンオーバーは28日周期なのに対して、頭皮は40日と長めです。頭皮も加齢によって、真皮がやせてハリがなくなり、たるみが発生。血行をよくしておくことで真皮のハリが保たれ、健やかな髪が育つ土壌が整います。皮脂腺の数は額の2倍もあり、顔よりも皮脂トラブルが起こりやすいのが特徴です。

髪の性質

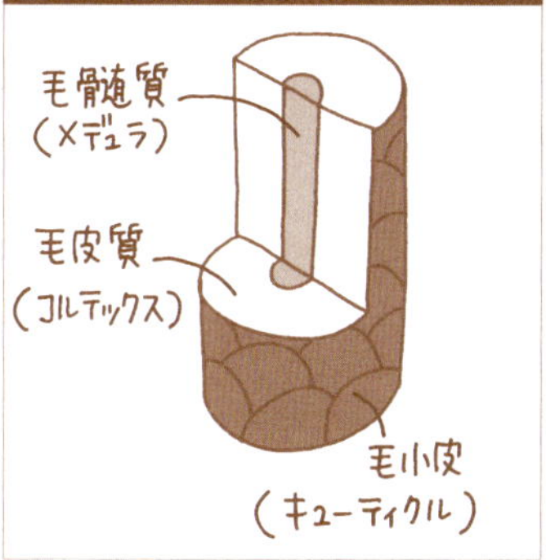

最表面のキューティクルが刺激をカット

髪は3重構造になっていて、中心にあるのがメデュラ（毛髄質）。その外側がコルテックス（毛皮質）で、髪の黒さの素であるメラニンはここに含まれています。そして、もっとも外側＝表面にあるのが、うろこ状に細胞が並ぶキューティクル（毛表皮）。カラーリングやパーマは、キューティクルを開いてコルテックスに染料やパーマ液を入れ、再びキューティクルを閉めるという工程なので、ダメージを受けやすいのです。また、髪の成分であるケラチンは55℃以上の熱で変性するため、熱で髪は傷むのです。

“健康な頭皮と髪”とは？

- □ 頭皮に透明感がある
- □ 髪にツヤがある
- □ 毛先まで潤っている

健康な髪を育むためには、その土壌となる頭皮の状態がいいことが絶対条件。頭皮を自分でチェックするのは難しいため、ヘアサロンに行ったときに美容師さんにチェックしてもらう方法がオススメです。赤みがなくて、青白く透明感があり、ハリがあればベスト。髪に関しては、キューティクルがキレイに整っていることが、健やかさの条件。髪にツヤがあって、毛先までパサつかずに潤っていれば、キューティクルが整い、健康といえます。

頭皮が傷む原因と症状

- □ 洗いすぎ
- □ 紫外線
- □ 食生活の乱れ
- □ ストレス
- □ 睡眠不足
- □ スタイリング剤の残留　など

乾燥

肌と同じで洗いすぎ、紫外線が要因に

顔に比べて皮脂腺が多く、基本的に乾燥は起こりにくいのですが、〝洗いすぎ〟が原因で乾燥することも。一日２回以上洗ったり、洗浄力の強いシャンプーを使うのが原因。とくに30代以降の女性は、皮脂の分泌量が減るため、20代のときと同じシャンプーでは、皮脂をとられすぎる場合があるので要注意。基本的構造は肌と同じなので、紫外線の影響も受けやすく、ストレスや睡眠不足など内的なことも関係します。

赤み・かゆみ

乾燥や過剰皮脂が引き起こすトラブル

自分では気づいていなくても、意外と多いのが頭皮の赤み。乾燥が進んでバリア機能が低下したときに起こりやすく、ちょっとした刺激にも敏感に反応して、炎症を起こすのが原因です。バリア機能はストレスや寝不足でも低下するため、心身ともに疲れているときにはとくに起こりやすく、赤みが進行すると、かゆみも発生。皮脂量過剰になり、炎症が起こって赤みやかゆみが出る脂漏性皮膚炎になることも。

フケ

頭皮のターンオーバーの乱れが原因！

頭皮はターンオーバーをしているので、毎日、古い角質がはがれ落ちますが、通常、シャンプーで自然と落ちるので、フケとして目立つことはありません。ところが頭皮が乾燥すると粉ふき状態となり、フケが発生。皮脂が過剰になるのも原因で、過剰皮脂による炎症が引き金となってターンオーバーが極端に早くなり、角質がどんどんはがれ落ちることに。そうなると毎日シャンプーしてもフケが目立ってしまいます。

常識！

カビの一種が発生していることも！

バリア機能が低下した頭皮は、外敵に対するブロック力が下がるため、マラセチアフルフルというカビなどがくっついて炎症を起こし、フケが出ることが。この場合は、専用の薬か、殺菌作用や抗炎症作用のあるヘアケアが効果的。心配ならクリニックを受診してみて。

髪が傷む原因と症状

- □ ドライヤーの熱
- □ 紫外線
- □ カラーリング
- □ スタイリング剤の残留
- □ パーマ

など

切れ毛・枝毛

熱、紫外線の他、アウトバストリートメントが意外な盲点に

ドライヤーなどの熱によって起こるダメージや、カラーリングやパーマなどの化学的作用によるキューティクルの損傷が原因。その他、紫外線もダメージを与えます。スタイリング剤の洗い残しもNGなので、ノンシリコンやオーガニック系など洗浄力の弱いシャンプーには注意を。また、見落としがちなのが、洗い流さないタイプのトリートメント。ケア剤と考えがちですが、スタイリング剤と捉えて、就寝前には、シャンプーできちんと洗い流しましょう。

お手入れのポイント

○ 正しいブラッシング

シャンプー前のブラッシングはマストと心得て。頭皮の血行を促進すると同時に髪の毛についた汚れがとれるので、シャンプーの泡立ちがよくなり、髪への摩擦が軽減します。クッション性のあるブラシを選び、根元から毛先に向かっていろいろな角度から2〜3分とかしましょう。

○ ミネラルとビタミンを摂る

赤みやフケなど、過剰皮脂によるトラブルが気になる場合は、ビタミンB群を。脂質代謝を整えてくれます。その他、プロビタミンB_5(パンテノール)やビオチンなど、ビタミン類は全般的に髪にいい栄養素。髪の材料となる良質なたんぱく質をベースに、育毛効果のある亜鉛や、ヨードなどのミネラルも摂りましょう。

○ 正しいヘアケア剤を選ぶ

どんな髪に仕上がるか、をうたっているものが多いですが、本当は肌質によって化粧品を選ぶように、頭皮の状態に合わせて選ぶのがいちばん。たとえば、頭皮が乾燥している時は、洗浄力が強いタイプを避けるのが正解。赤みなどの炎症があるなら、髪や頭皮に優しいアミノ酸系洗浄成分配合のものを選ぶといいでしょう。

お手入れのポイント

○ 正しく洗う

1

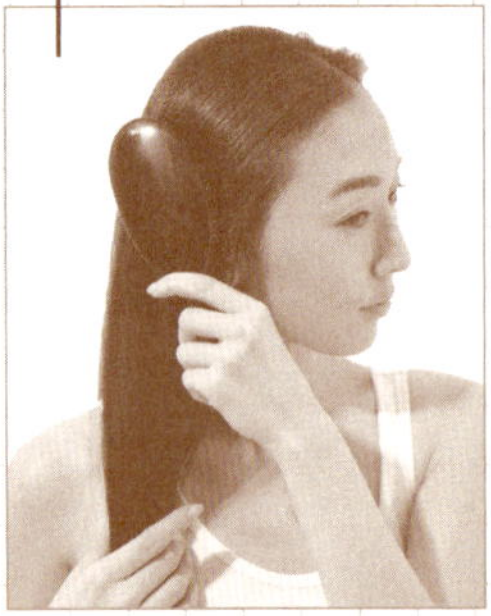

ブラッシングで シャンプーの下準備

先端が丸くてクッション性のあるブラシを軽く頭皮に押し当てながら、とかす。

2

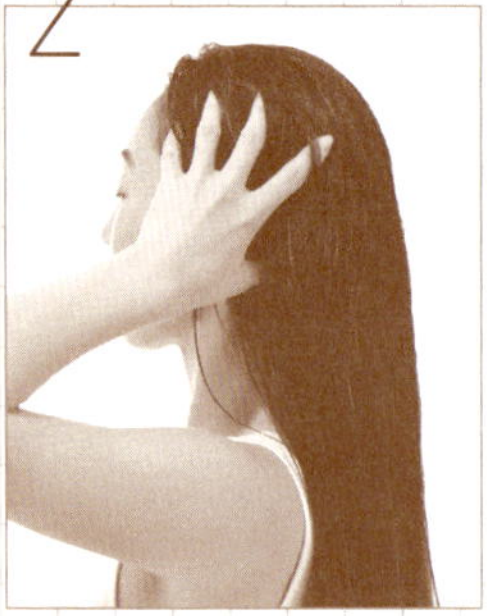

全体をしっかり 濡らして予洗い

髪だけでなく地肌までしっかりと濡らす。頭皮の乾燥を考え、ぬるめのお湯が◎。

3

泡立てネットを使うと簡単!

あらかじめ泡立て、ダメージを防ぐ

シャンプーは事前に泡をつくっておくこと。直接つけて髪で泡立てるのは厳禁。

指の腹で優しくマッサージ!

4

泡をのせるのは 頭皮がメイン

泡を頭皮においていくようなイメージで。爪を立てず、指の腹を使うのがベスト。

5

頭皮を動かすように 洗うこと!

手のひらを頭皮にあてて、押すようにマッサージしながら洗って、血行を促進。

しっかり洗い流しましょう!

頭皮や髪を健やかに保つには、洗顔と同じですすぎ残しがないことも大切なポイント。シャンプーやトリートメントなどが頭皮や髪に不必要に残っていると、毛穴に詰まってトラブルの原因になったり、髪がベタついたり。顔よりもすすぎ残しが発生しがちなので、フェイスラインや耳まわり、襟足などはとくに気をつけて流しましょう。

知っているようで知らない

髪と頭皮のお手入れQ&A

Q コンディショナー・トリートメント（洗い流す・流さない）の選び方は？

A お風呂で使うコンディショナーや洗い流すタイプのトリートメントは、髪をなめらかにして摩擦によるダメージを減らすことができるので、女性にはオススメです。ただし、頭皮に詰まるとトラブルに繋がるので、頭皮にはつけず、髪の毛だけになじませて、ヌルつきがとれるまである程度洗い流すのがポイントです。また、洗い流さないタイプのトリートメントは、スタイリング剤に近いもの。ダメージ補修を考えるのであれば、洗い流すタイプがベター。

Q "ブラシ"と"くし"はどう使い分けるもの？

A ブラシには、髪に付着したゴミやほこりを取り除くほか、頭皮に刺激を与えて、血行を促進する効果があります。対して、くしは、仕上げに使ってツヤ出し効果を狙うもの。夜のシャンプー前や朝のスタイリング前のブラッシングで、頭皮ケアを行い、ストレートの人は、スタイリングの仕上げとして、くしを通すのがオススメです。

Q シリコン入り・ノンシリコン。どっちがいい？

A シャンプーやトリートメントに入っているシリコンの役割は、髪の毛の指通りをよくすること。摩擦を減らす効果があるので、髪のダメージ予防になります。ただし、コーティング力が高いため、地肌についたままにしてきちんと落とさないと、毛穴に詰まって吹き出物や炎症の原因になることも。しっかりと洗い流せば落とせるので、すすぎを十分にすれば、シリコン入りでも問題ありません。ノンシリコンの場合、以前は髪がきしむものが多かったものの、最近はオイルなどを活用して、なめらかに洗えるものが増えています。

Q カラーリングとパーマはやめられません。どうお手入れすればよい？

A 本来、ぴたっと閉じているキューティクルを無理やり開いて閉じる工程があるため、キューティクルのすきまから潤いや栄養分、カラー剤などが抜けてしまい、ダメージとなるのです。ダメージ対応のヘアケア剤に切り替え、マスクなどのケアを日常的に取り入れましょう。カラーリングの後は、色褪せ防止をうたった製品を使うのも効果的です。

脱毛・薄毛・円形脱毛症について

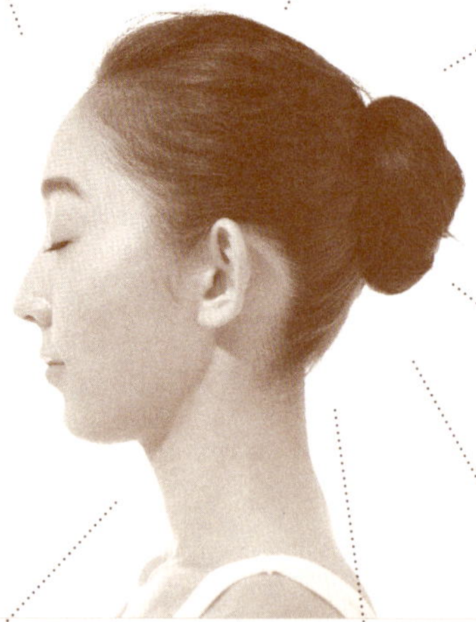

髪の成長が止まる原因

遺伝

影響は少ないが、遺伝する場合もあり

男性に比べて、女性のほうが遺伝の影響を受けにくく、ほとんどがストレスやライフスタイルの乱れといった環境要因が原因。とはいえ、遺伝の影響はゼロではありません！

タバコ

血流低下&活性酸素のダブルパンチ！

血流を悪くするため、肌だけではなく、頭皮にも栄養が行きわたらず、太く元気な毛が育ちにくい状態に。また、活性酸素も発生するため、老化が進み、薄毛を進行させる。

ストレス

肌だけではなく、髪にとっても大敵

活性酸素を発生させて、頭皮の老化が進むと同時に、ホルモンバランスを乱すため、男性ホルモンが優位に。すると男性と同じように毛が抜け落ちやすくなり、毛量が激減。

ホルモンの乱れ

抜け毛&細毛でボリュームダウン

髪とホルモンの関係は密接。男性ホルモンが増えると、頭頂部や前側の抜け毛が目立つようになり、女性ホルモンが減ると、ハリやコシがなくなり、一本一本が細く弱い毛に。

食生活の乱れ

極端なダイエットで髪の材料不足に

髪はケラチンでできており、その材料になるのが、たんぱく質。偏った食事で材料不足に陥っている人が多数。たんぱく質をケラチンに変えるために必要な亜鉛も不足しがち。

間違ったヘアケア

乾燥や毛穴詰まりを発生させる原因に

頭皮の肌質に合っていないヘアケア剤を使い続けると、頭皮の乾燥が進み、炎症が発生。またスタイリング剤などがきちんと落とせていないと、毛穴が詰まり、髪の成長を阻害。

睡眠不足

成長ホルモン不足で新たな毛が育たない！

きちんと睡眠がとれていないと、成長ホルモンの分泌量が減って新しい毛が育ちにくくなり、日中受けたダメージを修復する力もダウン。元気な髪が生まれず、質も低下する。

現代女性に多い薄毛悩みは、正しいケアで予防&改善できる！

ちょっと前までは男性のためのものというイメージが強かった頭皮＆育毛ケア。ところが今は、多くの女性誌で特集が組まれるほど、女性の頭皮＆育毛ケアは大ブーム。薄毛で悩む女性が増えたこと、薄毛をカミングアウトしやすくなったことが理由にあげられます。

実際に、女性の薄毛について考えてみると、原因はさまざま。中でも、食生活の乱れや睡眠不足、ストレスなどは現代社会特有のものであり、肌と同じく、皮脂の過剰分泌や血流低下などを引き起こし、毛髪が健やかに育つのを妨害します。さらにホルモンバランスを乱して、毛周期にも大きな影響を与えます。男性ホルモンが優位になると、男性型の脱毛のように頭頂部や前面の毛が抜け落ちますし、女性ホルモンのエストロゲンが減少すると、今度は髪にハリやコシがなくなり、ボリュームダウン。成長期が短くなり、なかなか生えないために、薄毛に見えるケースもあります。

薄毛や抜け毛は、40代以上の女性に多く見られますが、20〜30代から正しいヘアケアや生活習慣を心がけることで予防ができます。また、すでに薄毛が気になる場合でも、進行を遅らせたり、改善が期待できるのです。

女性も加齢でハゲる？

男性の場合、年齢を重ねると、つるつるとしたいわゆるハゲの状態になることがありますが、女性の場合は、基本的に加齢が原因でハゲることはありません。ストレスや自律神経の乱れなどに起因する円形脱毛症や、全体的に薄くなるびまん性脱毛症などは、加齢によるものではなく、立派な疾患です。円形脱毛症は放置していても治ることがありますが、びまん性は難治性。いずれにしろ、脱毛や薄毛が気になるときは、一度受診をオススメします。

［応用レッスン］

EXTRA

COSMETICS

化粧品の買い方

- どうやって選べばいい？
- 何が安全かを知るには？
- オーガニックコスメなら安全？

市販の製品の種類を知ろう

私たちが普段〝化粧品〞と一緒くたに呼んでいるものは、薬事法によって 3つに分けられます。治療を目的とした医薬品と、美容目的の化粧品、そして医薬部外品と呼ばれる、ある効果を保証された化粧品が存在します。肌への効果としては、化粧品＜医薬部外品＜医薬品。健やかな肌の維持か、トラブル改善か、目的に合わせて選びましょう。

化粧品

健やかな肌をキープするのが目的

私たちが普段使っているものの多くが〝化粧品〞。薬事法では「健康状態を維持」するものと位置づけられ、作用が穏やかであることが基本。自分をよりよく見せるためのメイク要素も含まれます。スキンケアの目的は、清潔、乾燥対策、紫外線カット。それ以上の効果は薬事法的にはいえませんが、最近では抗老化などをうたった機能性化粧品も増えています。化粧品と名のるのに条件や基準はなく、水に何かを少し入れただけでも化粧品とうたえるのです。品質もさまざまなので、慎重に選ぶ必要があります。

医薬部外品

日本オリジナルの〝準医薬品〞的な化粧品

「疾病の予防、改善」を目的にしているのが医薬部外品で、中には名称に薬用がつくものもあります。日本独自のもので、立ち位置としては、化粧品と医薬品の中間。厚生労働省が効果と安全性のどちらも認めた成分を規定の範囲で含んでいることが条件です。目的は、シミ・ソバカスを防ぐ、ニキビを防ぐ、肌荒れの改善、ヒフの殺菌などがあげられ、これらについては正式にアピールすることができます。ただし、化粧品同様、人体に対する作用は優しいことが基本であり、化粧品との境目が曖昧なのが実状です。

医薬品

トラブルを治すことが使命の薬

薬であり、「疾病の治療」を目的にしたものです。配合されている成分の効果が厚生労働省から認められているものであり、炎症などを治せるパワフルな力を持つ分、塗りすぎは厳禁。用法や用量をきちんと守る必要があります。医薬品には2タイプあり、医師が診察した後に出す処方薬と、ドラッグストアなどで購入できる市販薬があり、市販薬はOTC医薬品とも呼ばれています。肌に塗るものとしてはかゆみや皮膚炎に対する外用薬があり、スキンケアに用いられる医薬品として代表的なものが、ワセリン。乾燥を防ぎ、外的刺激から肌を守ります。

クリニック処方

個々の肌に的確に合って効く！

クリニックで処方される薬は、医療用医薬品とも呼ばれ、医師の診察を受けないと手にできないもの。市販薬よりも成分が多く配合され、効きがいいのが特徴です。スキンケア化粧品を処方されることもあり、ドクターの考えをもとにオリジナルレシピで作られている場合も。高濃度のコウジ酸やハイドロキノンなどを用いた美白剤はその一例です。肌トラブルが市販薬で治らない場合は、クリニックの受診をおすすめします。

製品の表示の読み方

化粧品
(一般的な美容液)の場合

アンプルール ラグジュアリー・デ・エイジ リジュリューション α プラス 32mℓ ¥11000

＜全成分表示＞水、BG、ペンチレングリコール、グリセリン、シクロヘキサン-1,4-ジカルボン酸ビスエトキシジグリコール、ポリソルベート60、(エイコサン二酸/テトラデカン二酸)ポリグリセリル-10、ポリアクリル酸Na、メチルグルセス-10、ジメチコン、PEG-60水添ヒマシ油、(アクリル酸ヒドロキシエチル/アクリロイルジメチルタウリンNa)コポリマー、シクロペンタシロキサン、PCA-Na、サッカロミセス溶解質エキス、アルテロモナス発酵液、トリデセス-6、ポリクオタニウム-61、ヒアルロン酸Na、カンゾウ根エキス、グリチルリチン酸2K、トリ(カプリル酸/カプリン酸)グリセリル、PEG/PPG-18/18ジメチコン、レシチン、炭酸水素Na、キサンタンガムクロスポリマー、キハダ樹皮エキス、ウルソル酸、ヒドロキシエチルセルロース、カルノシン、PCA亜鉛、ヨーロッパブナ芽エキス、ダイズ油、ラウロイル乳酸Na、アルガニアスピノサ芽細胞エキス、トコフェロール、アテロコラーゲン、ムラサキ根エキス、セイヨウトチノキ種子エキス、コンドロイチン硫酸Na、オレイン酸Na、没食子酸エピガロカテキン、セラミド3、フィトスフィンゴシン、セラミド6Ⅱ、コレステロール、セイヨウオオバコ種子エキス、セラミド1、カルボマー、水添レシチン、イソマルト、マルチトール、アラニン、ソルビトール、DPG、フィトステロールズ、ヒトオリゴペプチド-1、ヒトオリゴペプチド-4、アセチルデカペプチド-3、オリゴペプチド-20、カプロオイルテトラペプチド-3、トリペプチド-1銅、デキストラン、キサンタンガム、クエン酸Na、クエン酸、水酸化Na、エタノール、フェノキシエタノール、香料

EGF:ヒトオリゴペプチド-1(保湿)
3GF:アセチルデカペプチド-3、オリゴペプチド-20、
カプロオイルテトラペプチド-3(保湿)

解読ポイント

○ 配合量が多い順に記載され、水から始まり、添加物で終わる

化粧品における「全成分表示」は、配合量が多い順に記載され、1%以下のものについては順不同です。ただし、どの成分からが1%以下なのかはわかりません。最後に「その他」と書いている場合がありますが、これは、企業秘密を理由に承認をとったうえで記載しなくてもいい成分を含んでいることを表しています。記載されている成分名は私たちがよく目にする呼び名ではなく、通常、「インキネーム」という名称で載っています。左の美容液の場合、アンチエイジング目的の主要成分のひとつであるEGF(実線内)は、「ヒトオリゴペプチド-1(保湿)」と記載。下線が引いてあるものは美肌効果のある代表的な美容成分です。水から始まり、美容成分を溶け込ませるための基材や美容成分が続き、防腐剤、香料や着色料で終わるのが一般的な表示パターンです。

知っておきたい成分表示 ①

● ビタミンC

ビタミンCと表記されるケースは珍しく、多くがアスコルビン酸と記載。誘導体では、リン酸アスコルビルマグネシウム、テトラヘキシルデカン酸アスコルビル(VCIP)が代表例。

● パラベン

メチルパラベン、プロピルパラベン、ブチルパラベンなどの種類がある。防腐剤のひとつだが、他の原料自体に添加されている場合は記載されないこともあり。

● 美白成分

ビタミンC誘導体(リン酸アスコルビルマグネシウムなど)やアルブチンといった医薬部外品に指定されている有効成分で、規定量入っている場合はいちばん最初に記載される。ただし、有効成分でも規定量よりも少なかったり、メーカーの意図で医薬部外品の承認を得ていない場合は、配合量の順に従って記載。

化粧品には、2001年から「全成分表示」が義務づけられているため、パッケージからも製品の情報を読み取ることができます。少々専門的ですが、覚えると参考になるはず！

医薬部外品

(一般的な美白美容液)の場合

<全成分表示>アルブチン*、グリチルリチン酸2K*、水、BG、濃グリセリン、ホホバ油、1,2ーペンタンジオール、イソノナン酸イソノニル、ジメチコン、N-ラウロイル-L-グルタミン酸ジ(フィトステリル・ベヘニル・2-オクチルドデシル)、アクリル酸・メタクリル酸アルキル共重合体、POE硬化ヒマシ油、グリシン、ヒアルロン酸Na-2、ゲンチアナエキス、ウマスフィンゴ脂質、グルコシルルチン、ビタミンCテトラヘキシルデカン酸、シコンエキス、ミリスチン酸オクチルドデシル、アルギン酸Na、水添大豆リン脂質、アルギニン、酵母エキス-1、ビタミンCリン酸Mg、クレアチニン、カムカムエキス、アロエエキス-2、カッコンエキス、クロレラエキス、ポリペプタイド、アデノシン3リン酸2Na、D-マンニット、ピリドキシンHCl、RNA-1、ヒスチジンHCl、フェニルアラニン、チロシン、キサンタンガム、エデト酸塩、フェノキシエタノール、粘度調整剤、pH調整剤、香料

*印は「有効成分」、無印は「その他成分」

アンプルール ラグジュアリーホワイト 薬用アクティブフォーミュラ 40mℓ ¥8000〈医薬部外品〉

解読ポイント

○ 有効成分を最初に表記！その他は、化粧品と同じルール

医薬部外品の場合は、有効成分が最初に記載されます。この製品の場合、美白の有効成分であるアルブチンと、抗炎症の有効成分であるグリチルリチン酸からスタート。その他の成分とは、別に分けて記載するケースもあります。有効成分から後は一般的な化粧品と同じで、1％以上配合されている成分は配合量の多い順、1％以下の成分は順不同で記載されています。また、ビタミンC誘導体であるビタミンCテトラヘキシルデカン酸も入っていますが、配合量の関係で有効成分ではなく、その他の成分のひとつとして記載。他にもバリア機能に関わるセラミドの誘導体(ウマスフィンゴ脂質)や、ゲンチアナエキスなどの抗老化成分が配合されており、美白以外にも保湿やアンチエイジング作用などがあることがわかります(下線部すべて美容成分)。

知っておきたい成分表示 ❷

● セラミド

保湿成分として用いられるセラミドは、セラミド1、セラミド3(NP)などと表記される他、誘導体タイプもあり、スフィンゴ脂質、ウマスフィンゴ脂質、セレブロシドなどが該当。

● グリコール酸など

ピーリング剤の成分名を見ても、AHAやフルーツ酸といった記載はなし。どちらも酸の総称を表しており、具体名としては、グリコール酸や乳酸、リンゴ酸、シュウ酸などが該当。

● コラーゲン

分子が小さい加水分解コラーゲン(浸透型コラーゲン)や、それよりやや分子が大きい水溶性コラーゲン、アレルギーの出にくいアテロコラーゲンの3つが主に使われている。

● アルコール類

保湿剤のグリセリンや、溶剤や収れん成分として用いられるエタノール、防腐剤のフェノキシエタノールや酸化防止剤のBHTなどはアルコール。敏感肌の人は、刺激になることも。

常識！

防腐剤(保存料)は悪者？

〝肌の負担になる〟とされる防腐剤。確かに食べると人体に影響を及ぼすものがあり、敏感肌の人が塗るとかぶれる場合もありますが、基本的に肌に塗る分には問題なし。反対に、防腐剤フリーだと、酸化などの変質が起こりやすく、それが肌の刺激になることも。

配合成分から賢く読み解こう

製品の選び方Q&A

Q スキンケア製品はほとんど水でできているって本当？

A 本当です。こっくりと濃厚なクリームでは、グリセリンなどの保湿剤が多く使われていたり、オレンジフラワー水などの植物由来の成分を水がわりに使用している化粧水もありますが、全成分表示をチェックしてみると、水が最初に記載されているケースがほとんど。有効成分などを溶け込ませる基剤として使われています。そもそも水は腐りやすいため、そのままでは化粧品が変質して品質が保てません。防腐剤を入れているのは、そのためです。

Q シリコンという成分表示を見たことがないけれど……

A シリコンの表示がないのは、記載されるインキネームが、ジメチコンやシクロメチコン、シリカだから。ヘアケアのみならず、多くのスキンケアに配合されています。何かと悪者にされがちなシリコンですが、髪をコーティングして摩擦を軽減して指通りをなめらかにしたり、化粧品の肌なじみをよくするために大活躍。きちんと洗い流して落とせば、問題ありません。最近流行りのノンシリコンものには、オイルなどシリコンに代わる成分が入っています。

Q ミネラルコスメは肌にやさしいもの？

A ミネラルは、ずばり鉱物のこと。添加物として嫌われがちな鉱物油もミネラル由来ですし、ミネラルファンデに使われる鉱物、シリカは、添加物として敵視されることが多いシリコンの一種。肌なじみをよくする効果がある一方で、クレンジングや洗顔できちんと落とさなければ、毛穴を埋めてニキビや炎症のもとに。ミネラルだからといって、肌にいい、悪いとは一概に言い切れません。

Q 肌が弱い、敏感な人が気をつけたい刺激の強い成分は？

A 気をつけるべきは、高分子の界面活性剤と紫外線吸収剤。界面活性剤は、水と油を混ぜて乳化するために入っているもので、乳液やクリーム、とろみのある化粧水、洗顔料やクレンジングなど多岐にわたって使われています。ココイルメチルタウリンナトリウムなどのアミノ酸系のものは肌にやさしいとされていますが、注意したいのはラウリル硫酸ナトリウムやアクリル酸、カチオン系などの高分子合成系。また、紫外線吸収剤も肌の上で化学変化を起こすため、刺激になることが。肌が弱い人は、吸収剤不使用のものを選ぶか、吸収剤をコーティングした、低刺激のものを選びましょう。

オーガニックコスメは肌にやさしくて安全？

ブームが続いているオーガニックコスメですが、実は誤解がいっぱい！
長所と短所をきちんと理解したうえで、正しく選ぶコツをマスターしましょう。

長所

- 効き目がパワフル
- 天然ゆえの安全性
- 化学成分が入っていない（成分表示を要確認）
- 環境にやさしいものが多い
- 香りがナチュラル

短所

- 保存がきかない
- 刺激が強いこともある
- テクスチャーが使いづらいことがある
- 基準が曖昧で、少量しか配合されていない場合も

オーガニック＝有機。一般的には、農薬や化学肥料に頼らずに作物をつくる農法を指します。オーガニックで作られた植物は活性が増すため、そこから抽出された成分はとてもパワフル。〝自然由来でマイルド〟なイメージがありますが、実際は効きがよく、肌が弱い人が使うと刺激に負けて、トラブルを起こすこともあります。もうひとつ、おさえておきたいのが、〝エコサート〟や〝コスメビオ〟といった認証制度について。これらは肌への安全を保証するものではなく、あくまでも植物の栽培方法に対するもの。たとえ認証を受けたオーガニック原料でも、化学的な処理が施されている場合があります。また、日本ではとくに規制がないため、ほんの少しでもオーガニック成分が入っていれば、オーガニックコスメと名のれてしまうのも事実。成分にこだわるあまり、のびが悪かったりべたついて使い勝手の悪いものもあります。オーガニックコスメとは、実は自分の肌に合うかどうかを見きわめられる人でないと難しいのです。

〝無添加〟〝自然派〟〝天然由来〟はオーガニックとは違う

すべてをうたっているものがあって、混同しがちですが、ひとつひとつの意味はまったく異なります。まず、無添加は、その名のとおり、防腐剤や合成系の界面活性剤、鉱物油、着色料、香料などの添加物が入っていないことを指す言葉。防腐剤などが入っていないため、開封後は早めに使いきる必要があります。自然派という言葉は、植物や動物、海泥といった自然界にある天然由来の原料を多く配合した化粧品によく使われています。これらは、ナチュラルコスメとも呼ばれ、オーガニックコスメもこの中に含まれます。

EXTRA
［応用レッスン］

CLINIC

美容クリニックでできること

- 美容クリニックとは？
- どんなときに通うべき？
- 上手なつきあい方は？

クリニックの違いを知ろう

皮膚科

保険診療内でトラブルを治すのが基本。美しさの追求は目的外

かゆみやただれ、湿疹、ニキビ、肌荒れ、アザ、イボ、水虫などヒフの疾患や疾病を治療するところ。保険診療が基本のため、内服薬や外用薬の処方が中心で、お金をかけずにトラブルを治すことができます。ただし、あくまでも疾患があることが前提で、疾病を治すことが目的なので、治療後の肌がキレイに見えるかは範囲外。中には自費診療で、さまざまなメニューを取り入れているところもありますが、薬や治療法に限りがあります。また、肌質のレベルアップや若返りには、対応してもらえません。

美容皮膚科

トラブルの改善から美肌、若返りまで叶えるが、高額になる場合も

皮膚科が疾患の治療だけを目的としているのに対して、肌質のレベルアップや若返りなど、美肌のためのメニューを多く取りそろえているのが特徴。目的に応じて、最先端の機器による施術を受けられるのも魅力で、ヒアルロン酸注入やボトックス注射といった注入治療も可能。もちろん、ニキビや肌荒れなどの治療もできるが、保険がきかないことも。デメリットとしては、自費診療による高額な治療代。数万〜数十万円かかる施術も多いので、事前にクリニックに確認するのがオススメです。

美容外科

コンプレックスの解消が目的。ハード&高額施術で顔やカラダをリデザイン

肌質の改善ではなく、顔立ちやボディラインなど〝形〟を修復するのがメイン。具体的にいうと、鼻を高くする、一重や奥二重をくっきり二重にする、目頭を切開して目を大きく見せる、あごを細くする、脂肪を吸引する、胸を大きくするなど。ヒアルロン酸やボトックスなどの注入系で対応できるものもあるが、多くは外科手術が必要で、術後の回復までが診療の範囲。術後の赤みや腫れが引くまでの時間＝ダウンタイムが長いこと、自費診療が高額になりがちなのがデメリット。中には100万円超えも。

常識！

「美容クリニック」と「エステ」の違いは？

医療行為が行えるかどうかが大きな違い。美容クリニックでは効果の高い施術を受けることができ、スピーディに効果を感じられるのが魅力。また、何かトラブルがあったときにも医師により適切な治療が受けられます。エステでは美容クリニックほどの劇的な効果は期待できませんが、美容クリニックと比べれば安価なものがほとんど。エステは即効性を期待するというよりは、リラックス効果という目的で行くのが正解。

美容クリニックとのつきあい方

- □ ホームページなどでいろいろなクリニックを比較検討しておく
- □ 値段だけでクリニックを選ばない
- □ 納得できるまで説明をきちんとしてくれるクリニックと医師を選ぶ
- □ メリット・デメリットを聞く
- □ 自分が希望しない、求めていないことを薦められたら断る勇気を持つ
- □ 施術の期間、トータルの価格を聞いておく
- □ 化粧品や薬などを無理に薦めるところはやめる

美容クリニックと聞くと、〝興味はあるけど、抵抗や不安もある〟というのが正直なところではないでしょうか。パワフルな施術で、肌質や顔立ち、印象年齢まで変えられるだけに、リクエストをきちんと伝えて理解してもらえるか、センスが合うか、どんなリスクがあるのか、は確認しておきたい項目。事前の下調べやカウンセリングを十分に行い、納得できなければ、別のクリニックでセカンドオピニオンを求める勇気も必要。妥協は厳禁です。また、金額面でのトラブルが多いのも事実。自分の予算を伝えて、できる範囲での施術を相談できるのがベストです。

例「ニキビができたら」メリット&デメリット

❶自己ケア

自宅で簡単にできるけど改善が遅く、跡も心配

普段の化粧品をニキビ用にスイッチする方法。時間も手間もかからないが、効果はゆるやかで改善に時間がかかる。跡が残る場合も。

❷皮膚科へ

お金がかからず素早く治る！　跡ケアは別

保険診療のため安価で、スピーディに治る。ただし、ニキビ跡をキレイにするのは範囲外のため、色素沈着や凹みが残ることがある。

❸美容皮膚科へ

跡もなくキレイな肌に高額なのがネック

ニキビの跡を残すことなく、キレイに治せるのが魅力。デメリットとしては、自費診療のために他に比べて費用がかかること。

美容医療をどう取り入れる？

健康な肌を目指す

- □ ニキビを早く治したい
- □ ニキビ跡をキレイにしたい
- □ 肌質を改善したい
- □ シミを取りたい

美容医療の目的のひとつが、今、ある肌のトラブルを治して、健康な状態を取り戻すこと。一般の皮膚科で治療できるものもありますが、トラブルを治すだけでなくその後の肌状態までみてくれるのが魅力です。また、皮膚科に通うような疾患ではない、くすみや黒ずみ毛穴などにも対応してもらえます。光治療やレーザー治療に加えて、導入や美容点滴、サプリの処方を合わせたメニューなど、美肌のためのさまざまな提案もあります。

若返りをはかりたい

- □ シワをなくしたい
- □ たるみをとりたい
- □ 育毛したい

一般の皮膚科と大きく異なる、美容医療ならではの目的が〝若返り〟。加齢や紫外線などによって起こる肌や髪の老化に対して働きかけ、シワやたるみ、薄毛などの進行をストップ。さらに若返りをはかることも可能です。ただし、何度か繰り返して施術を受ける必要があるうえ、若返り効果を実感できるのは、数ヵ月〜数年と一時的。定期的に施術をリピートする必要があるため、費用がかなり高額になることも。長期的な視点が必要です。

シミはできてもレーザーでとればいい？

〝シミはレーザーでとれる〟というのは、今や常識。「美容医療には抵抗があるけど、シミ取りには行ってみたい」と考えている人は多いと思います。確かに、シミはレーザーによる治療でとることができますが、実はその後のセルフケアがとても重要。レーザーで取り除くのは、あくまでも表面にできた黒い色素だけ。きちんとお手入れを続けなければ、再び同じ場所にシミができる可能性もあります。毎日きちんと紫外線対策を行い、美白化粧品を使い続けることが必要です。レーザー治療に加えて、日々のセルフケアをしっかり継続できて初めて、シミと決別できるのです。

美容医療だけに
頼りすぎては×。
お手入れも大切

健康な肌を目指す 方法例

悩み｜ニキビを早く治したい

方法

① ピーリング

グリコール酸やサリチル酸などのBHAを使うのが一般的。液状やクリーム状の酸を塗って角質を溶かした後、中和させてオフする。**痛みの程度**……なし。たまにヒリヒリと感じるケースあり。**ダウンタイム**……なし。すぐにメイクOK。**費用の目安**……全顔6000～1万6000円 **治療期間**……1ヵ月～。

② LED照射

青色ダイオードという光を肌に照射し、ニキビの原因となるアクネ菌などを殺菌。**痛みの程度**……なし。じんわりと温かみを感じる程度。**ダウンタイム**……なし。施術後、すぐにメイクOK。**費用の目安**……全顔1000～5000円 **治療期間**……個人差あり。効きが穏やかなので数ヵ月かかることも。

③ ビタミンC導入

成分をイオン化して肌の奥へ届けるイオン導入、電極で一時的に肌に穴を開けて成分を届けるエレクトロポレーションがある。症状に合わせてコラーゲンやヒアルロン酸を導入することも。**痛みの程度**……なし。**ダウンタイム**……なし。**費用の目安**……全顔5000～1万円 **治療期間**……1ヵ月～。

④ その他

一般的な皮膚科で保険診療の範囲内で治す場合には、内服薬か外用薬が基本です。美容皮膚科の場合は、AHAなどの酸を用いたピーリングで角質を溶かし、1回つるりとオフ。毛穴の詰まりをとってニキビの改善を目指します。ただし、1度では劇的な効果がなく、回数を重ねる必要があります。合わせて、皮脂バランスの調整や色素沈着の予防になるビタミンCの導入を行う場合も多くみられます。LED照射も効果はありますが、改善スピードはやや遅め。他には、外用薬やクリニック処方のコスメでのお手入れを提案する場合も。よく行われるのが、レチノイン酸を用いたトレチノイン療法です。この治療を始めると、肌が赤くなって皮むけしますが、2ヵ月ほどで改善。ターンオーバーを促進して表皮に厚みを出し、トラブルの起こりにくい肌にすると同時に、炎症をおさえて色素沈着も予防できます。

悩み｜ニキビ跡をキレイにしたい

方法

① フラクショナル

フラクセルやモザイクなど。レーザーもしくは針先で、真皮にダメージを与えて再生を促すことで、肌にできた凹凸を改善。**痛みの程度**……かなり痛い。**ダウンタイム**……2日～1週間ほど。**費用の目安**……全顔2万～10万円 **治療期間**……1ヵ月おきに4回で1クールの場合3ヵ月。

② ダーマローラー

針がついたローラーを転がすことで肌に穴を開け、そこに細胞の再生を促すGFなどの液剤を塗布し、真皮からの再生を促す。**痛みの程度**……かなり痛い。**ダウンタイム**……2日～1週間ほど。**費用の目安**……全顔4万～5万円 **治療期間**……1ヵ月おきに4回で1クールの場合3ヵ月。

③ カーボンピーリング

カーボンを肌に塗布してからレーザーをあてることで、毛穴に入ったカーボンの黒色にレーザーが反応。真皮にダメージを与えて再生を促す。古い角質もとれてツルツルに。**痛みの程度**……痛い。熱さも感じる。**ダウンタイム**……2～3日。**費用の目安**……全顔4万～6万円 **治療期間**……3ヵ月～。

④ その他

ニキビ跡というと、ボコボコとした凹凸問題と、色素沈着や赤みなどの色問題の2タイプに分けられ、より深刻なのが、凹凸問題。この場合は、真皮にまでアプローチできる施術で、凹み部分の肌をフラットにならす必要があります。代表的なのが、フラクショナルレーザーやダーマローラー。痛みが強い、赤みが出る、メイクがすぐにできないなどのデメリットがある反面、改善効果はかなり高く、4回ほど行うと肌が生まれ変わり、フラットになります。次に効果があるのがカーボンピーリング。〝熱痛い〟という独特の感覚がありますが、我慢できる程度。前出の2つに比べると効果はやや弱めで、改善まで時間がかかります。一般の皮膚科だとピーリングを用いることがありますが、効率はよくありません。色素沈着や赤みに関しては、フォトフェイシャルが効果的。詳しくは、213ページを参照してください。

痛みの程度……治療を受けた人の意見を元にしていますが、痛みの感じ方は個人でかなり違うものなので、あくまでも参考にしてください。 **ダウンタイム**……治療の結果として起こる、腫れや痛みなどがどれくらい持続するかの時間のことを言います。 **費用の目安**……平均的な価格を表記しましたが、価格はクリニックによりかなり違うものです。高ければいい、安いと悪いわけではありません。**治療期間**……治療は1回で終わらないものもあります。効果を実感できるまでの平均的な期間を表記しました。

悩み｜肌質を改善したい

方法 ① フォトフェイシャル

さまざまな波長の光を肌にあてることで、表皮や真皮に起こる悩みにアプローチする。**痛みの程度**……少し痛みを感じることも。**ダウンタイム**……ほぼなし。すぐにメイクOK。**費用の目安**……全顔8500〜4万円 **治療期間**……程度によって異なるが、くすみなら1回でもかなり改善する。

② その他

くすみも気になるし、赤みも気になる。シワも毛穴も目立つなど、トラブルが複合的な人におすすめなのがフォトフェイシャル。光を肌に照射する施術で、光の波長によって表皮から真皮まで働きかけることが可能。赤みや色素沈着、色ムラに加えて、ハリの低下も気になるなら、光治療と高周波を組み合わせたオーロラを選ぶこともあります。これらは軽く痛みを感じる程度なので、美容医療初心者でも受けやすいのが魅力です。乾燥や肌荒れには、保湿成分やグロースファクター（GF）を用いた導入がオススメ。

悩み｜シミを取りたい

方法 レーザー

シミの治療に使われるのは、主にヤグレーザーとルビーレーザーの２種類。よりパワフルなのがルビー。**痛みの程度**……痛い。**ダウンタイム**……あり。術後２週間は、炎症を抑える薬を塗り、テープで保護する必要がある。**費用の目安**……１ヵ所につき3000〜１万円 **治療期間**……１回でOK。

シミに使うレーザーは、主に〝ヤグレーザー〟と〝ルビーレーザー〟でこの２つは波長が異なります。ルビーは集中的に深く照射できるため、濃いシミや、ADMと呼ばれる真皮にできるシミに効果的。対してヤグは汎用性が高く、シミの治療のほか、カーボンピーリングなどにも使われます。さらに出力を調整することで、肌のトーンを均一にして色ムラを改善する〝トーニング〟という施術も可能。レーザーでの治療は難しいといわれていた肝斑にも効きます。ヤグ、ルビーともに、シミに１回照射するだけでとることができますが、術後は表皮の一部がはがれるために紫外線の影響を受けやすく、シミが再発しがち。テープで保護して処方薬を塗り、紫外線対策をしっかりする必要があります。その他、赤色ダイオードによるLED治療やアレキサンドライトレーザーを用いることもあります。

最新脱毛事情

脱毛はクリニックで行うのがおすすめです

永久脱毛を目的として、エステやクリニックに通う人は多いはず。同じように考えられがちですが、エステとクリニックはまったくの別ものです。クリニックでは医療用のレーザーや光治療器を使用。毛根にダメージを与えて、新たな毛が生えてくるのを防ぎます。エステでは光治療器を使いますが、出力は医療用に比べると弱く、効果も弱め。また、火傷などのトラブルが起こったり、複数回のチケットを買ったのに、予約がなかなかとれないというケースもあるので注意が必要です。

若返りをはかる 方法例

悩み｜シワをなくしたい

方法

① ボトックス
筋肉の動きをブロックするボツリヌス菌毒素を注入することで、主に表情ジワを防ぐ。**痛みの程度**……塗る麻酔を使うため、注射の痛みはないが、液が体内に入っていくときに痛みを感じることも。**ダウンタイム**……なし。**費用の目安**……眉間や目尻など1ヵ所5000～6万円 **治療期間**……1回でOK。

② ヒアルロン酸
凹んだ部分やボリュームの足りない部分に、細かく注射を打ち、ヒアルロン酸を入れて溝を埋める。**痛みの程度**……塗る麻酔を使用するためなし。液が体内に入っていくときに痛みを感じることも。**ダウンタイム**……なし。 **費用の目安**……目まわり1ヵ所4万～9万円 **治療期間**……1回でOK。

③ その他

代表的なシワ改善方法は2つあり、ひとつはボトックス。ボツリヌス菌毒素をシワのまわりにある筋肉にそって注入。表情筋を動かす神経がブロックされて動かなくなるため、表情ジワができにくくなります。眉間や額、目尻にできるシワに効果的です。また、ボトックスをフェイスラインに打てば、あごの筋肉の発達が抑えられ、エラはりの改善や小顔効果を発揮。ワキに打てば、汗の分泌に関わる筋肉をブロックして汗を抑えることができます。一方ヒアルロン酸は、シワやほうれい線に注入することで物理的に溝を埋め、シワを目立たなくさせる方法。メソセラピーという方法で顔全体にごく少量ずつを打てば、しぼんだ肌のボリュームアップも叶います。また、鼻やあごに注入して、顔立ちを変えることも可能。他にはトレチノイン療法で表皮に厚みを出してふっくらとさせ、小ジワを改善する方法もあります。

悩み｜たるみをとりたい

方法

① フォトフェイシャル
さまざまな波長の光を肌にあてることで、表皮や真皮に起こる悩みにアプローチする。**痛みの程度**……少し痛みを感じることも。**ダウンタイム**……ほぼなし。すぐにメイクOK。**費用の目安**……全顔8500～4万円 **治療期間**……1回でも効果あり。1ヵ月おきの施術がオススメ。

② 高周波
真皮の奥にまでしっかり届く高周波をあてて熱を与えて肌を引き締め、たるみを改善。代表的なものは、リファームやサーマクール。**痛みの程度**……痛い。リファームよりサーマクールのほうが痛みが強い。**ダウンタイム**……なし。**費用の目安**……全顔4万～45万円 **治療期間**……1回でも効果あり。

③ 超音波
脂肪層や筋肉に集中してエネルギーを与えることで、肌を深層から引き締める。ウルセラが代表的で、切らないリフトアップとして注目を集める。**痛みの程度**……かなり痛い。**ダウンタイム**……なし。**費用の目安**……全顔30万～40万円 **治療期間**……1回でも効果あり。

④ その他

たるみに対しては、マシンによる照射が効果的です。初期の段階ではフォトフェイシャルがオススメ。比較的お手頃な価格で、痛みなどの負担が少ないのが魅力です。進行したたるみには、高周波を。高周波のマシンは100種類以上あるといわれており、それぞれ効果に違いがあります。一般的に、費用が高くなるほど効果は高いとされ、高周波の中でもっとも効果的とされるのが、脂肪層まで届く〝サーマクール〟。個人差はありますが、1回で約半年ほど効き目が持続します。さらにパワフルに効くのが〝超音波〟。脂肪層や筋肉まで届き、肌の土台からの引き上げが可能。冷や汗をかくほど痛いといわれますが、その分、効果は高く、持続力も長いのが特徴です。クリニックによっては、フォトフェイシャル＋高周波、高周波＋超音波を組み合わせたコンビネーションメニューがあり、より高い効果が得られます。

痛みの程度……治療を受けた人の意見を元にしていますが、痛みの感じ方は個人でかなり違うものなので、あくまでも参考にしてください。 **ダウンタイム**……治療の結果として起こる、腫れや痛みなどがどれくらい持続するかの時間のことを言います。 **費用の目安**……平均的な価格を表記しましたが、価格はクリニックによりかなり違うものです。高ければいい、安いと悪いわけではありません。**治療期間**……治療は1回で終わらないものもあります。効果を実感できるまでの平均的な期間を表記しました。

悩み｜育毛をしたい

方法 ① 育毛メソセラピー

頭皮に細かく注射を打ち、毛根に直接、グロースファクター(GF)やミノキシジルなど、発毛や育毛に効果的な成分を注入する方法。**痛みの程度**……注射の痛みあり。**ダウンタイム**……なし。**費用の目安**……3万〜8万円 **治療期間**……個人差あり。2週間おきに数回通う必要あり。

② その他

薄毛や抜け毛というと、男性の悩みと思われがちでしたが、最近は女性でも悩む人が増えています。それに伴って、美容クリニックでも女性向けの育毛メニューや薄毛治療が充実してきました。美容クリニックでの育毛治療のメリットは、なんといってもひとりひとりに合った治療が受けられること。医師がマイクロスコープなどを用いて、頭皮の状態を詳しくチェックしたうえで、必要に応じて毛髪ミネラル検査などを実施。その人に適した内服薬や外用薬を処方してもらえます。さらにエレクトロポレーションなどの導入機器や、メソセラピーという注射技法により、発毛治療薬や育毛や養毛に効果的な成分を直接毛根に届けられるのも、クリニックならでは。薄毛悩みを、セルフケアより効率よく改善できます。

知らないことだらけだから聞きたい

美容医療についてQ&A

Q 効果はどれくらい持続するもの？

A 切開したり、骨を削るといった本格的な手術を施すものの場合、半永久的に効果は続きますが、それ以外の施術は、基本的に有限。個人差はありますが、注入系ならボトックスで4ヵ月、ヒアルロン酸で半年が目安。マシンを用いた施術では、光治療系は約1ヵ月、高周波は1ヵ月〜約半年。中でも高い効果が望めるサーマクールで1年ほど持続するケースもあります。また、超音波マシンになると、年単位で効果が持続。費用はかかりますが、定期的に施術を受けることで状態を保てます。

Q 同じクリニックに通ったほうがいい？

A 美容医療の施術後に何らかの肌トラブルに見舞われると、「信頼できない」とすぐに別のクリニックを選ぶ人も多いかと思います。ですが現実は、美容医療というものは効果がある分、ある程度のトラブルはつきものと考えるのが正解。どんな施術をどのように行ったかが明確にわかるほうが的確に対処しやすいため、施術を受けたクリニックを再受診するのがオススメです。それでもトラブルの対応に誠意を感じられない場合や、対応後の状態に納得がいかなければ、別のクリニックを訪れて。

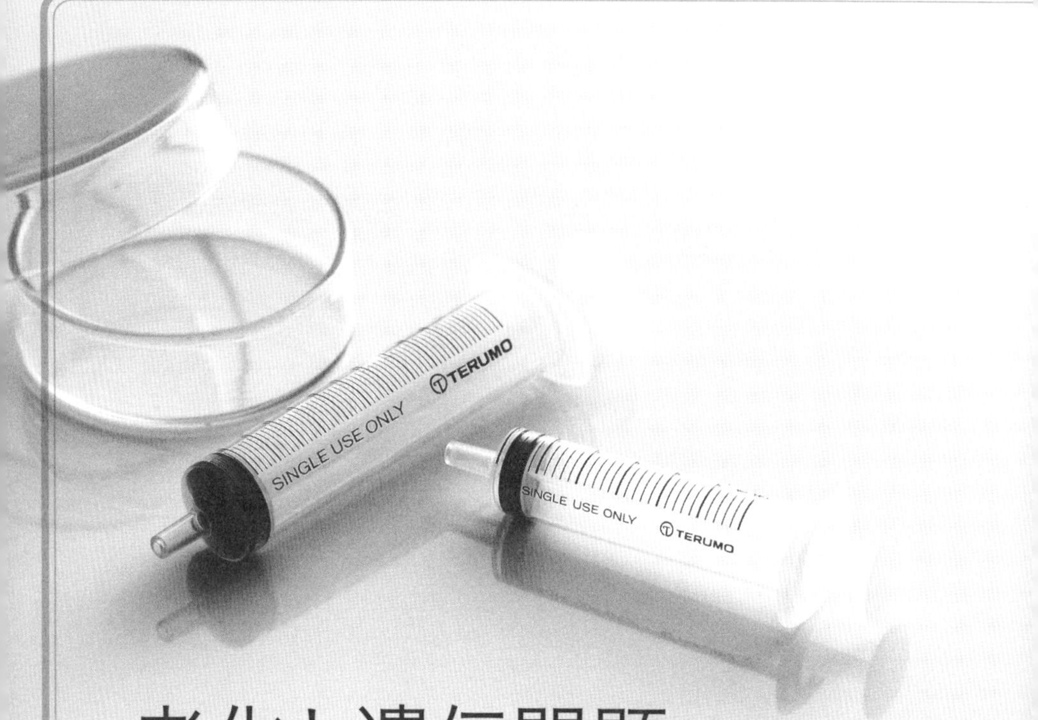

老化と遺伝問題

肌と遺伝子の関係がどんどん明らかに。肌質や出やすい老化サインを左右する！

自分が何歳まで生きられるか＝寿命に対して、遺伝は25〜30％関係しているといわれていますが、まだまだ未知の要素がたくさん。肌の老化についても、何歳から老化は進行するのか、どれくらいのスピードで進むのか、といったことに、遺伝がどれぐらいの割合で、どのように関係しているかはわかっていません。

一方で、肌に関する遺伝子の研究はかなり進んでいて、検査で解析することで、その人に起きやすいトラブルや、現れやすいエイジングサインの傾向がわかるところまできています。

肌質に関わる遺伝子は、数十個あるといわれていますが、とくに大きくかかわっているのが、①コラーゲン代謝遺伝子（MMP1遺伝子）、②メラニン色素合成遺伝子（ASIP遺伝子）、③フィラグリン遺伝子(Filaggrin遺伝子)、④スフィンゴ遺伝子、⑤SOD2遺伝子(Spink5遺伝子)、⑥GPX1遺伝子の６つ。①はその名の通り、コラーゲンの生まれ変わりを司る遺伝子で、②はメラニンを作る能力がどれくらいかを表すもの。③と④は、表皮のバリア機能や保湿機能にかかわる遺伝子で、⑤と⑥は活性酸素を除去する力を左右しています。これらの遺伝子の強さなどを読み解くことで、〝シミができやすい肌質〟〝シワになりにくい肌質〟といったパーソナルな肌の特徴が明らかに。その結果に合わせてスキンケアを提案しているブランドもあります。

これらの遺伝子のひとつひとつが、両親のどちらかから受け継いだものなので、どちらの割合が多いかで、全体的にみると父親譲りなのか、母親譲りなのかが決まってくると考えられています。①は父親似だけど、他のほとんどが母親似であれば、肌質的には母親譲りだといえます。

ただし、遺伝子には、まだまだ解明されていないことがたくさんあり、遺伝子情報の読み解き方も、年々変わっているのが現状です。そのため、上記のような解釈もあくまでも現時点のもの、と考えるのが賢明。また、何度も繰り返しますが、老化の原因の８割は、なんといっても紫外線。そのほか、環境や食生活などのライフスタイル、日頃のお手入れなど後天的な要素こそが深く関わっています。親が美肌だからと言って安心したり、逆にシワやたるみがすごいからと諦めることなく、きちんとお手入れに励むことが、健やかな肌を育み、保つために必要なのです。

「遺伝子検査」とは?

遺伝子検査といってもいろいろあり、ガンや生活習慣病になりやすいかどうかをチェックする本格的なものから、肌質や肥満にかかわるものを簡易的に検査できるものまであります。前者の検査は、主にアンチエイジングを専門とするクリニックで受けられます。遺伝子研究の本場、アメリカで解析し、詳しい報告書が戻ってきますが、費用はかなり高額。後者の簡易的なものは、美容クリニックや化粧品メーカーで受けられます。専用のキットで、唾液や角層を採取するだけで結果がわかり、比較的手頃な価格でできますが、正確性には疑問が残るのが現状です。

「今さら聞けない基本中の基本！

スキンケア&栄養問題

Q 化粧品の〝賞味期限〟は？

A スキンケアコスメ、メイクアップアイテムともに、未開封なら3年が基本。無添加や防腐剤フリーの場合は3年もたない場合があるので、パッケージに記載された使用期限をチェックして。開封後は、素肌や唇に直接触れるスキンケアコスメやファンデ、口紅などは半年、その他のメイクものは1年を目安に使いきるのが理想的。それ以上経つと雑菌が繁殖したり、温度変化や酸化の影響で変質する可能性が高く、ニオイがしたり、変色するなど、いわゆる〝腐った〟状態になることも。期限内でもニオイや変色に気づいたら、ただちに使用を中止しましょう。

Q はじめての化粧品を使うときの注意点は？

A いつ、どんな肌状態のときに使い始めるかというタイミングが大切で、生理前で肌が乾燥ぎみ、寝不足で肌荒れ中、など調子がイマイチのときに使い始めるのはトラブルのもと。肌の調子がいいときを狙いましょう。また、複数のアイテムを替える場合、基本的には一度に全部替えてOKですが、過去に化粧品でかぶれたことがある人や肌が弱い人は、ひとつずつ替えていくほうが賢明。トラブルが起こったときに原因を特定しやすいというメリットがあります。

Q スキンケアは同じラインで揃えるべき？

A クレンジングからクリームまで、製品がラインでひと通り揃っている場合、一式すべて買うべきなのか、悩むところ。共通で同じ成分が入っていたり、相乗効果を狙って設計されていたりすることが多く、パッケージに「○○とあわせて使うのがおすすめ」というような記載があれば、一緒に使ったほうがベター。ただし、必ずしもラインで使わないと効果が出ないというわけではありませんし、美容液は美白、クリームはたるみ対策ものと、アイテムによってメーカーを変えることで、さまざまな悩みを網羅できるという利点も。基本的には、違うラインの化粧品を組み合わせることで成分がケンカしてトラブルが起きる、ということはありません。

Q 去年開封したUVケアは効かないって本当？

A UVケアもスキンケアと同じように、開けたら半年を目安に使いきるのが正解。温度の変化や酸化によって分離が起こりやすい性質があり、きちんとUVカット効果を発揮できないだけでなく、肌に対する刺激が強くなってトラブルの原因になることも。残っているともったいなく思いがちですが、シーズンごとに買い替えるのが肌のためにはベストです。

Q&A【スキンケア編】

Q 化粧品は、高ければ高いほどいい？

A 化粧品を選ぶ際に大切なのは、値段よりも、現在の自分の肌が何を必要としているかを見きわめること。そして、なりたい肌になるために必要な処方が組み込まれているか、肌質に合っているか、の2つが最優先項目。中には5万円超え、10万円超えといったかなり高価な化粧品があり、貴重な美容成分がふんだんに入っていたりもしますが、値段にはパッケージや広告宣伝費などの要素が含まれていることもお忘れなく。〝プチプラ〞と呼ばれるドラッグストアなどで売られている化粧品にもいいものはたくさんあります。テクスチャーや肌への浸透率がイマイチなものも中にはありますが、長年使われてきた成分を採用しているものはおすすめです。価格=効果ではありません。

Q 若いときから高額コスメを使うと肌は甘える？

A 高い化粧品によって肌が甘える、ということはありませんが、ターゲットの年齢層がまったく違う化粧品を使うと、油分と水分のバランスが適していないことが多く、トラブルが起こったり、満足のいく効果が得られないことがあります。たとえば、20代で本格的なエイジングケア目的の製品を使うと、油分が多すぎて吹き出物が出たりすることも。また、30代以上の人が20代向けのものを使うと、油分が足りずに肌が乾いたり、思ったような効果が得られなかったり、ということがあります。自分の肌状態に合っているかどうかが問題なので、価格や対象年齢に必ずしもしばられる必要はありません。

Q 化粧品の注意書きにある〝肌に合わない場合〞って、具体的にはどんな状態？

A 赤みやほてり、かゆみ、ブツブツ、ヒリつきは、肌に合わないサイン。つけた瞬間にピリッとかすかに感じる程度であれば問題ない場合もありますが、ヒリヒリが続いて赤みが出てきたら×。刺激を「効いている」サインと勘違いする人もいますが、それは間違いです。ただちに使用を中止しましょう。使用をやめても状態が改善しない場合は、皮膚科や美容皮膚科の受診をオススメします。

スキンケア&栄養問題Q&A 【スキンケア編】

Q “肌断食”がいいって本当?

A 洗顔後、何もつけないまま数日過ごすという“肌断食”。肌本来の力を引き出す、と言われますが根拠はありません。ただし、肌トラブルがなかなか治らないときに、お手入れのしすぎや化粧品が合っていない可能性を考えて一時的にスキンケアを中止する場合があるけれど、そういったケース以外で肌がよくなるとは考えにくいです。自分の肌タイプを知るために一度だけ試してみるのは、ありかもしれません。肌が乾きやすいのか、皮脂が出やすいのかなどをチェックできます。

Q 化粧品は温めると効果が上がる?

A とくに注意書きがない場合は、常温で使うのが基本です。温めると中に入っている有効成分などの酸化が進むことも。もし温める場合は、使う直前に手で包み込んでひと肌程度にするくらいが◎。また、化粧品を冷蔵庫で冷やして使う場合、肌をきゅっと引き締める効果が期待できるものもありますが、成分が高濃度で入っている場合、冷やしすぎると成分が固まって沈殿してしまうことも。直射日光を避け、温度変化のないところに保管するのがオススメです。

Q 化粧をしたまま寝てしまってもOK?

A 「つけているほうが肌にいい」とうたっているファンデやBBクリーム、メイクアイテムもありますが、基本的に答えはNO! なぜなら、夜は日中受けた肌ダメージを修復して、新たな細胞が生まれる再生の時間であり、その時間帯は清潔な肌状態であることが望ましいため。空気中の汚れや環境汚染物質が肌にくっつき、さらに酸化したメイクがついている状態は、決して清潔とはいえません。さらに、寝ている間は汗や皮脂の分泌が多く、メイクなどの汚れが肌に残っていると、混ざってニキビなどのトラブルの原因になったり、正常な分泌を邪魔して乾燥を進めてしまう可能性もあります。寝る前には必ずクレンジングと洗顔で、清潔な状態に肌をリセットしましょう。

Q たばこはやっぱりやめるべき？

A 一生懸命、どんなにお手入れをしても、たばこを吸っていては台無しです。P28に詳しく記載していますが、タバコの煙は活性酸素を発生させ、美肌に必要なビタミンCを無駄に消費します。また、タバコは血管を収縮させるため、栄養が巡りにくくなり、ダメージを受けた細胞の修復や、元気な細胞の育成も妨げられます。

Q スマートフォンの使いすぎで、肌がたるむって本当？

A ずっと下を向いてスマートフォンを眺めていると、肌が重力に負けてたるむ……という話を聞きますが、これはウソ。ただし、下向き姿勢が続くことで、首や肩が凝って血液が滞り、顔に栄養が十分に行き届かない可能性は大。さらに、ブルーライトによって目が疲れたり、交感神経が刺激されて睡眠の質が下がりがちなのも事実です。結果、肌の状態が悪くなり、たるんでしまうことは十分に考えられます。基本的なお手入れをしっかりしながら、スマートフォンの使いすぎにも注意しましょう。

Q 寝不足が続くと肌調子が悪くなるのはなぜ？

A 人間の体は、寝ている間に日中受けた紫外線などによるダメージを修復するようにプログラミングされています。また、新しい細胞を育むために必要な成長ホルモンは、規則正しい睡眠をとってこそ、きちんと分泌されるもの。寝不足になると、傷んだ細胞の修復が追いつかず、さらには新しい細胞ができにくい状態になり、おのずと肌はボロボロに。P27にあるように、睡眠不足は肌の大敵です！

Q 花粉症の時期に肌がかゆくなるのはなぜ？

A 花粉症は、花粉に対してアレルギー反応が起こり、炎症が生じている状態。つまり、花粉に対して体の免疫機能がたくさん使われるため、肌に対する免疫機能は手薄になり、バリア機能が落ちやすくなります。すると、普段はブロックできていた刺激にも敏感に反応してしまい、かゆみなどのトラブルが発生します。もともと肌が乾燥ぎみの人は、かゆくなりやすいので要注意。保湿ケアをしっかりして肌のバリア機能を整えるとともに、乳酸菌サプリなどを摂取して、体内の免疫力アップをはかるのが効果的です。

「今さら聞けない基本中の基本！

スキンケア&栄養問題

Q 朝食は摂らないとダメですか？

A 朝食は必ず摂りましょう。人間が持っている体内時計は、朝日を浴びたり朝食を摂ることでリセットされます。腸に「朝ですよ」と伝えて排便を促すためにも、朝食を摂ることは有効です。パンやご飯などの炭水化物だけでは体は目覚めません。卵や納豆といったたんぱく質も必ず一緒に摂りましょう。朝食を摂らないと昼にドカ食いしてしまったり、朝食を抜くと、1日中血糖値が上がりやすくなってしまうため、太りやすい体質になり、また、肌老化を早める糖化も招いてしまいます。

Q おなかが空いたとき、おやつを食べてもいいですか？

A おやつとは本来「補食」といって、一日3回の食事では足りない栄養素を補うためのもの。スイーツなど、甘い物を摂ることではありません。おなかが空いたときには、現代女性が不足しがちなたんぱく質や鉄分、亜鉛、食物繊維などを積極的に摂るようにしましょう。手軽に摂れるヨーグルトやナッツ類、食物繊維とミネラルが豊富なココアを豆乳やスキムミルクで割って飲むのもいいですね。煮干しなどの小魚やダークチョコレート、プルーンなどもオススメ。

Q 朝、昼、夕食、どんなバランスで摂るといいですか？

A 健康な体や肌でいたいなら、筋肉を維持することが必要です。そのためには、20～30代女性は一日の摂取カロリーは1800kcal以上はほしいところ。しかし、現代女性の平均摂取カロリーは1600kcal前後。摂取カロリーの低い状態が3ヵ月続くと、筋肉量が5歳分も落ちて代謝が悪くなったり、むくみやすくなったり……。まずは、朝、昼、晩、きちんと食事を摂ることを心がけて。ダイエットと美容のことを考えた場合、朝食は400kcalくらい、昼食は日中のエネルギー補給のために700kcalくらい、夕食は600kcalくらいを目安に。残りの200kcalはおやつで補うといいでしょう。

※『サルコペニア肥満解消ダイエット』（朝日新聞社出版）久野譜也

Q たんぱく質の上手な摂り方が知りたい！

A 一日に必要なたんぱく質量は、体重1kgに対して1.14gといわれています。でも、肉や魚を100g摂ったとしても、そこに含まれるたんぱく質量は20～30%。一日あたり、実はかなりの量が必要なのです。だから毎食、たんぱく質を摂るように心がけましょう。そして、肉、魚、卵、大豆と、栄養が偏らないようにメインのおかずを毎食変えて選ぶことも大切！昼食が魚だったら夕食は肉にするなど、たんぱく質はバランスよく摂るようにしましょう。

Q&A【栄養編】

Q サプリメントは摂ったほうがよいのでしょうか？

A まずは食生活を見直しましょう。食事で努力して摂ろうとしても、どうしても不足しやすい栄養素はあります。日本女性が不足しやすい鉄分や亜鉛、葉酸、ビタミンDなどは、サプリメントで補うのもいいと思います。これらは単体で摂るよりも、マルチビタミン、マルチミネラルのように総合的に摂るほうが効果が出やすいもの。鉄分と葉酸を含むマルチビタミン、マルチミネラルを摂っていた女性は、排卵障害が非常に少なかったという研究データも出ています。

Q 牛乳などの乳製品は日本人に合わないって本当？

A 乳製品には乳糖が含まれていて、乳糖を消化吸収するためには乳糖分解酵素が必要です。お母さんのおっぱいを飲んでいる赤ちゃんのときは誰もがこの酵素を持っていますが、卒乳するとこの酵素の合成が止まってしまいます。成人した日本人でこの酵素を持っている人は欧米人に比べて少ないのです。だから、牛乳を飲むとおなかがゴロゴロしたり、ニキビや肌荒れを起こしたり、過剰に摂取するとアレルギーを起こす場合もあります。ただし、ヨーグルトやチーズは発酵により乳糖の含有量が減っているので、乳製品を摂るならこれらがオススメです。

Q キレイになれる食べ方のコツはありますか？

A 食物繊維たっぷりの野菜を食事のいちばん最初に食べる「ベジタブルファースト」は、糖質の吸収と血糖値の急上昇を抑える効果があり、「太らない食べ方」として広く浸透してきました。そして今、注目されているのが「アボカドファースト」です。アボカドは食物繊維の含有量がトップクラス。さらにアボカドには必須脂肪酸の中でも非常に良質のオイルが含まれているため、その後に摂る栄養の吸収を高めてくれる、まさにブースター的存在！　とくに、カロテンやリコピンなどの抗酸化成分や、脂溶性ビタミンのレチノール=ビタミンAやEといった、美容成分をダイレクトに吸収できるのです。アボカドは、実は美容的にとてもすぐれた食品なのです。

※『Journal of Nutrition』
First published June 4,2014, doi:10.3945/jn.113.187674

食べ方のコツをマスターしてキレイになろう

髙瀬聡子

Akiko Takase

皮膚科医。ウォブクリニック 中目黒総院長。東京慈恵会医科大卒業後、同大に皮膚科医として勤務。2003年にスキンケア化粧品「アンプルール」の研究開発に携わり、2007年にウォブクリニックを開設する。専門は皮膚科と美容皮膚科。丁寧でわかりやすいカウンセリングによる美容医療と薄毛治療の人気が特に高く、雑誌、テレビなどでも活躍中。

細川モモ

Momo Hosokawa

予防医療コンサルタント。
アメリカで最先端の栄養学を学び、International Nutrition Supplement Adviser の資格を取得。2009年より予防医療プロジェクト「Luvtelli(ラブテリ) 東京&NY」を発足。2011〜2014 ミス・ユニバース・ジャパン ビューティキャンプ講師を務める。共著書に『タニタとつくる美人の習慣』(講談社) などがある。

撮影 …………………… 青砥茂樹、大坪尚人(講談社写真部)

イラスト ………………… 三原紫野

モデル …………………… 殿柿佳奈

ヘアメイク ……………… 丸山智路 (LA DONNA)

アートディレクション … 松浦周作 (mashroom design)

デザイン ………………… 渡辺陽子 (mashroom design)

取材 …………………… 寺田奈巳、楢崎裕美

講談社の実用BOOK
健康な肌のための新常識
いちばんわかるスキンケアの教科書《きょうかしょ》

2014年10月16日 第1刷発行
2021年 6 月25日 第4刷発行

著者 髙瀬聡子《たかせあきこ》
細川《ほそかわ》モモ

発行者 鈴木章一
発行所 株式会社 講談社
〒112-8001
東京都文京区音羽2-12-21
編集 ☎03-5395-3560
販売 ☎03-5395-4415
業務 ☎03-5395-3615

印刷所 大日本印刷株式会社
製本所 株式会社国宝社

ISBN978-4-06-299815-4

KODANSHA